フレデリック・G・リーマー 著　　秋山智久 監訳

ソーシャルワークの
哲学的基盤
理論・思想・価値・倫理

THE PHILOSOPHICAL FOUNDATIONS OF SOCIAL WORK
by Frederic G. Reamer

福祉哲学研究所 (協力)

明石書店

目次

社会福祉実践を支える哲学と姿勢

阿部志郎

神奈川県立保健福祉大学名誉学長
元・日本社会福祉学会会長
福祉哲学研究所顧問

　近年、社会福祉学に再び、哲学・思想・価値・倫理などの視点からの思索・研究が増えてきた。しかし、世界的には活発な、このような展開が、どういうわけか、日本では今まであまりなされてこなかった。その大きな理由の一つは、社会福祉士の国家試験への対応が福祉系大学での重要な問題であり、上記のような内容を研究・学習しても国家試験の役に立たず、したがって、この視点からの教育者・研究者も育たなかったことによる。

　しかし、遡ってみれば、明治期以来の優れた社会事業家、留岡幸助、山室軍平、石井十次、石井亮一や、宗教の立場からの理論家としての生江孝之や近代の賀川豊彦、原論からの嶋田啓一郎や、実践も加えた形での筆者（阿部）などは、こうした広い意味での哲学思想の探究の立場に立ってきた。そして最近では数人のベテラン、中堅の研究者が、熱心にこの「社会福祉哲学」の領域で実績を積み上げてきている（筆者もこの課題に非常に関心があり、『福祉の哲学』〔改訂版〕誠信書房、『人と社会 ── 福祉の心と哲学の丘』〔共著〕中央法規出版など、何冊かの本を著してきた）。

　価値の視点から社会福祉体系を構築してきた嶋田教授に最も近い弟子である秋山智久氏は、郷里の松江を拠点に、こうした課題を市民と考える「福祉哲学研究所」を創設し、松江・出雲でそれぞれ月一回の学習会「人生・福祉問題講座」を開いている。筆者もその活動に賛同して、顧問という位置についている。松江にも、同研究所が共催した講演会に出かけている。

　京都霊園にある嶋田教授の墓参にも秋山氏と一緒に数回、出かけた。また、

国際社会福祉協議会の研究学会や研究旅行に、タイ、インドネシア、イギリス、スウェーデンにも共に参加した。秋山氏が長く勤務した明治学院大学では、氏の命名で設置された科目、「社会福祉の思想」をしばらく講義してきた。

秋山智久氏とは、私が42歳の時に出会って以来、50年以上に及ぶ付き合いがある。その間に、日本社会福祉学会、日本キリスト教社会福祉学会、日本ソーシャルワーカー協会などで活動と役職を共にし、また、『社会福祉実践の思想』（ミネルヴァ書房）や『社会福祉実践とキリスト教』（ミネルヴァ書房）などの研究・編集を共に行った仲だった。

氏が主宰している「人生・福祉問題講座」は、両市合わせて既に58回に及ぶという。そこでのテーマは、社会福祉の思想、人間の幸福と不幸から、現代の社会福祉問題（格差問題、孤独死）、人生の意味、生と死など、多岐にわたる。

この研究所にはこの種の課題に関心のある全国の大学の幅広い年齢層の研究者が集い、地道に研究を積み重ねている。この研究所の活動内容は、本書と深い関係がある。

この度、こうした社会福祉の課題に深い関心をもち、その分野で意欲的に活動を進めてきた、社会福祉哲学では世界的に著名なフレデリック・G・リーマー教授の著書『ソーシャルワークの哲学的基盤』が、日本でも翻訳・出版されることになったのは、誠に喜ばしいことである。この著が、我が国の社会福祉の諸分野の重い課題に一筋の光を当てることを、心から願うものである。

2020年3月21日

私の思い

フレデリック・G・リーマー

　2001 年の秋、日本で専門職の倫理について講演をするという滅多にない機会と名誉を経験した。札幌、東京、大阪と訪ねている間——それは私の尊敬する同じ職業の秋山智久教授によって、細部にわたり注意深く組み立てられた訪問だったが——、私は広い分野のソーシャルワークと他のヒューマンサービスの専門職、教育者、学生と会うことができた。実に明確に、多くの、豊かな、忘れられない会話を思い出すことができる。それは、ソーシャルワーク専門職の核ともなる価値と複雑な倫理上の挑戦について我々が分かち合った会話だった。我々は、クライエントに関係する秘密保持、プライバシー、説明された同意、専門職の限界、利益を巡る葛藤、法と規則の遵守、限られた資源の配分、そしてその他の話題を討論したのだった。

　我々は、日本と合衆国の間の見方で、似ているものと異なっているもの、例えば、我々それぞれの文化的な歴史、諸基準、価値の機能について、探究し合った。訪問の最後、日本を離れる時には、私は、自分が日本の聴衆の方に語ってきたよりも、遥かに多くのことを学んだような気がしたことを覚えている。

　自分の職歴の中で、私が気がつくようになった課題は、19 世紀の終わり頃に専門職が始まって以来、ソーシャルワークにおいてずっと存続してきた幾つかの倫理的な課題だった。

　ソーシャルワーカーは常に、クライエントの尊厳、自己決定の権利、プライバシー、守秘義務、そして専門職としての能力に関心を向けてきた。しかしな

がら、極めて最近になって、他の挑戦的な倫理上の課題が現れてきたのである。2001年の日本訪問の間、私はソーシャルワークの倫理に関して、現在拡大している事柄に全く触れることはなかった。この新しい課題とは、ソーシャルワーカーが、クライエントや同僚とのコミュニケーションに用いるデジタルと他のテクノロジーの利用の増大であり、離れているクライエントにサービスを提供し、クライエントの情報をオンラインで収集し、微妙な情報を電子工学によって管理し、保存することである。このような話題に、2001年の日本訪問の時には、我々は一切、関係することはなかった。このような科学技術の発展は現れていなかったのである。今や、これらの話題は、ソーシャルワーク倫理の中心的なものであり、倫理綱領とソーシャルワークの基準の突出したものとして組み込まれてきた。ソーシャルワーク倫理が発展の中にある仕事であることは明らかである。

　我々のソーシャルワーク倫理への関心が固く定着することは、西洋の道徳哲学に起点をおく哲学的概念と一体となることである。事実、ソーシャルワークの関心事の多くは古代に、そして他の永きにわたる哲学的概念に根がある。これらは、道徳哲学における弱い立場の人々についての課題、政治哲学、認識論、論理学そして美学に関連する、核となるような原則を含んでいる。そして、私が本書で探求したのが、まさにその課題である。私の目的は、今日のソーシャルワークの関心と基本的な哲学的概念および原則との間に概念的な結びつけを行うことである。私は、この種の問いかけがソーシャルワーカーの核となる使命と専門職の願いに関して、彼らの正しい理解を深めてくれることを信じる。

　私は、私の語ることが日本語に翻訳されるのを名誉に思う。そして、これらの思いは、私が深く感謝している同じ目的をもつ専門職の方々に届くことだろう。

2020年3月19日

序章　哲学的基盤の学問的検証

　私は最近、評判の高いロバート・ノージック（Robert Nozick）による『生の
なかの螺旋——自己と人生のダイアローグ』（1989）を読んだ。本の最後の方
でノージックは、興味深いタイトルの章を著している。「知とは何か、そして
哲学者はなぜそのように知を愛するのか」。ノージックにとって、哲学の究極
的な目的は、何が基本的に重要なのかについての理解と人生の中心的な課題
の把握である。彼の論じるところでは、この種の理解は知の形をとる。「哲学
は知への愛を意味する。知とは何か。それはいかに愛されるのか。知は何が
重要なのかの理解であり、そこにおいて、その理解が（賢明な）人の思考と行
為を告げる。それほど重要でないことは正しい視点の中に抑えられる」（1989:
267）。

　ソーシャルワークの重要な価値の一つは、実践者が人生の重要な課題につい
てのある種の知をもつ傾向にある。熟練したソーシャルワーカーは、人生の最
も抵抗しがたい状況やその状況にあるクライエントの苦闘に立ち向かう。そう
した点で、ソーシャルワーカーは多分に哲学的であり、そして賢明でもある。
私のここでの目的は、ソーシャルワークにおける核となる哲学的課題を探究
し、確認することであり、また実践に対するそれらの関連性を考えることであ
る。詳細は後述するが、専門職が形成された最初の世紀の終わりに近づいてい
るこの時点で、この種の探究はソーシャルワークの歴史において特に重要であ
る。

　ソーシャルワークの発展を通して、実践者は知識基盤をより深く広くする注
目すべき努力をしてきた。専門職にとっての増大する文献をざっと見渡してさ
えも、ソーシャルワークの研究者と実践者は、精神疾患、貧困、老齢、犯罪と
非行、児童福祉、ヘルスケア、薬物乱用、コミュニティデベロップメント、社

会政策、管理行政、事後評価研究といった事象についての知識を次第に付け加えてきた。

　ソーシャルワークは、相対的に自らの知識基盤の発達の初期段階にあり、――独自の価値基盤、概念的原理、専門職の実践方法を表しているが――知識がソーシャルワークのさまざまな実践分野（例えば、子どもと家族サービス、精神保健、老齢、ヘルスケア）と、介入方法（例えば、ケースワーク、グループワーク、コミュニティオーガニゼーション、アドボカシー、リサーチ）などに関して急速に拡大していることは明白である。

　しかしながら、この展開において不思議と遅れているのは、専門職が基づく哲学的基盤の学問的検証である。最近、この点については明白に進展があり、特にソーシャルワーク研究と倫理に関する哲学的問題に関してはそうである。しかし、専門職の文献を注意深く再検討すると、この基礎的レベルの探究はよく言っても今始まったばかりであり、かなり穏やかなペースで展開している。

　どんな専門職の重要な目的も、使命、方法、概念的志向についての核心的な前提に基づいている。つまり、どの専門職の心の深いところも、哲学的な志向のある目的と視点の表明から成り立っているのである。この『ソーシャルワークの哲学的基盤』の中心的目標は、このような記述の基礎研究を整えるのに役立つことである。

　こうした努力は、専門職の成熟における本質的な構成要素であり、そしてソーシャルワークの継続的な発展には特に重要である。もし、ソーシャルワーカーの実践に基づく決定が、独自に専門職を形成し特色づけるような核となる価値や教義に固定されるべきであるならば、そしてそれらが専門職と学問との結びつきから混成して引き出されたのではないならば、専門職に関係する哲学的課題についての注意深い考察は不可欠である。もし、ソーシャルワーカーが目的、方法、彼らの日常の義務を取り巻く動機について批判的に検討すべきであるならば、関連する哲学的課題の検討は必要である。

　幾つかの点において、哲学的な疑問と課題の追求は、今日のソーシャルワーカーが直面しているもっと緊急で、抑圧的で、くじかれそうな要求とは別に、

知的な体操の練習をしているようなものかもしれない（イギリスの劇作家であるジョン・オズボーン〔John Osborne〕が『ジョージ・ディロンのための碑文』の中で次のように述べている。「根本的な疑問に答えることはたやすい —— それは当面の疑問で悩まされることからあなたを救う」）。紀元前6、7世紀のソクラテスやギリシャの思想家の時代以来、少なくとも西洋の哲学者たちは、今日のソーシャルワーカーが闘っている当面の問題からは全くかけ離れた、著しく難解な概念に取り組みがちであることが知られている。結局、クライエントの一人が子どもに十分に食事を与えることができない時に、ソーシャルワーカーがプラトンの正義の概念について何時間もじっくりと考える余裕があるだろうか。ハント（Hunt 1978: 24）が適切に述べているが、「現実には、ある仮説が、正義を求める主張が真実であるかどうかに関心のある哲学的分析者によって、注意深く分析されている間にも、ソーシャルワークのその時々の緊急の仕事が中断されることはありえない」。

　しかしながら結局のところ、飢えた子ども、または他の傷ついた集団という主要な問題、つまりソーシャルワーカーが最初に心を動かされる問題について、我々は無視することはできない。もし、ソーシャルワークが専門職として成熟するように知識基盤を向上させようとするならば、専門職にとって、その鍵となる哲学的仮説を検証し、発展させ、明確にすることは必須である。それ以上に、実践に関する議論や主張を批判的に検証するために、さらにその意味するところを知るために、ソーシャルワーカーは哲学的に思考する方法を学ばなければならない。ケリン（Kaelin 1989: 3）がいうように「経験、反省、批判つまりは刷新された経験、反省、批判は、哲学的意図の決して終わることのない循環を表している。それはかなりあいまいな経験から始まるが、もし、少しでも幸福になろうとするなら、価値観がより豊かで、はっきりとした、楽しい経験を生活において見出すことになるだろう」。もし、ソーシャルワーク専門職にとって、そのような問いが有意義なものになるならば、哲学的課題と今日のソーシャルワーカーの使命、技法、実践的な決定との間に明確なつながりがつくられなければならない。

我々の目的からすると、哲学は、人類全体の「最大の関心である話題についての合理的で、方法的で、体系的な考察」として定義される（The History of Western Philosophy 1989: 742）。哲学が関心のある問題の多くの領域のうち、幾つかは特にソーシャルワークと関連する。本書『ソーシャルワークの哲学的基盤』において、私は現代の実践にとって特に関連のある五つの哲学的テーマに焦点を当てる。第一に、政治思想に関連した一連の課題を探究する。特にそれらは福祉国家の役割、分配的正義と平等、福祉的人権、公益と共通善についての概念に関連したものである（第1章）。

　そこから、道徳哲学によって生じる課題の概観に話を移す。第2章の目的は倫理学理論の初歩に読者を案内し、そしてそれらがいかに実践に関わっているかを示すことである。主に、倫理的な問い、倫理的葛藤、応用的で専門的な倫理学の出現に焦点を当てる。

　さらに、ソーシャルワークの使命（政治哲学や道徳哲学から生じるもの）に関連する課題に橋渡しをする議論から、ソーシャルワーカーが哲学的感覚で実践をいかに考えるかについての検証に進む。第3章において、論理学として知られる哲学の一部門に集中し、有効な議論の仕方と論理の誤りについての伝統的な考え方に読者を案内する。ここでの私の目的は、読者にソーシャルワークにおける正確で論理的な議論の重要性に注意を促し——特に実践者の介入の有効性についての主張に関連するが——さらに、専門職が直面する数々の論理の誤りについても注意を促すことにある。

　第4章では、最近のソーシャルワーク研究において注目を集めている一連の課題について述べる。それらは、ソーシャルワークにおける科学の役割と、認識の方法に関わっている。哲学において、このような問題は典型的な認識論の範疇に入る。この章では、他の認識の方法と比較して、実証主義と経験主義の状況についての堅固で延々と増え続けている議論を概観する。

　本書は、美学の議論で締め括られる。すなわち、ソーシャルワーカーが自らの実践を認識し、判断し、批判する方法に関連する課題である。哲学の一部門としての美学がソーシャルワーカーに提供するものは大きい。特に、実践者が

自らの実践を評価して、芸術的に実践していく方法に関してである。それゆえ、第5章では、美学の思想のさまざまな学派を検討して、ソーシャルワークの実践に有益に活用できる種々の概念を探究する。

　本書がソーシャルワークに関連する全ての哲学的課題を、包括的に、徹底的に再検討して構成されていると主張することはできない。人は、例えば、このような本が宗教哲学や実存哲学をも探究していると主張することもできる。私は特にこのような論争をしていない。その代わりに、専門職の「ミクロ」と「マクロ」の領域を含む、もっとも広い意味でのソーシャルワークに応用できるような哲学の領域に、私の議論を限定することにした。後述するように、政治哲学、道徳哲学、論理学、認識論、美学は、ケースワーク、グループ実践、家族介入、コミュニティオーガニゼーション、社会政策、ソーシャルワーク研究などに関連する。反対に、宗教哲学、実存哲学は、確かに重要であるが、主に直接的な実践と個別的なケースワークに属する、より狭い関連である。

　私の希望は、ソーシャルワークの哲学的基盤についての私の熟考が多くの専門職の中心的な目的についての論争と議論を生み出し、少なくとも何らかの穏やかな方法で専門職の概念的土台の理解を深めるために役立つことである。これは、難しい知的な仕事であり、努力は実を結ばないかもしれない。カーライルがいうように「努力によって得られた知識は所有するものとなる――全く我々自身の財産として」。

第1章　政治哲学

「統治」についての究極のポイントは、全ての状況において、我々が
大なり小なりどれだけの権力を用いるべきかについてよく知ることで
ある。　　　　　　　　　　　　　　　　　　　　　　　モンテスキュー

　専門職となって以来、ソーシャルワークは国家と複雑な関係を維持してき
た。多くのソーシャルワークの機能は民間セクターの組織のもとで提供されて
きたが、専門職としての使命が、法律、政策、規制、財政などの形で、政府と
密接に関係していることに疑問の余地はない。

　専門職の歴史において、ソーシャルワークと国家との関係は、時に強まった
り弱まったりしてきた。特に、進歩主義時代、ニューディールの時代、貧困戦
争の時期において、ソーシャルワークは、連邦、州、地方政府が、斬新で野心
的な福祉プログラムを立案し実行する際の不可欠な参加者だった。しかしなが
ら、第二次世界大戦直後と 1980 年代を含めた他の時代には、ソーシャルワー
クは、政府の社会福祉政策の形成に対してより周辺に留まる存在だった。

　しかし、この時期、つまりソーシャルワークが社会福祉政策の形成の中心で
はなかった時代においても、その必要性から、専門職としてのソーシャルワー
カーはクライエントに対して社会サービスや手当を支給するといった政府のプ
ログラムに関与していた。例えば、公的扶助、高齢者や児童福祉サービス、精
神障害者のためのコミュニティのプログラム、あるいはホームレスのシェル
ターなど、クライエントのニーズと、公費が投入されるプログラム、規制、手
当との関係を否定できるソーシャルワーカーはいない。

　つまり、ソーシャルワーカーは、社会福祉における国の役割に関して、長期

にわたって利害関係を有してきたのである。ほぼ100年にわたり、ソーシャルワーカーは、社会的な弱者や恵まれない市民の福祉に関して、公私セクター間での責任の分担についての白熱した議論にかかわってきた。社会福祉のニーズを充足させるための政府の責任の本質と限界、社会サービスを供給する民間市場の能力、公的扶助の機能、福祉権、福祉国家のさまざまなモデルについて、ソーシャルワークの文献の中で膨大な議論が展開されてきた（例えば、Atherton 1989, Blau 1989, Gilbert 1983, Gilbert and Gilbert 1989, Jansson 1988, Martin 1990 を参照）。

　現在、国家と分配の正義についての我々の議論の多くが、政治哲学の古典的な理論にその起源をもつことは明らかである。しかしながら、現代の社会福祉における政府の役割についての議論では、哲学的な起源や仮説はほとんど認識されていない。現代の政策の哲学的な起源や概念的な枠組みを吟味することが、社会福祉へのアプローチについての理解を深め、批判的に分析することを可能にするのである。

第1節　哲学的基盤

　ソーシャルワーカーの一般的な責務は、クライエントの生活における政府の役割の実践的な部分——例えば、資格要件の変更や、福祉受給者の手当、購入可能な新しい住宅についての法整備に含まれる諸制度、払い戻しに関する新しい州機関の規定、脱施設化に関する近年の裁判所の決定の影響など——に焦点を当てる傾向にある。公的資金を受ける社会福祉の活動は、つまるところ、政府の目標、国家との関係における市民の権利、市民に対する国の責任、政治的自由あるいは市民の自由、社会正義の本質といったものに深く根ざした信念によって形作られるのである。このようなテーマについて、自分たちの考え方が何によって決定されるのかをソーシャルワーカーが十分に理解するためには、歴史的、哲学的な起源についてある程度正しく理解しなくてはならない。

　政治哲学は、実践不可能な神話となることがあるが、単なる非実践的な

思索ではない。それは、生活において最も重要な要素の一つであり、良きにつけ悪しきにつけ、政治的な行動に決定的な結果をもたらす。政治哲学（それに基づいて政治が行われるところの仮説）は、実際に起きることに影響している。何世紀にもわたって、政府の目的、政治的な義務についての根拠、国家に対する個人の権利、国家主権の根拠、立法権と行政の関係、政治的自由や社会正義に関して議論が行われてきた。(Political Philosophy 1988: 972)

　国家の役割に関する問いについては、少なくともギリシャ・ローマ時代から言及されている。さらに早い時代の文明から、政府の幾つかの性格について推測する証拠もあるが（例えば、紀元前 1750 年頃の、バビロンのハンムラビ王による商取引と灌漑についての法や、紀元前 6 世紀の孔子の書など）、政府の役割と政治的権力に焦点を当てて続いてきた探求は、古代ギリシャに始まった（Political Philosophy 1988）。

　この時代の最も重要な作品は、プラトンの有名な『国家』（Republic, 紀元前 378 年頃）である。プラトンは、27 年間におよぶアテネとスパルタとの破壊的な戦争のさなかに育ち、『国家』の中で、政治生活についてのユートピア的な見解をまとめることを目指した。ソーシャルワーカーは、公的なニーズの充足のための権限の行使、エリートの支配者と市民との関係、公の腐敗と社会福祉との関係についての、きわめて現代的な議論を見出すことができよう。また、『国家』は、「理想的な社会はどのように機能すべきか」「そのような社会は実現可能なのか」「どうすれば最もうまく社会は統治され、最も弱い立場の市民のニーズに対応することができるのか」といった現代のソーシャルワーカーが悩んでいる問題に最初に取り組んだ本である。もっとも、プラトン自身がエリートであることが批判されてきたが、それでもなお、彼はソーシャルワーカーが引き続き共鳴する抗しがたいさまざまな問題を切り出したのである。

　例えば、プラトンが最も関心を寄せたものの一つに、階級の対立がある。プラトンは、アテネで紛争に苦しんだ自分自身の体験から、対立する集団間の緊

張の生み出す影響に関心をもっていた。ちょうど今日の民族、宗教、文化的背景が異なる集団間や、豊かな者と貧しい者との間の紛争のように、プラトンの時代の紛争は、文明の根幹の部分が瓦解するような脅威をもたらしていた。

　一部のソーシャルワーカーのように、プラトンは、社会問題に対して、成熟したり悪化したりする個人の発達と比較する形で、生物学的な類似性の分析に傾倒した（Stroll and Popkin 1979: 194）。プラトンにとって、社会は「個人の大規模なもの」以上のものではなかった。それゆえ、プラトンは人間個人を研究することによって、より広い文化を理解することに役立つ法則とパターンを見出すことができると考えていた。

　プラトンは、個人が「統治」されるのとほとんど同じように、国家は、その認識能力、精神、情熱によって統治される必要があると論じた。国家が十分に統治されるためには、(1) 指導者、(2) 国家を防衛する兵士、(3) 必要な労働力を供給する労働者、の三つから成る階級構造が必要である。それゆえ、理想的な社会は、三つの明確な階級からなり、そのメンバーは自身の運命と使命を受け入れ、他の階級の責任や特権を奪おうとしてはならない。プラトンによれば、これが最大の安定を生み出すのである。この考え方は、現代市民が、それぞれの社会階級において、そのメンバーは自分の立場について理解し、「分をわきまえる」べきであると考えていることを想起させるものである。

　この三つの区分を確実なものとするために、プラトンは市民の能力を管理することを主張した。理想的には、子どもは20歳まで一緒に育てられ、その時点でその遺伝的な知力、体力そして「道徳的な（モラル）」能力についてテストを受ける。このテストの結果が、その人物が支配者階級（後に立法者と兵士とに分けられた）に属するか、あるいは労働者階級かを決定する。

　それゆえ、プラトンは高度に集権化された形の支配を好んだ。そこには、最も重要な社会的役割に関して、相対的にほとんど自治権をもっていない一般市民がいたのである。明らかに、この考え方は、政府の役割、個人の自己決定、個人の技術、機会、能力を向上させるための社会サービスの価値について、多くのソーシャルワーカーがもつ視点と衝突するものである。

　同時に、プラトンの著作の中に、今日の気前のいい野心的な社会サービスの
プログラムに関する現代的な批判の萌芽を見出すことができる。社会福祉の支
出に対する保守派の批判は、しばしば、エリート主義の視点に基づいているよ
うに見受けられる。それによれば、国家は、能力がない、あるいは恵まれない
者に対して機会を与えたり援助したりする義務を負わないことになる。その代
わりに、プラトンの理想社会のように、政府の主要な任務は安定を確保するた
めに責任や資源を分配し、その市民にとっての「適切な場所」を見出す。政府
の資源は、主として、社会において最も能力と知性のあるメンバーを訓練する
ことに向けられるべきである。さまざまなテストと訓練をパスした者は報われ
るべきであり、一方、これに失敗した者は道を譲るべきである。このように、
多くの点で、プラトンの視点はきわめて非民主的である。

　アリストテレスの『政治学』（Politics）は、社会の分析について調整的なア
プローチのもう一つの事例を提供している。彼は、プラトンの弟子だったが、
あたかも彼自身が医者として薬を処方するかのごとくに社会を分析した。これ
はおそらく、現在、我々が「医学モデル」と呼ぶものを最初に正式に表したも
のだろう。

　プラトンのように、アリストテレスは、社会のごく一部のマイノリティだけ
が高いレベルの生活を送ることができ、さらに「生まれながらにして奴隷」の
者もいると信じていた（Political Philosophy 1988: 973）。彼はまた、階級的、貴族
的、非民主的な形の政府が、社会秩序を維持するために必要であると論じた。

　大衆に対する最も恩着せがましく、軽蔑的で、非民主的な感情——これは、
現代における貧困者に対する見方の一部を先取りするものでもあるが——は、
16 世紀のマキャベリの著作に見出すことができる。

　　以下の点を一般的に「人間」として断言せねばならない。人間は、恩知
　　らずで、移り気で、不誠実で、臆病で、貪欲である。そして、あなたが
　　うまくやるかぎり、彼らはすっかりあなたのものである。それがほとん
　　ど必要ない場合、彼らはあなたに、その血、財産、生活、子どもを提供

する。しかし必要が迫ると、彼らはあなたに逆らう。そして人間の欲望は満たされることがなく、全てものを欲するという本質、そして享受される財が少ないこと、これらが、彼らの心の内の絶え間ない不満、そして彼らが所有するものへの嫌悪となる。（Political Philosophy 1988: 976）

　17世紀のトマス・ホッブスの見解もまた大衆に対して蔑視的である。ホッブスは、その名著『リヴァイアサン』（Leviathan）の中で、コミュニティはその最も弱いメンバーをケアする必要があるというソーシャルワークの考え方とは全く一致しない見解を提示している。ホッブスは、自然の真の法則、その中心命題は自己保存であり、これは全ての市民が社会契約を通じて個人の権力を「リヴァイアサン」（支配者）に委譲することによってのみ達成されると論じた。マキャベリ同様、ホッブスは、人間は基本的に堕落した利己的なものであると考えた。社会の主要な機能は、獲得と栄誉のための機会を提供することであり、そして、人々の間で可能な、あるいは望まれる平等の形は、お互いを殺し合う能力の中にある。「自然状態」においては、ホッブスがそのもっともよく知られた言葉で書いているように、生活は「孤独で、貧しく、汚く、野蛮で、短い」のである。

　ソーシャルワークの水準からみて、これらよりずっと啓発的で、そして国家の役割についてずっと民主的な視点が、ジョン・ロックの17世紀の著作、特に『市民政府二論』の中に登場する。ロックにとって政府の権限は、支配者と市民との契約に基づいた相互の合意により限定された権力が「市民の平和と安全と公益のみに向けられねばならない」のである（Political Philosophy 1988: 977）。政府は力ではなく法に基づき、人々は政府が侵害することのできない（生命、自由、財産についての）基本権を有し、政府は市民の主人ではなく下僕であり、市民の意志は多数決によって決定されるべきである。限定的で、立憲主義の国家は、市民の生命、自由、健康、財産に関する権利を守るために必要とされる（Moon 1988: 31）。財産権に対する堅固な擁護についてのロックの実質的な結論は、資本主義と民主主義の永続的な結合である。

　ロックに対する最も厳しい批判の幾つかは、ジョン・スチュアート・ミルから提起された。ミルの 19 世紀の著作は、——しばしば間接的で気づかれていないが——現代のソーシャルワークや社会福祉に多大な影響を与えている。ミルはロックと多くの面で意見を同じくするが、自然権と多数決原理についてはロックの見解に同意できなかった。著作『功利主義』の中で、ミルは幾つかの権利を不可侵のものとするのは短絡的すぎると論じる。功利主義によれば、どのような行為でも、結果の性質によってその正しさが決められるので、特定の権利を決して侵してはならないとするのは間違いである。例えば、法を破ってはならないというが、もし法を破ることによって友人の生命を救うことができるとするならばどうだろうか。法に従えというのは馬鹿なことではないだろうか。それは馬鹿なことであるとミルは論じる。同様に、個人は通常、財産権を有している一方で、ニーズをもつ市民に対して必要なサービスや公的扶助を提供するために課税することは正当化され得る。それゆえ、ミルは絶対的な権利というものはないと論じる。つまり、権利が行使できるのかどうかは、それによって得られるはずの結果次第である。

　特にミルは、ロックの多数決原理の強調に同意できなかった。ミルの懸念は今日のソーシャルワーカーによって表明される懸念と同様のものである。ミルは、多数決原理は制限される必要があり、またしばしば少数派の利益を考慮することを優先させるべきであると論じる。ソーシャルワーカーは、多数決原理が圧制的になり得ることをよく知っている。例えば、特別なニーズをもつ集団が利用する地域の施設、貧しいホームレスのためのシェルター、反人種差別政策の制定などを多数決原理が阻むことがある。

　また、ミルは、特に政府によって、いわれのない、あるいは家父長主義的な市民生活への介入が行われるのではないかと懸念していた。彼は、市民社会において、攻撃的なあるいは破壊的な行為は容認できないと認識しつつ、政府による個人の私的領域への無制限の侵害について懸念していた（Spicker 1988: 44-57）。ミルは、現代社会では、政府がその意志に反してホームレスの人々をシェルターに強制収容したり、精神障害者を施設に強制収容したりすることを懸念

するかもしれない。『自由論』の有名な一節には、次のように記述されている。

　　個別的に、あるいは集団的に、人間が仲間の行動の自由に干渉すること
　が認められる唯一の目的は、自己防衛である。市民社会の構成員に対
　し、その意志に反して、権力が正当に行使され得る唯一の理由は、他の
　構成員に危害を及ぼすのを妨げることのみである。その個人自身のため
　の利益——身体的、あるいは道徳的——は正当な理由としては十分では
　ない。それが自分のためになるから、それによって幸せになるから、あ
　るいは、他者の意見によるとそうすることが賢いとか正しいから、と
　いった理由で、個人が何らかの行為を強制されたり抑制されたりしては
　ならないのは当然である。これらは、個人をいさめたり、説き伏せた
　り、説得したり、懇願したりする理由ではあるが、強制したり、何か他
　のことした場合に罰したりする理由ではない。これらを正当化するため
　には、抑止することが望ましいとされるその行為が、他者に害をもたら
　すことが予測されなければならない。個人の行為のうち、社会に従わな
　ければならないものは、他者に関することのみである。権利のうち、個
　人に関するもの、個人の独立に関するものは絶対である。個人につい
　て、個人の身体と精神について、個人は不可侵である。

　福祉国家と共通善について、ソーシャルワーカーの現在の思想の明白な先駆
となったのは、ジャン＝ジャック・ルソーの 18 世紀の著作、特に『社会契約論』
だった。ルソーは 18 世紀の平等主義者の英雄であり、大衆を抑圧する社会的
なヒエラルキーの批判者の一人だった。彼は、"一般意志"と呼ばれるものを
打ち出した。これはコミュニティによって表明された共通善に関する一種の道
徳的な意志である。ルソーは、特に個人の自由と平等との緊張関係に敏感だっ
た。このことは、彼の最も有名な言葉「人間は自由な者として生まれたが、い
たるところで縛られている」に反映されている。彼は、財産権が不平等につな
がること、そして平等を高めることが市民社会において最も重要な課題の一つ

であることを認識していた。ルソーは社会の共同的な利益や善を第一に考える
"共同的な道徳体"と呼ぶものの形成を望んでいたのである。

　このヒューマニズムのブランド、特に個人の自由と平等との緊張関係の認識
は、フランス人の作家アレクシス・デュ・トクヴィル（『アメリカにおけるデモ
クラシー』）やイギリスの哲学者 T. H. グリーン（『政治的義務の原理についての講
義』）などの 19 世紀の著作の中にも反映されている。平等に関して、トクヴィ
ルは「我々は、人間が平等になることを妨げることはできないが、平等の原則
が、人間を奴隷状態に向わせるかそれとも自由へと導くか、知識につながるか
それとも野蛮主義につながるか、繁栄につながるかあるいは荒廃につながるか
は、結局我々次第である」と説く。グリーンは、特に社会の「共通善」を保障
することと不平等を極力減らすことに関心があった。イギリス福祉国家の基礎
づくりを助けつつ、グリーンは医療、住宅、教育、失業救済、都市計画におい
て強く集権化された役割を政府に望んだ。

　社会福祉についての哲学的基盤を再確認するには、マルクス主義への言及が
不可欠である。自らをマルキストと自認するソーシャルワーカーはごくわずか
であるが、マルクスの著作がその歴史においてソーシャルワークにも大きな影
響を与えたことは疑いのないところである。

　マルクスはもちろん、主に資本主義の機能としての階級闘争、抑圧、搾取
——これらはソーシャルワーカーが引き続き関心をもつものであるが——に関
心があった。マルクスの理論は、19 世紀のドイツの哲学者 G.W.F. ヘーゲルに
よって大成された「弁証法」の概念にいい表されている。マルクスにとって
資本主義とは、人類の歴史の通過点であり、社会主義にとって代わられる運
命のものだった。ヘーゲル同様、マルクスは、国家は法のように、段階的に、
弁証法的なプロセスをたどると考えていた。そこにおいては、まず、最初に
実存し（「正、テーゼ」the thesis）、その後、「対立する」（opposing）国家——そ
れは根本的に全く異なる価値を支持する——を発展させ（「反、アンチテーゼ」
antithesis）、そして最後に二つのグループ間の衝突から新しい国家が生み出され
る（「合、ジンテーゼ」synthesis）。『共産党宣言』をマルクスと共同で著したフリー

ドリッヒ・エンゲルス（Marx and Engels 1955: 5）は、この現象を簡潔にまとめている。

> 歴史の全ての時代では、経済的な生産と交換の様式の広まりが、そしてそこから必然的に続く社会制度が、基盤を形成する。その時代の政治、知識の歴史は、その上につくりあげられているのであり、それによってのみ説明し得る。それは必然的に、人類全体の歴史（土地の共同所有を行う前近代的な部族社会の解体以来の）は階級闘争の歴史であり、搾取するものと搾取されるもの、支配する階級と支配される階級との衝突である、ということである。

マルクスの経済理論には、多くのソーシャルワーカーが懸念する資本主義の有害な副産物についての内容が含まれている。利益優先の社会では、雇用の保障や大衆の福祉について最低限の配慮しかなされない。マルクスによれば、資本家は利益を生み出すことを第一に目指している。そのためには、現存の生産手段を改良するか、新しい手段に投資するかして、継続的にそれを強化しなければならない。原則的には、これらの改良は生産性を改善し、労働コストを下げ、利潤を増加させる。しかしながら、これらがもたらすもう一つの結果は、雇用の衰えあるいは削減である。自分たちの生産手段をうまく改良できない、あるいは労働コストを削減できない企業家は、競争相手との価格競争についていけず、ビジネスから撤退することになる（さらに仕事が減る）。それゆえ、資本主義が発展するにつれ、富める者はますます豊かになり、貧しい者はますます貧しくなり、結果として中流階級は没落する。今日、これらの多くの懸念は幾つかの集団において現実のものとなっており、このシナリオはまさに我々がアメリカにおいて経験していることであるとソーシャルワーカーは認識するだろう（Martin 1990: 51-52, Primus 1989, Smith 1986）。

マルクスによれば、時間が経つにつれ、労働者はこの富の分断に怒りを募らせ、最終的には、労働者（あるいはプロレタリアート）による、資本家の（ある

いはブルジョワジーの）富の没収へと至る。つまり、新しい社会は、労働者を
搾取しない大衆によって生産手段が所有されるところに出現するのである。

第 2 節　福祉国家の出現

　社会、政治、経済における社会の本質についてのさまざまな概念は、社会福
祉、特に、政府、民間セクター、市場に関連して現代の思想に多大な影響を与
えている。市民のニーズに向けられる現代の取り組みと、これらの福祉につい
ての哲学的な見方との緊密な関係を理解することが、ソーシャルワーカーに
とっては重要である。

　福祉を推進・維持することについて、国家あるいは政府機関の義務に関する
議論には、古代からの歴史がある。時代を超え、国境を越え、国家の適切な役
割に関連したさまざまな哲学的な見解を広く反映させながら、福祉についての
公私の責任のバランスは変化してきた。

　社会福祉の問題に対する政府の責任の拡大は、主として貧困者に対する懸
念から始まった。中世の末期、発展する西ヨーロッパの「国民国家」（nation-
state）は、貧困問題に対応しなければならなくなった。経済も政府も国家レベ
ルに発展するにつれて、貧困も全国的な問題となった。貧困者や物乞いの扱い
についての国レベルの法や規則が作られ、通常は地方政府によって管理された
（Rimlinger 1971）。通常、そうした法や規則は、労働に対する個人の義務や、労
働可能な貧困者には仕事を、労働不能な者には救済を提供するというコミュニ
ティの義務、そしてこれらに従わなかった者へ与えられる罰則について規定す
るものだった。

　産業革命やアメリカやフランスの革命の結果、18 世紀の後半に貧困者の処
遇に関する大幅な変化が起こった。中央政府は、貧困者の大規模集中による問
題をますます懸念するようになった。その結果、貧困者のニーズに対応する国
家的な戦略が、西ヨーロッパやアメリカで発展した。福祉制度や救貧法は、政
府が譲歩した最大部分とみなされている。それは 18 世紀や 19 世紀の生活に必

要とされていたものである。国家による福祉戦略を利他主義の理由から支持する者もいたが、多くは、貧困者に対する援助は社会秩序を保持するという理由から支持していた。

　現代の社会福祉制度の起源は、国家の福祉制度を計画したこれらの初期の試みにある。例えば、「福祉国家」に関してしばしば言及されることは——そこでは中央政府が市民の経済的な保障と健康の基本的な水準に対する責任を認める——プロイセンの1794年の「市民法」（Landrecht）にその起源があったという点である。この法は、少なくとも現代の福祉立法を想起させるものであるが、以下のように規定している。

　　（1）自ら生活必需品を獲得することができない市民を扶養し援助することは国家の責務である。（2）自分とその扶養家族のための生活の糧を得る手段と機会を欠く者に対して、彼らの体力と能力にふさわしい仕事を供給する。（3）怠惰、怠惰を好む、あるいは他の変わった性癖のため、自身に提供された生活の糧を得る方法を選択しない者は、適切なコントロールの下、強制と罰則によって有益な仕事に就かされる。……（6）国家は、市民の欠乏と過剰な浪費を防止する手段をとる権利を有する。……（15）各地の警察当局は、全ての貧困者と欠乏者——他の方法では生活必需品を確保できない者——に対して支援しなければならない。（Rimlinger 1971: 94）

　国家レベルの政策における初期の試み以来、社会福祉への政府の関与の増大は、国家による介入の適切な範囲をめぐってイデオロギー的な議論を継続的に伴うこととなった。これは、貧困者への援助に消極的だった18世紀のレッセフェールの政策に続く19世紀後半、ビスマルクによって帝政ドイツに社会保険が正式に導入された時期に、特に顕著だった。

　特に福祉問題における国家の役割に関する哲学的な議論は、少なくともプラトンの古代アテネにおいて、クレイステネスの下で氏族制度が崩れた時以来、

何世紀も続いている。この議論のもっとも重要な段階は 19 世紀初頭、重商主義とレッセフェールの哲学が衝突した時である。重商主義は、イギリスや他のヨーロッパ主要国において支配的な経済原理だった。重商主義の仮説の根幹は、国家の力の主要な源は大きな人口と貴金属である、というものだった。その結果、経済市場の活動は極度に制限され、移民流出は禁止され、保護貿易関税が課されていた。「通常の状況では、頭数の増加は、一人当たりの実質所得を増加させる」と考えられ、怠惰を減らすため、抑圧的な救貧法が課せられる必要があると考えられていた（Schumpeter 1963: 251-52）。

　重商主義とは対照的に、レッセフェールのドクトリンは、もし労働者が市場で適切な自分の値段を見つけることが許されるなら、もし貨幣の製造が金本位制に基づくのであれば、そしてモノとサービスを国家間で自由に交換することが許されるのなら、人間の福祉は推進され維持されるという仮説に基づいていた（Pinker 1979）。例えばアダム・スミスは、自由経済とレッセフェール政策の結果としての富の増加は、最終的に貧困者へと向かうだろうと考えていた。しかしながら、アダム・スミスやレッセフェール的な視点に対する批判者は、社会福祉や国家の安全は、自由市場の条件下における利益追求よりも国家の介入によってもたらされると論じている。

　　国家の繁栄は、国家の幾つかの生産過程の間のバランスの達成にかかっている。そして政府の集中的な介入だけが、農業、商業、製造業の間の均衡の達成を確保することができる。個人と国家の利益の自然な調和をもたらすことを、自由市場に頼ることはできなかった。個人や派閥グループの短期的利益によって国家の長期的ニーズが危うくされないためには、政府の規制が必要なのである。（Pinker 1979: 80）

　19 世紀における貧困者救済に関する哲学的議論の中で重要で最も良い例は、1834 年イギリスの救貧法の改革法案だろう。救貧法の運営と実践に関する救貧法委員会は、レッセフェールの哲学——アダム・スミスやリカードの精神

——に支配されていて、1601年のエリザベス救貧法については批判的だった。いわゆる古典派の経済学者は、貧困は「賃金労働者階級の自然な状態」であると信じていた。救貧法は、わがままな要救済者にケアを供給するために、中産階級と上流階級に課税するための国家の人工的な装置だった（Trattner 1979: 42-47）。

委員会報告は、結果として、公的施設の入所者を除いて、有能貧民に対する公的扶助を打ち切った。さらに報告書は、貧困は個人のモラルが劣っていることの結果であるとしていた。その結果、貧困救済は、貧困の原因を吟味することや、その問題を軽減することすらもせず、むしろ「恐怖」を増幅させるように設計されていた。当時の貧困救済は、せいぜい飢えや路上での死を防ぐもので、同時にそれはできる限り安くされた不愉快な形で実施されていた（Trattner 1979: 47）。

福祉における国家の役割が拡大した理由の一部は、1870年代の大恐慌を受けて、個人の福祉を推進し維持するための市場の能力に対する信頼が後退したことにある。1842年から1855年の間に制定された「旅行者法」が、民間企業によってアメリカに輸送される貧困者の虐待を減らすことをその目的の一つとし、政府の規制を増加させたことは興味深い。19世紀後半に産業革命が起こったヨーロッパ諸国、特にフランス、プロイセン、イタリア、ロシアでは、経済政策と社会福祉政策の形成に政府が集中的に関与することによって、その産業革命を始めたのである（MacDonagh 1961）。レッセフェールと自由貿易のドクトリンに依然として縛られていたイギリスにおいては、政府の介入はずっと緩やかだった。一方、ドイツには経済政策に政府が関与する歴史があり、ビスマルクの下ではヨーロッパ最初のいわゆる福祉国家となった。

20世紀初期のジョン・メイナード・ケインズの経済理論は、現代の福祉制度の発展に大きな影響を与えてきた。ケインズは、自身の重商主義原理の解釈を用い、イギリスにおける経済ならびに社会福祉の問題を分析した。フレキシブルな交換と国際的な協調の制度を作り出すことによって、雇用と投資が促進されることを指摘した（Pinker 1979: 113）。彼は、現代の経済社会の顕著な失敗

は、完全雇用の実現の失敗と、不規則で不十分な富と所得の分配にあると論じた（Keynes 1960: 372）。その対策として、政府は積極的に経済と福祉の政策に関与するようにならなければならないと論じ、税制度や金利の固定や他の手段によって、国家は消費の傾向に指導的な影響を与えなければならないと論じた（Keynes 1960: 378）。ピンカー（Pinker 1979）が指摘するように、これらの「別の方法」には、広範囲な社会福祉，公的投資プログラム、そして一般的には、国家と企業との緊密な関係（公的および私的組織で共同参画した協同事業など）が含まれていた。

　ケインズの提案の幾つかの骨子は、後にウィリアム・ベヴァリッジによって実施された。1942 年のイギリス社会保障制度についての彼の著名な研究は、世界の主要国における社会福祉政策の発展の先駆けとなり、それに影響を与えたのである。「ベヴァリッジ報告」は、「困窮に対する攻撃」として社会制度の包括的な計画を描いた（Beveridge 1942: 6）。その中核となる概念は、ナショナルミニマムを保障する所得の原理であり、個人は困窮からの自由の権利をもち、国家がこれを保障しなければならないという前提に基づいていた。彼のプランは、給付の水準が過去の拠出や収入ではなく、ニーズに基づいて決定されるという点で他の主要国のものと幾分異なっていた（Rimlinger 1971）。しかしながら、同時にベヴァリッジは、政府が福祉に関与するマイナス効果についても懸念を示していた。「保障の提供について、国家は個人のインセンティブや機会、責任を減らすべきではない。ナショナルミニマムを構築するにあたり、自分や家族にとっての最低限の生活水準以上のものを得るために、個々人による自発的取り組みの余地を残し、これを奨励すべきである」としたのである（Bevaridge 1942: 6-7）。

　福祉の給付は「インセンティブ」や「責任」を減退させる、というベヴァリッジの懸念は海を越え、アメリカにも渡った。アメリカにおいても福祉資本主義は賛同を得たが、相当のアンビバレンスを伴っていた。ギルバート（Gilbert 1983: 3）は次のように論じている。

これらの初期の福祉制度はさまざまな動機によって形成されていた。産業界の指導者たちは、大量の移民の中から規律に従う産業労働者を作り出す必要から、職場を超えて被雇用者の生活状況に関心を広げた。彼らは予想できない行動をするしばしば危険な大衆だったからである。福祉資本主義は、労働者の状況を改善しようとする利他主義だけでなく、利己主義によっても促進されたのだった。

第3節　福祉国家のイデオロギー的概念

　福祉問題に対する中央政府の介入の度合いは、19世紀から20世紀の初頭に取り入れられて以来、かなり拡大してきた。例えばアメリカにおいては、1929年から1975年の間、福祉行政への支出は120億ドルから2860億ドルまで増加した。1950年から1975年の間、公的セクターによる社会福祉活動への財政支出は65.9パーセントから72.7パーセントへと増加した。一人当たりの社会福祉支出は、1950年の405ドルから1978年の1775ドルへと増加した。GNPに対する社会福祉支出の割合もまた、1929年の3.9パーセントから1985年の18.5パーセントまで劇的に増加している（Gilbert 1983: 4-7, 139, 142, Gilbert and Gilbert 1989: xi, Gutmann 1988: 3, Martin 1990: 21）。

　アメリカや他のほとんどの工業国で福祉国家が拡大しているのは明らかである（Jansson 1988）。しかしながら、「木を見て森を見ず」というように、福祉国家の明白な大きさにもかかわらず、その本質についての概念は大きく異なっている。長年にわたり、福祉国家の哲学的基盤に関してさまざまなモデルが出現してきた。

　おそらく、よく知られているシンプルな福祉国家のモデルは、福祉国家に関する保守主義、リベラル、そして急進主義的な理解から成っている（Atherton 1989; Blau 1989）。ベヴァリッジ報告で触れられているように、保守主義者は、福祉国家が、貧困、失業、疾病などに対する防衛手段の幾つかを提供するより、個人的、社会的な無責任を推進する、と論じる。この見解に立てば、手厚

い福祉手当は、怠惰、10 代の妊娠や他の依存を生み出す（Friedman 1962; George and Wilding 1976; Gilder 1981; Hayek 1944）。保守的な評論家であるチャールズ・マリーは、近年の社会福祉支出に関連して、次のように述べている。「我々は、より多くを貧困者に与えようとして、その代わりにより多くの貧困者を生み出した。……我々は貧困からの脱出を妨げる障壁を除去しようとして、逆にトラップ（罠）を作ったのだ」（Murray 1985: 9）。

　対照的にリベラル派の見方は、社会福祉支出は不十分であり、現在の社会問題がこのように混迷する主要な原因の一つであると論じる。リベラル派の論者は、社会サービスに対する乏しい財政支出は、貧困、犯罪、失業、ホームレス、精神病などの持続的な問題に取り組む努力を結果として無気力なものにしてきたと論じる（例えば、Reich 1983）。

　対照的に急進派の見方は、とてもユニークで複雑である。ガットマン（Gutmann 1988）が指摘するように、急進派はリベラル派があまりに多くのものを福祉国家に求めるという点に関しては保守派と同意する傾向にあるが、一方、福祉国家が十分でない点についてはリベラル派と意見を同じくする（Aramovits 1988; Gough 1979; Piven and Cloward 1971, 1982）。リベラル派や保守派とは対照的に、急進派は、資本主義福祉国家の財政政策を、その目的と矛盾していると論じる。

　　資本主義福祉国家は、その市民にセーフティネットを供給することについては一時的には成功したが、結果として安定した経済を維持することに失敗したか、あるいは、一時的に健全な経済を維持することに成功したが、市場の力にさらされている市民を守ることに失敗したか、のいずれかである。両方の状況において、商業的な資産の私的所有は、市民の自己実現、特に労働市場の変動にもっとも弱い者すなわち労働生活のコントロールがもっともできない者の自己実現を妨げた。福祉と資本主義は経済的に不安定な組み合わせであるのと同様に、社会的にも好ましくないのである。（Gutmann 1988: 5）

ギルバート（Gilbert 1983）は、豊かな筆致と多くの巧みな表現でもって、福祉国家に対して哲学的な視点に関する複雑な分類をしている。他のほとんどの分析のように、ギルバートは最初、「左派」「右派」という既存の分類をした。左派の批判者は、福祉国家を、「市場経済の基本的な不平等を解決することなしに、大衆を支配するために資本主義の厳しい部分の刃だけを取り去るというずる賢い装置である。福祉国家を通じて注入された少量の集産主義という薬は、資本主義の秩序を変革するというよりもこれを維持する働きを行う」と認識する。対して、右派の批評家は、「勤労精神と資本主義の精神を徐々に腐敗させる陰険な薬」として福祉国家を見る（Gilbert 1983: 164）。

　しかしながらギルバートは、この典型的な二分法から、政府の介入の適切性に関するさまざまな哲学の学派の考えを、福祉国家に対する許容度にしたがってベルのような型の曲線で描いている。福祉国家の許容度は両方のカーブの端（相対的に純粋な形の社会主義と資本主義）で最も低い。そして、この最低限の許容度から頂点（混合経済）におけるもっとも強い支持まで、上っていく。

　福祉国家に関するもっとも厳しい批判者は、マルクス主義者（社会主義者）と社会進化論者（資本主義者）である。もっとも、それぞれの見解は全く正反対のイデオロギー的基盤に基づいている。マルクス主義者にとって、単に現代の福祉国家はニーズをもつ者へ供給を十分に行っていない。マルクス主義者は、福祉国家よりも「福祉社会」を好む。そこにおいては、全ての経済的な事柄は共通善のための社会市場において処理され、しばしば引用される格言「それぞれの能力に応じて拠出したものから、それぞれのニーズに応じて受けとる」と一致する。福祉国家という緩やかな改革、つまり下手な職人——では、深刻な経済的不平等と関連した社会問題を生み出す資本主義の構造的な欠点を変革することはできないのである。さらに、我々が経験している社会の平穏さは、かなりの程度まで、政府の官僚機構によって実施される弾圧手段の機能の一つである（社会福祉政策による社会的支配の議論については Hawkesworth 1985; Piven and Cloward 1971 を参照）。

　社会進化論者は、対照的に、自然の進化に対して不適切で逆効果を招く干渉

として、福祉国家を見る。自由市場の競争力は、つまるところ、「適者」が生存できるように弱い者を間引きし、経済的な畑を耕すことによって、完全性と進歩を促進する。

　これらの極端でよく知られた見解の間には、幾つかの中間的な見解が存在する。例えば、「サンディカリズム社会主義」は、国家や中央集権的な官僚主義についてかなりの疑念をもつ点ではレッセフェールの資本主義と意見を同じくするが、社会福祉を強化するためにさまざまな形の集産的な介入を支持する。この見解からは、産業社会は、中央集権的な制度に対して、労働者の管理や地方自治を通じて、労働者が生産手段を直接コントロールできるように組織されるべきであるということになる。

　この穏健な左派の立場は、右派の「古典派の資本主義者」の見解によってバランスがとられている。アダム・スミスやジェレミー・ベンサム（そして最近の論者としては、ミルトン・フリードマンやフレデリック・ハイエク）などの古典派の資本主義者は、政府は法の執行や治安維持を超えた領域では適切な責任を負うべきであると論じる。フリードマン（Friedman 1962）は、貧困への対応について政府の必要性を認識しているし、ハイエク（Hayek 1944）は「健康と労働する能力を維持するに十分な衣食住について、最低限度のものが全ての者に保障されることは疑いのないところである」と結論づけている（Gilbert 1983: 168 より引用）。しかしながら、これら福祉国家の批判者は二人とも、その必要性と政府の官僚機構の存在を最低限にとどめる援助の形を求めている。

　ギルバートが指摘しているように、サンディカリズム社会主義者も古典派も、中央政府の官僚主義への不信という点で一致している。そしてこの先入観は、ここ数十年の主要な福祉国家のイニシアチブの多くの計画の中で表明されている。「最大限可能な参加」というドクトリンが経済機会法（1964）のもとで掲げられたこと、「より広い市民参加」が「モデル都市・都市圏開発法」（Demonstration Cities and Metropolitan Development Act 1966）で法定化されたこと、レーガンやブッシュ政権において社会福祉についてのセルフヘルプやボランタリーセクターの責任が強調されたことなどは、全て、この方向を反映してい

る。

　国家による介入へのより強い支持は、「フェビアン社会主義者」と「利益集団リベラリズム」から表明されている。フェビアン社会主義は——これはローマ時代の将軍フェビアス・マキシムスによって行われた緩やかな変化という戦略に基づいているが——集産主義の考えと改革は、最終的には社会主義の理想と原理を広く受け入れることにつながると想定した。フェビアン主義者は、彼らはイギリス福祉国家の計画と実践に多大な影響を与えているが、資本主義の急激な解体を求めずに（社会サービスや公的扶助を含めて）福祉国家の領域を拡大することを支持しているのが象徴的である（Titmuss 1958 参照）。

　他方、利益集団リベラリズムは、社会サービスや公的扶助についての政府の役割拡大を支持するが、社会主義者の理想によって刺激されたのではない。むしろ、それは人道主義的な価値と資本主義によって生み出された社会状況の改善の必要性への実践的な認識から生まれている。

　真の中間的な見解は——これらは必ずしも最も啓発的というわけではないが——、「混合経済」の支持者たちによって示されている。これは、資本主義の長所を集産主義の要素と組み合わせたものである。これは今日、多数のソーシャルワーカーによって支持されている見方であるように思われる。ギルバートが指摘しているように、その結果は「あまり公的すぎず、あまり民間すぎないというほとんどネガティブな規定」を含む「リベラルな信条」である（Gilbert 1983: 171, 172）。彼はさらに続けて、混合経済の立場は次のことを目指していると述べる。

　　（混合経済は）人間の状態を良くするために争っている価値の間で適切な
　　バランスをとる。自由と保障はこれらの価値の中で最も重要なものであ
　　る。もし、このバランスが一つの方向に行き過ぎたなら、集産主義的
　　な保障という分厚い毛布の中で、自由は窒息してしまう。もう一つの
　　方向に行き過ぎたなら、集産的な保障は、個人の利益の無制限の衝突の
　　中で粉砕されてしまう。これらの自由と保障との間のバランスにおいて

は、社会市場はその重心を保障におく。しかしながら、共同の保障の前進は、混合経済における社会市場の目的について狭義の見解を代表しているに過ぎない。その目的についての広義の概念は、平等について張り合っている諸認識を含んでいる。物質的な平等と機会の均等、それは、物質的な不平等に対する強力な壁である。ここでは、社会市場は資源の再配分を通じて物質的な不平等を減らす方向に傾斜する。

第 4 節　政府による介入の範囲

　社会福祉の供給における政府の適切な役割が、政治哲学の核心テーマであることは明らかである。国家を、厄介で、煩わしく、家父長的で、逆効果を招くひどく嫌なものと見る人々と、貧困者、障害者、あるいは他の恵まれない者たちへの必要不可欠な救いを供給する潜在能力（しばしば遂行されないが）を国家に見出す人々との間には、永続的な緊張関係がある。

　歴史的に、国家による介入の範囲に関する哲学的な議論は、個人の自由と社会保障や平等を同時に価値づけるという、統治機構の中に必ず存在する妥協点として集約されていた。典型的なのは、貧困者や障害者に対するケアのためのプログラムをデザインする国家の試みは、特定の活動——例えば人々を過酷な労働条件や危険な生活状況におくこと——を禁止する、あるいは特定の活動を要求する——福祉制度を維持する、貧困世帯の子どもを就学させるために税金を払う——といった形で、ある程度個人の自由を犠牲にすることを必要とするものだった。

　福祉問題に対する広範囲な政府の介入については、賛成・反対の立場両方から熟考された議論が長年にわたって展開されてきた。福祉制度について政府の保障を支持する者は、完全に自由な営利活動の原則に基づく経済システムでは、失業、虐待、貧困、身体・精神障害、老齢のしばしば悲劇的な結果に苦しむ人々に対して十分な保護を提供できないと論じる。彼らは、1929 年にはじまる大恐慌の時代を、国家の福祉政策によって支援されず、予測不能で十分に

抑制されてこなかった自由経済によって生じた悲惨な事例の証拠として挙げる。彼らは、西欧諸国が農業社会から産業経済へ移行した際に、個人は自身の経済的ウェルビーイングについてのコントロールを失ったとする（Bruce 1965; Furniss and Tilton 1977; Pinker 1979; Wilensky 1975）。労働者は、構造的で繰り返される失業や、市場の変動、過酷な労働や労働環境といった要素に従属することとなってしまった。グッディン（Goodin 1988: 365-366, 18-19）が、少なくとも「最小限の福祉国家」を擁護する、その洞察に優れたそして力強い著書で、次のように論じている。

> おそらく、自分自身の福祉の一部について、国家に依存することは許容されるだろう。しかし、他に依存することは許容されない。重要な点は、市場社会では、自分の力で自分と自分の家族のための基本的な食料、衣服、住宅を供給できるようにすべき、ということである。このことは、自分自身の代わりに国家に依存することが、なぜ恥ずべきこととみなされるのかを説明している。これは、不十分さを認めること、「受給者の側における悲惨、弱さ、不適切な行動の明白な宣言」を構成しているのである（トクヴィル）。
> しかしながら、自分の家族のために必要な基本的な福祉ニーズを自分の努力だけで満たすことは、しばしば、全く公正ではない。これが、国家が人々の基本的なニーズを満たすべきであるという議論である。さらに、国家はこれらを最小限行うべきであるという議論でもある。（ニューライトの人々が最小限の福祉国家に対して展開するネガティブな理由のように）貧困の救済以上のことを国家が行うことを妨げるため、私が展開しようとする最小限の福祉国家論に何か積極的な理由があるわけではない。

　福祉制度に政府が関与することに反対する者は、民間市場への政府の関与は必然的に望まない結果となると主張する。それは、長期的には福祉を守るとい

うよりむしろ混乱させるものである。特に、これらの批判では、しばしば、雇用を守る、手厚い公的扶助の給付を行う、住宅や食料に補助を与える、価格をコントロールするといった政府による試みが、互助的なつながりや扶助を弱め、就労へのインセンティブを弱め、税を高め、個人が訓練を受け、前進するといったインセンティブを消し去る可能性を高めると主張する。加えて、これらの批判では、政府が実施するこれらの福祉プログラムは、個人の自由を封じ込めると主張する。政府の福祉制度への広範囲な関与に反対する者は、通常、個人の自由とウェルビーイングの両者は、公的セクターの福祉政策によって規制がかかることがない競争市場の状況のもとで、最もよく守られ、推進されると主張する（Friedman 1962; Hayek 1944）。ノージック（Nozick 1974: ix）は、その挑発的な著書『アナーキー・国家・ユートピア』で、このように述べている。

　　国家に対する我々の主要な結論は以下の通りである。小さな政府、つまり外敵や泥棒、詐欺に対する防御、契約の強制などの狭い機能に限定されたものは正当化され得る。それ以上のことを行う国家は、特定の行為を強制されないという個人の権利を侵害し、正当化できない。そして、小さな政府は、正しいだけでなくやる気を起こさせるのである。以下のように、二つの特筆すべき含蓄がある。国家はその強制的な装置を、ある市民に他の市民を援助させるために、あるいは、彼ら自身の利益や防衛のための活動を禁止するために使ってはならない。

第 5 節　公的セクターと民間セクターの責任

　国家による福祉への重要な関与を批判する人々は、しばしば根拠のない政府の介入に対する懸念を補うために、幾つかの追加的な見解を主張している。第一に、公的セクターの膨大な支出は、経済的な問題を悪化させるというものである。例えばレーガン政権は、社会福祉にかかる公共支出は、合衆国全体の赤字を縮小するために削減される必要があり、それにより税金を引き下げるこ

とが可能になり、投資へのインセンティブや民間の個人的な資本を強化して経済生産に投資することができるとしている。政府の役人によれば、この試みは合衆国全体の赤字を削減し、生産性を向上させ、民間セクターへの介入を少なくする「サプライサイド経済」とも一致するものであり、以前の政府の特徴だった「需要サイド」の経済原理に対する唯一の現実的な対応だった（Hawkes 1982）。さらに政府は、政府支出を削減することは、低い税率や勤労に対する継続的な財政の報酬によって、結果として政府の購買力を弱め、私的な資金と、新しい計画、設備、雇用の中での投資と生産性を増加させることになると主張している。なぜなら、低い税金の金利と重労働に対する必然的な財政報酬があるからである（Reamer 1983a）。

　さらに、社会福祉への広範な公的責任に対して批判する人々は、一般的に福祉関連のサービスを提供する試みは、相対的に民間セクターの努力ほど効率的ではないと主張する。ここでは、民間市場と自由な企業活動による「見えざる手」によって、民間の供給者が最初の契約を取りつけるために質の高いサービスを生み出し、維持していくことを促すことになり、また他の供給者との競争によって、複雑で負担の多い政府の規制に頼ることなく自然に費用をコントロールするインセンティブが課されることになることが仮定されている。また、民間機関は、公務員を辞めさせたり素早く雇用したりすることが難しい公的機関とは異なり、サービス需要の変化に応じて、従業員を増加させたり、契約したりすることも可能なのである。

　この観点からすると、顧客が店で商品やサービスを購入すると同じように、社会福祉のクライエントや「消費者」も同様、それらを買うために店に行くことを促されることになる。おそらくクライエントに選択を促していくことは、自らの生活に対するコントロールを強化することになり、サービス供給者に対して質の高いサービスを生み出させ、維持していくためのインセンティブを提供することになるだろう。そして結果的には、（おそらく政府から補助されているバウチャー〔金券〕によって）サービスを選択し購入する自由をもつことになるクライエントは、多分、立ち去ってしまうだろう（Reamer 1983a）。

　これらの現状の関心事の多くは、19 世紀の政治哲学に起源がある。ヘーゲルは 1821 年に出版した『法哲学』において、多くの富の周辺に多くの貧困を生み出すという市場経済の傾向が、最終的には文化の安定を脅かすことになるだろうと論じている。

　　貧困者は、依然として市民生活に共通するニーズを有しているが、社会が、貧困者から生まれながらの獲得手段を取り上げているので……彼らの貧困は、多かれ少なかれ、彼らの社会における全ての利益や、さまざまな技術や教育の獲得の機会のみならず、司法や公衆衛生サービス、また、宗教による恩恵さえも貧困者からしばしば奪っているのである。(in Moon 1988: 28)

　ヘーゲルは、貧困者への所得や富の単純な再分配の欠如に対して現実的な対応策を幾つか提示しているだけでなく、市場の不備とその冷酷な副作用を制止したのである。例えば、彼は提案の一つとして、貧困者が必需品を購入できるように、国家がその価格を統制することを示した。この提案は、価格統制は市場においてダメージとなる歪みを生じさせる懸念があるため、当然のことながらしばしば批判されている。

　また、ヘーゲルは、組合の発展を提案している。組合は、組合員によって拠出された基金を保持しており、組合員は危機の時にはこれを（個人保険の形式で）利用することになる。この組合は、それぞれの産業または商業における「生産者組織」から構成されており、国家と私的社会を結びつけている（Moon 1988: 29-30）。

　ヘーゲルの特殊な提案のメリットがどのようなものであれ、彼の視点は多くの政治哲学者の間に広範な見解を与えるものだった。つまり、最低限、ある種の国家が支援する介入は、人間の福祉に対して、民間市場の資本主義の影響を緩和させるために重要であるという。この見解は、グッディン（Goodin 1988: 21-22）の結論にもよく表れている。

福祉国家が解決しようとする諸問題とは、必要なものの搾取に対する危険だった。そのような搾取は、通常の経済市場の相互作用においてよく起こっているものである。市場から広範囲の相互作用を取り除くことによって、福祉国家はそのような搾取を防ぐことを目的としている。同様の搾取は、古い型の公的または私的な慈善において、恩恵者と受益者の間の相互作用においてもよく起きていたことである。福祉受給資格者や福祉サービス受給者の法的権利や義務を厳しく定義することによって、福祉国家もまた、その種の搾取を予防することを目的としている。

　リチャード・ティトマスの現代的古典である『贈与関係』（The Gift Relation-ship 1972）は、価値ある社会サービスを提供する民間セクターに関連したリスクと利益に関する事例研究を提示している。それは非常に価値があり、洞察力があり、影響力の強い事例である。ティトマスは、イギリス、アメリカ、ソビエト連邦、南アフリカ、日本の献血に関する比較研究において有名なトレードオフについての研究に着手している。彼は、公私のセクターにおける極めて重要なサービスの模範的な事例として、献血の供給と分配を扱っている。彼は、アメリカでは献血に対する民間セクターの責任と分配が擁護されていると指摘する。その理由は、競争や利益の追求を通して、市場の力がさらなる効率性とケアの高い水準をもたらすというものである。ティトマスは、そのようなシステムは需要と供給の役割を示しているものであるけれども、非常に血液を浪費し、慢性的にも急性的にも血液が不足し、それらの均衡の概念は幻想であることを指摘した。いわゆるアメリカ市場の多元主義は、さらに官僚制化し、書類や請求書が殺到し、さらに管理的になることによって会計やコンピューターの間接的経費がかかると結論づけている（Titmuss 1972: 232）。また、ティトマスは、そのような調整は、薬物依存や栄養失調、肝炎の感染者にとって魅力的なものになっており、ドナーが提供している血液バンクには、汚染された血液が貯蔵され、分配されてしまう危険が非常に高いと主張している。結果的に伝えられたところによると、有料ドナーから血液を受けた人々は、無料のドナーか

ら血液を得た人より、はるかに多くの病気や死亡の危険に直面している（Higgins 1988: 145-46）。結論として、ティトマス（1972）は、民間市場の消費者は、市場以外の資源から援助を受けている人ほどは利益を受けていないと論じている。

> 商業的な血液市場では、消費者は王様ではない。消費者は、被害なく生活する自由がなく、価値を決定する選択もほとんどなく、供給不足にさらされ、官僚制から逃れられず、愛他主義を表明する機会もなく、消費や品質、外部費用に関するチェックやコントロールをほとんど行使できない状況にある。王様どころかしばしば食いものにされているのである。（233; Higgins 1981: 146 より引用）

ティトマスの手法や結論は、多くの学者によって異論が唱えられているとはいえ（Reisman 1977; Sapolsky and Finkelstein 1977 を参照）、彼の優れた研究は、社会サービスを提供するために民間市場が行っている努力によるさまざまな取引に関して、一連の批判的な疑問を提示していることは確かである。

このティトマスの関心事は、近年、世界的に市場志向が劇的に復活していることからみると、特に注目すべき、冷静なものであるといえる。「資本主義のエートスは過ぎ去った」と主張するジョセフ・シュンペーター（1950: 410）とは対照的に、我々は、1991 年のソビエト連邦の驚くような崩壊に典型的に示されているように、1980 年代後半までに多くの社会主義国家や共産主義国家がさまざまな市場志向の改革を真剣に考え、歓迎すらしているのを目撃してきた。さらに、（資本主義改革の土台を作った）マーガレット・サッチャーの三選は、第二次世界大戦以後の二番目に大きな保守党の勝利であり、1820 年代以降、英国の首相が連続三選を果たしたのも初めてのことだった（Gilbert and Gilbert 1989: 33）。もちろん、合衆国においても政治的に保守党政権において実施されたさまざまな市場改革の全ては、以前には公的セクターによって提供されていた多くのサービス——つまりヘルスケア、精神保健ケア、デイケア、家事サー

ビス、職業訓練、そして矯正事業——さえも民間セクターに転換させていくことが行われていた。

　社会福祉の民営化に関する論争の多くは、利益の考え方に焦点化されている。驚くことではないが、社会福祉への民間セクターの参加を熱狂的に支援する人々は、究極的には利益への動機がサービスの効率性と質を高めると論じている。この点からすると、利益という動機は、サービス提供を合理的にし、資源の浪費を最小にすることを助け、機関が提供するケアの質を示す努力に集中しようとするのである。ネイサン・グレイザーが述べたように、アメリカ社会では特に、利益志向のサービスを、強力にイデオロギー的に支援する人々が存在しており、社会福祉分野ですらそうである。

　　諸問題の解決は国家よりもむしろ、自立した独立の組織や利益を追求するビジネスによって行われるべきであるとする、かなり強力な意見もある。利益を得ることを通して貧困問題のような社会問題に対処することは奇妙であるように見えるかもしれないが、このことは共和党員だけではなく、広く合理的なアプローチであると考えられている。（Gilbert and Gilbert 1989: 40）

　営利セクターや非営利セクターによって提供されている社会サービスの比較効果や効率性に関する非常に複雑な論争は別として、この論争の解決は、かなりの部分において哲学的な見解にかかっているといえよう（例となる論争は、Abramotiviz 1986; Fottler, Smith and James 1981; Gilbert and Gilbert 1989; Judge and Knapp 1985; Mendelson 1974; Weisbrod 1988; Wooden 1976）。つまり、利益誘導への動機は、経済効果をもたらすが、社会サービスへの商業的な参加を批判する多くの人々は、人間のニーズや痛みに応答しようとする試みによって生み出される利益を「呪い」と考えている。ギルバートは、雄弁に次のような見解を明らかにしている（Gilbert 1983: 178）。

先に示したように、ある程度において社会市場は、競争や選択、私欲、市場経済の他の手法や動機に適応し、そこから利益を得ることができる。価値は、目的と同様、手段にも含まれている。しかしながら、これらの方法と動機を極度に作用させてしまうと、結果的には、社会市場の価値と目的を低下させることになるのは明らかだろう。競争と私欲が、物質的な諸条件と全員の安全を公平にすることはほとんどない。消費者の選択の機会を増やすことは、共通善に対する個人の犠牲という考え方を禁止することになる。経済的効率性への抗しがたい思いは、社会的な供給が妥当であるか否かについて冷淡な考え方を導く。利益の追求においては、他の経済的状況に対する関心がほとんどない。本質的に、この問題は、分配的な活動の効率性を高める際に、社会市場の広範な価値を害するような矛盾した方法になるか否かであるといえる。

第 6 節　分配的正義

福祉に関する哲学的な文脈の背景にある中心的なテーマは、富やヘルスケア、住宅、他の社会サービスのような資源の分配に関するものである。ソーシャルワーカーにとって、広範囲にわたる不平等は、専門職が対処するクライエントの多くが経験している慢性的な不利益を激化させる非常に困難な現象であるといえる。

分配的正義は、政治哲学者の間では恒久的な関心事である。アリストテレスは、処罰と報復に関連する矯正的正義と、主に資源の分配に関連する分配的正義を区別することによって、最古の正義の概念を提示している。

スピッカー（Spicker 1988）が示したように、分配的正義は、幾つかの方法で定義され理解されている。例えば、18 世紀の哲学者デイヴィッド・ヒュームは、正義を財産権の拡大であるとして、かなり保守的に考えている。つまり、正義は、財産の獲得、財産の移転、財産の占有等と関連して説明できる原則によって部分的に決定づけられるとするのである。ヒュームにとって富や財産の極度

の集中は、財産権が確立され認められている限りにおいては問題ではないのかもしれない（最近の当を得た財産権の説明に関しては、Norzick 1974 を参照）。

　対照的にハーバード・スペンサーは、功績という点から正義を定義づけている。つまり、人々のもつ権利は、どれだけ広く社会に貢献したかという機能によるとしたのである。ロシアの無政府主義者だったクロポトキンによれば、正義はニーズによって決定されるのであり、ある種の再分配が必要であるという。

　財産権の点から正義を捉えている論者は、不平等を削減するためのあらゆる再分配プログラムについて批判する傾向がある。財産や富の再分配によって導入されたやる気をなくすようなさまざまな経済的議論は別として（例えば、生産における重労働や財政的な出資など）、スピッカーがいうように、批判的な論者は「最も単純にいえば、再分配は盗みである」と主張するだろう。さらにシェックは、再分配は他人の所有物を欲しがる人々の妬み以外の何ものでもないと論じている（Spicker 1988: 138 から引用、また Hayek 1976 を参照）。

　確かに、公平性の概念は、分配的正義に関するあらゆる議論にとって中核的なものである。それは、不利益、圧制、搾取に懸念をもつソーシャルワーカーの心を打つものである。R.H. トニーは、彼の古典『平等論』（1964: 113）で次のように述べている。

　　大変不快なことは、ある人が他の人よりも多く稼ぐことではない。環境が似ていることや共通した教育や生活習慣は、気遣いや考え方に同じような伝統をもたらすが、会計的な項目では、それらは忘れさられ、無視される。ある階級は、他の階級が享受している文明の遺産から遠ざけられており、人間のいたわりあう気持ちは根源的で意味深いものであるけれども、表面的でつまらない経済的な差異によって覆い隠されてしまっているのである。重要なのは、全ての人々が同じように金銭的な所得を受け取ることではない。社会の余剰な資源は、人々がそれを受け取るかどうかはさほど重要でなく、節約されて使われ利用されるべきだという

　ことである。

　公平性の概念は、さまざまな方法で定義づけされてきており、とりわけソーシャルワークや社会福祉に関係が深いものであるとされている。第一に「絶対的平等」といわれるものがあるが、そこでは資源（富、財産、サービスへのアクセスなど）が全ての人々に平等に分配される。これは時に「結果の平等」として知られている（Spicker 1988: 127）。その他、「機会の平等」というものがあるが、それは分配メカニズムの最終的な結果ではなく、人々が要望する資源に対してアクセスする機会があるかどうかという点に関連している。例えば、資源の分配において、くじや「早い者勝ち」という原則を利用する例はそれにあたる。また、機会の平等の概念は、不利益を被っている人々が乏しい限られた資源のために競う機会を増やすために改善されたサービスの提供をもたらすかもしれない（Reamer 1990: 49-50）。

　レイ（Rae 1981）の優れた分析によると、四つの実践的なメカニズム（ある部分において重複している）が、公平性を高め、不平等を縮小するために用いられている。まず一つ目は、マックスミン政策（最小のものを最大化する）であり、住宅、教育、ヘルスケアなどの最低基準を引き上げることである。第二のアプローチは、不平等の比率に対処するものであり、最も良い状態にある人々と比較して、最も悪い状態にある人々の資源を増加するものである。三番目の政策は、差異を最小にすることを目指すものであり、その目的は不平等の幅を縮小することである。そして四番目の政策は、ミニマックス原則であり、その目標は最も優位にある人の有利点を縮小することであり、すなわちその最大量を最小化することである（Spicker 1988: 130）。

　適切にいうことは難しいが、特別優遇措置（アファーマティブ・アクション）に関する論争を避けて、不平等の悩ましい問題を議論することは困難である。もちろん、これはソーシャルワーカーにとって核心的な課題である。原則的に、特別優遇措置の戦略は、不利益な状態にある人々に対して、資源へのより広範なアクセスや、可能な資源を獲得するための機会の平等（そして必要な技

術）を提供することである。しかしながら、特別優遇措置を批判する人々は、実際、このような分配的正義という形式は、多くの利益を受けている人々に対して新たな形の差別を刺激するという意味において、不当であると主張している。スピッカー（Spicker 1988: 132）が述べたように、「もし積極的差別が平等主義であるならば、それは、他より不利益な状態におかれている、あるセクターに分類される人々に埋め合わせを行い、過去の不利益を償うからである。それは全体として結果の平等を達成するかもしれないが、公平な待遇や機会の平等にかかる出費を覚悟して行われるだろう。この論議は、ある点における不平等は、他の人のより大きな不平等に向かうかもしれないということである」。

　現代のソーシャルワーカーの分配的正義に関する考え方のかなりの部分は、ジョン・ロールズの現代哲学の古典である『正義論』（1971）に影響を受け、少なくとも刺激されている。ロールズの主張は、公正な社会を確立するために用いられる「社会契約」の概念に基盤をおいている。彼は、正義を強化するために二つの核となる原則を掲げている。一番目は、自由は社会正義にとって最も重要な規則であるということである。二番目は、如何なる不平等が存在するとしても、人々は受け入れなければならないというものである。

　ロールズのかなり抽象的な理論は、自らが支配されている道徳的原則を明確にしている人は、平等の「原初状態」にあると論じ、個々の人々は自分に関係する利点や不利益に該当する自らの特性や地位に気づいていないと論じている。この「無知のヴェール」のもとでは、人々は、最も利点の少ない人々を守ろうとする道徳原則を生み出すと考えられている。ロールズの「格差原則」は、財はもっとも不利益な状態にある人々の便益を増大させる方法で分配されなければならないとするものであるが、ニーズを有する人々を援助する要件を含むものであり、財の集中に対して不利益の状態にある人々のニーズを犠牲にする古典的な功利主義の適用に反対する、重要な安全装置を提供するものである（Reamer 1990: 51）。ロールズによると、公正な社会では、富や財産の幾分かの格差は、あまり裕福でない人々が結果として利益から遠ざかっている場合にのみ受け入れられるものである。さらに、全ての職業は機会の平等の条件の下

であらゆる人々に開かれているのである。

　ロールズは、これらの正義の原則は、市場の競争という制度のもとで、ま
た、市場の欠陥を是正し、機会の平等を保障するためのある程度の国家による
介入のもとで、最もよく実践されると論じている。彼は、経済的効率性と関連
するというありふれた理由によって、競争市場に対して賛意を示しているけれ
ども、競争市場を自由の平等と機会の平等を保障する重要な装置とみている。
ロールズにとって、市場は職業選択の自由という「重要な自由」を保護するも
のなのである。なぜならば、競争的な施策の中でも何らかの収入の差が無い
というのならば、自由と矛盾する緊急事態にある社会の特定の側面が、どのよ
うに排除され得るかを推し図ることが難しいからである（Krouse and McPherson
1988: 81 からの引用）。

　ロールズは、特に労働によって得られる所得に関心を示している。理念的に
は、私的な財産保有を受け入れている民主主義において、完全雇用は「安定化
部門」と彼が名づけたものによって維持されている。この部門は、完全雇用を
保障することを試みて、強力で集中的な需要と厳格な労働市場を促進すること
によって「賃金奴隷」を回避しようとしている。さらに、ほとんどの労働者は、
資産所有者から所得の一部を得ており最低賃金は保障されているので、労働階
級は容易に搾取されることはない。教育や技能訓練の機会に投資することに
よって技術をもつ人々は増加することになるが、それによって彼らの所得は制
限されていくことになる（需要供給の法則が作用することに拠る）。同時に、ど
のような理由であれ、技術の要らない職業を得なければならない人々の供給は
減少し、したがって彼らの所得は増加するのである（Krouse and McPherson 1988:
91-92）。ロールズ（1971: 307）が述べたように、技能訓練や教育の便益を受け
ている人が増えることによって、資格をもつ人々の供給はさらに多くなる。資
本市場において教育に対するローン（または補助金）への登録に制限はなく、
また欠陥もない場合、それを十分に授与された者が獲得する報償はかなり抑え
られる。より恵まれた人々と最も所得の低い階級との所得における相対的な格
差は縮小されていくことになる。

ロールズにとっては、生まれつき備わった能力や財産、技術、幸運（Krouse and McPherson 1988: 95）といった誕生の際に最初に授けられた「自然の運命」によってある人々が享受する経済的・社会的有利は、道徳的には根拠のないものである。最初の段階で財産や技術の分配においてより良い平等が保障されているならば、福祉国家が管理している税金や所得移転プログラムによって行われている富の再分配の必要性は低下するだろう。これは、ソーシャルミニマムについてのロールズの主要な議論（1971: 275）である。それは、ある程度の所得の再分配を行う世代間の累進的な相続税であり、教育の機会均等などを促進する公共政策である。

　　社会システムでは、分配の結果は、物事がどのようになろうとも、うまくいくように計画化されている。この目的を達成するために、適切な政治的・法的制度の環境のもとでの社会的・経済的プロセスを設定する必要がある。このような背景となる制度の企画がなければ、分配過程の結果は公平にはならないだろう。さらに、政府は通常の社会的総資本を維持し続けていくことに加えて、私立の学校への補助や公立学校の整備によって、教育や文化の機会均等を与えられたり動機づけられたりした人々を守ろうとするだろう。また、それは経済的活動や職業選択の自由における機会均等を強化し、支持することになる。これは、私的な企業や団体の行動を規制することによって、また、独善的な制約や障壁ができることを防ぎ、もっと望ましい状況にすることによって達成されるのである。最終的には、政府は家族手当や疾病や失業に対する特別手当によって、また、段階的な所得補助（いわゆる負の所得税）のような工夫によって、体系的にソーシャルミニマムを保証することになる。

　ロールズの社会正義の概念化は、福祉国家資本主義の平等主義版に対する哲学的な弁明としてみられよう（Wolff 1977: 195; Barry 1973; Buchanan 1982; Daniels 1975）。また、他の人々は（Krouse and McPherson 1988）、ロールズの枠組みによっ

て引き起こされた財産の平等化の程度は、現在の福祉国家資本主義を超えたことにより、社会を相当に動揺させ、深刻に混乱させることになると論じている。にもかかわらず、彼の野心的な提案による最大のメリットが何であれ、ロールズの刺激的な見解は、分配的正義や社会福祉や福祉国家へのその意義に、多くの必要な関心を引きつけることに役立ったといえる。

第7節　福祉と権利

　福祉や福祉国家、分配的正義に関する哲学的分析の多くは、権利の概念や、「請求権」（ホーフィールドが〔Spicker 1988: 58〕、他の人々に義務を課すことを意味することと適切に呼んだもの）に関連している。多くの学者は（例えば、Block et al. 1987; Piven and Cloward 1982）、福祉を根本的な権利として、つまり資本主義システムの破壊的な副産物（例えば、貧困、失業、高価な家賃、ヘルスケアへの）に対抗する意義ある保護を提供するものとして、社会はそれらの権利に対応する相関的な義務を有すると考えている。プラントは、福祉権は人間としての基本的な諸権利として捉えられなければならず、法治国家は福祉国家でなければならないとする、同様の見解を示している（Plant 1985; Plant, Lesser, and Taylor-Gooby 1980; Moon 1988）。

　権利としての福祉の概念の議論は、二つの異なる哲学的な伝統に根ざしている（Blau 1989）。ジョン・ロックに最も密接に関連する比較的に保守的な伝統によると、個々の市民は、——国家権力と釣り合うように保たれた資産の状態において——経済的な利害関係に基づいて社会の中で権利を獲得する。ムーンは次のように述べている（Moon 1988: 31）。

　　この観点からすれば、自由主義の伝統の基盤をなす人権思想の本質的な内的発展として、福祉国家をみることができる。ロックが、立憲国家には生命、自由、健康、財産に対する権利を保護することが必要であると主張したように、この見解を擁護する人々は、福祉国家は、雇用、経済

的保障、ヘルスケア、教育などの社会権といった、さまざまな権利を保障することが要請されると論じている。

　対照的に、さらに急進的な民主主義の伝統は、人々は政府の権力と私的資産の力の双方から保護される必要があると考えている。ブロウ（Blau 1989: 36）が述べたように、「個人の権利や大衆民主主義に対する共同体主義の思想を引き合いに出してみると分かるように、この伝統は、医療ケアや十分な住宅供給を当然の権利であると主張する」だろう。

　保守派側の利点からすれば、社会福祉の給付は国家によって組織されたチャリティーの一形態を表している。つまり、それらの給付は権利として想定されていないのである。さらに別の、急進的な考え方からすれば、福祉の権利は、絶対的なもので条件つきのものではないとされるだろう。中間的な見解では、福祉はチャリティーでもなければ絶対的な権利でもなく、むしろ個別の福祉の要求は、政治的、社会的、経済的要求と合わせて調整され、重視されなければならないといえる。

　とりわけ、ソーシャルワークのクライエントのウェルビーイングである労働の基本となる概念において、権利の視点からみた福祉の意味について考えることは有益である。確かに労働は、社会福祉国家や福祉権、さまざまな社会福祉モデルに関する議論の中でも注目されるものの一つである。つまり、ソーシャルワーカーや政策分析者が長年行ってきた挑戦は（援助が必要でない人々に焦点を当てて考えてみるとよいが）労働へのインセンティブを損なうことなく、要援護者に対して援助を提供するための戦略を作り上げることである。

　適正な生活水準を保障する十分な給付レベルと、労働意欲を失わせる給付レベルの間でバランスをとる試みは、少なくともイギリスの救貧法までさかのぼることができる。その時代において、福祉と労働の関係に関する議論は、失業が助長する暴力や社会的荒廃への恐れに影響されたこともあり、人格形成の一つの手段として、労働の固有の価値と美徳に関連する宗教的な見解に関連した道徳的な表現で組み立てられていた（Higgins 1981: 101）。特にヨーロッパ諸国

やアメリカでは、価値のある貧民と価値のない貧民、無能貧民と有能貧民、院内救済と院外救済などのように、それぞれを区別することによって、できる限りそれらの入れ替えを調整する福祉プログラムの計画に取り組んでいた。ここには、ソーシャルワークに関連する二つの中核的な課題がある。一つは、有能貧民が、福祉給付に代わって労働する義務があるかどうかに関わるものであり、もう一つは、特に資本主義国家において個人が労働の権利をもつか否かに関わるものである。

　前述したように、人々が福祉給付やそれらの給付を受ける権利をどの程度もつかについての議論は、少なくとも 1601 年のエリザベス救貧法までさかのぼり、社会福祉の歴史の中でもっとも議論されているテーマの一つである。もともと、救貧法の運営のための財源は、税金を通して調達されており、地方の教区によって管理されていた。法律は、三つのカテゴリーで人々を援助することを計画していた。それらは、要援護者で身寄りのない人々、非自発的な失業者、援助が受けられない成人（高齢者や病人、障害者）、要養護児童である。望まない失業に直面している人々に対しては、コミュニティによって仕事が提供され、援助のない成人は民間施設や救貧院で保護され、要養護児童は徒弟に出されていた。

　17 世紀初頭には、特に自らの落ち度ではないが、援助を必要としており、その権利を有する人々（不安定な市場によって失業状態にある人々、高齢者、虚弱な人々など）と、自らの貧困状態に対してかなりの責任を有する人々との間に明確な区別がなされていた。一般的に、それらのいわゆる価値のない貧民とは、物乞い、浮浪者や、労働能力はあるが働こうとしない貧民を指している。拘置所への送致や体罰は、彼らに対して日常的に行われていた。

　価値のある貧民と価値のない貧民との区別は、エリザベス朝の時代から一貫して実施されている。それは 1834 年の救貧法改革や最初の慈善組織化協会、セツルメントハウスの設立、20 世紀初頭に提案された社会保険プログラム、1917 年の初めての公共福祉省の設置、1930 年代の大恐慌による痛ましい時代に作られた多くの社会保障、公的扶助、福祉プログラムに関する議論において

も明白である。

　福祉に関する議論の中核にあるのは、その給付が権利か恩恵のどちらであるかという問題である。権利としての福祉給付の概念は、人々が貧困状態にある人を援助する義務や責務を有することを示すものである（Marshall 1981）。スピッカーは明らかにしている（Spicker 1988: 68）。

> イギリスやアメリカにおける「福祉権」運動は、ある意味において道徳的権利を積極的権利（つまりその実施の手段を認める権利）へと転換させようとする試みだった。しかし、その運動は法制度において道徳的な地位を確立するために、現行の積極的権利を行使してきた。福祉権運動は、基本的な最低所得への権利を確立するために多くの方法で取り組んできたのである。

　しかしながら、恩恵としての福祉の概念には、実にさまざまな意味がある。それは、人々が受け取ることができる恩恵は、貧困者が給付に対する形式的な権利をもつからではなく、給付を快く提供するコミュニティの寛容と好意であることを示唆する。エプシュタインが述べたように、「福祉給付は決して受給者の法的権利というものではなく、それを譲る者による集団の善意の単なる現れである」（Elster 1988: 58 より引用）。権利としての福祉と恩恵としての福祉の区別は微妙であるかもしれない。実際、それは歴史を通じて貧困者に提供されてきた援助がどの程度のものだったかを著しく決定しているのである。

　さまざまな政治的・社会的な関わりとも関連する疑問は、個人は労働する公的な権利をもつかどうかというものである。つまり、国家は市民に対して完全雇用の条件を提供する明白な義務を有しているのだろうか。エルスターは簡潔に問題の核心を述べている（1988: 53）。

> 失業は資本主義に特有のものである。したがって、そのような状態を救済するためのものとして、労働権に対する要求がある。労働権（deroit

au travail）は、1848 年のフランス革命における労働者の闘争要求以来の
もので、その要求は、失業率が高い時にはいつでも表面化してきた。特
にこの 10 年、15 年で、法的な労働権を創ろうとする提案がほとんどの
西洋諸国において推進され議論されている。逆に、有効な労働権のあり
方は、東ヨーロッパの集権的な計画経済において重要な議論として広く
理解されている。もし大量失業が資本主義のアキレス腱であるならば、
職業への権利は社会主義の重要な要素であるといえる。

「労働する権利」というフレーズは何を意味するだろうか。最も伝統的な決
まり文句では、それは、賃金補助、失業を保障する税金、政府の購買を通して
の需要の刺激、商業投資へのインセンティブ、外国との競争に対する保護、新
たな会社や工場の開発への援助などの制度を通じて、雇用を高めるための国家
の部分的な責務を伴うものである。これらの制度は雇用を高めるかもしれない
けれども、完全雇用を達成するまでに至らないことが多い。さらに急進的な常
套句では、労働権とは、私的所有や完全雇用といった目的の代わりに、公的な
所有権を伴うのである（Nickel 1978-1979）。

　明らかに、権利の概念は、福祉に関する哲学的な考え方の核心にあるといえ
る。多くの対立する見解が、どの程度まで福祉が権利であるか、逆に恩恵なの
か、どの程度まで個人に労働権が存在するのかについて争っていることは驚く
ことではない。ブロウ（1989: 36）は、「それらの見解の相違を調和させる方法
はたやすいものではない。しかし、権利の概念は福祉国家の諸理論が基礎とす
る前提を解明することを助ける貴重な概念である」と結論づけている。

第 8 節　共通善と公益の追求

　ソーシャルワークの独自で優れた視点からすると、その多くのサービス形態
や給付の点において、社会福祉は、究極的には個人やコミュニティ全体の生活
の質を高めることを目的としている。ソーシャルワークの職業は、個々のクラ

イエントのウェルビーイングにも、周囲の文化の構造や発展を脅かす、広範に根づいて深く浸透している社会問題の改善にも同時に関心をもっている。その関心は、福祉や福祉権、分配的正義などにおける国家と民間セクターの役割に対するソーシャルワークの永続的な関心である。

　20世紀のソーシャルワークの関心事は（それはソーシャルワークに最も特徴的な性質であるが）、共通善と公益の概念における哲学的基盤である。これらの用語は、しばしばお互いに交換されるけれども、それらは別々の起源と意味をもっている。

　共通善の概念は、共同社会を強調するものであり、古代ギリシャの政治思想にその起源がある。その概念は、ルネッサンス期に新たに復活し、共和制の政治理論において時代を超えて中心的な役割を果たした。ジェニングスら（Jennings, Callahan, and Wolf 1987: 6）によると、共通善は、コミュニティの成員が共同で想定した共有の価値と目的に参加し、個人の善が広くコミュニティの善に依拠することを了解するといった、コミュニティとしての社会のビジョンを含むものである。つまり、「共通善は、コミュニティのウェルビーイング、すなわち安全性や基本的な制度や慣習の統一性、その核となる価値の保持を生むものと関連している。また、コミュニティの成員が共同で手に入れようとする結果や目的、例えば良い生活や人類の繁栄、道徳の発展といったものに関連している」。共通善を促進しようとする専門職者によれば、サービスは次のものを含んでいる。

　　種々の専門職は、人間の基本的な価値、そして人間の善や良き生活について、特有で重要な視点を提案しなければならない。それはまた、市民間の対話や公共哲学と呼ばれるものであり、つまり、民主主義社会において進行する多元的な会話や分かち合う目標、共通の目的、公平な社会秩序のもとでの良い生活の性質に対する専門職による貢献を含んでいる。

　対照的に、公益の概念は 17、18 世紀に現れてきた。最初に、開明的な君主たちが、国内と外国の政策において追求すべき国民の安全と財産という目標について言及した。しばらくして、それは、いかなる合法的な政府も追求すべき広範で集団的な目標について言及し始め、自由主義、功利主義、そして民主的な多元論に関する社会哲学の知的な基盤として働き始めた。その中心的な仮説は、社会はもともと利己的な個人の合理的な集合体であって、個人の積み重ねられた財は、私的な利益の収集または集積によって組み立てられているというものである（Jennings, Callahan, Wolf 1987）。

　このように、公益の概念は本来、共同社会的なものでも何でもなかった。公益は諸個人の利益の追求を強化することによって推進されてきた。専門職の公益への貢献は、個々のクライエントへ高度なサービスを配給すること、専門職の質や地位などを上げることによって成し遂げることができるのである。

　同じように、共通善と公益の概念は同じ現象に対する二つの見解を示しているように見える。事実、それら銘々の意味合いはしばしば衝突する。最終的に、それらは我々を専門職のサービスの極めて異なった局面について考えるように仕向ける。つまり、一つは第一義的に公衆の幸福、もう一つはクライエントであれ、専門職あれ、個人の利益に焦点を当てるものである。事実、公益と共通善との間の緊張に関するソーシャルワークの見解は、今日の専門職に関する最も中心的な論争であるといえる。つまり、ソーシャルワークの公的な目的は何かということである。

　現在に至るまで、ソーシャルワーカーは専門職の公的な目的を巡って大きく分裂してきたことは周知のことである（Reamer 1992）。一つの極論としては、専門職の標準的な起源は貧困者へのサービスであって、有利な立場の人には最小でいいと主張する者もいる。さらに、彼らは、専門職の中心的な義務は最も傷つきやすい立場の人々への援助を計画し提供することに加えて、貧困、犯罪、失業、病気などの社会問題を防ぐために計画された建設的な変革を求めることだという。

　他方の極論では、専門職における重要な中心はほとんど全面的にカウンセリ

ングまたは心理療法にあり、臨床サービスの領域、コミュニティの精神保健センター、家族サービス機関、そして個人開業などの種々の状況において提供されるものであるという者もいる。豊富なデータが、ソーシャルワーク専門職のこの部分での顕著な発展を示している（Gilbert 1983: 23-26）。ソーシャルアクションと建設的な変革への関心は優先的なものではない、というソーシャルワーカーもいる。むしろ、個人的なクライエントに提供される臨床的なサービスこそが主要な焦点なのである。

　ここで、単純で極端な表現で描写されている専門職の現状における割れ目こそが、共通善志向のソーシャルワーカーと公益志向のソーシャルワーカーとの間にある分裂である。前者は、個人のウェルビーイング、コミュニティーの介入、組織変革、法律に定められたロビーイング、そして他の形でのソーシャルワークの介入に焦点を当てた努力によって公共の福祉を強化することを、排他的でないものの第一の目的とする傾向にある。対照的に、公益志向のソーシャルワーカーは、個人の機能を強化することを、排他的でないものの第一の目的とする傾向にある。

　この二重の見解はソーシャルワークにおいては特別のものではない。ジェニングスら（1987: 6）が記述しているように、それはまた、おおよそ現代の全ての専門職の特色である。

　　　専門職が彼らの倫理的責任という公的な面を志す限りにおいて、現時点では、その大多数は公益を推進する義務として自分たちの公的な責任を考えようとしている。しかし、これは十分でない。それは重要であるが、公共政策の分析への貢献や集団の中の個々人に対するサービス提供といった活動は、専門職が遂行すべき義務を徹底的に究明することではない。専門職の公的な義務とは、公益へのサービスの領域を超えて、共通善へのサービスの領域へ拡大することである。

　共通善志向と公益志向の間で続いている緊張に注目することは、ソーシャル

ワークの将来においても本質的なものであるといっても言い過ぎではない。そこには、専門職の主要な目的と使命に関する中心的な問題がある。この緊張は、前述したように、数多くの主要な哲学的論争をも取り入れている。それは、前述した政治社会の本質、公衆の福祉のための公的セクターと私的セクターの間の責任の分配、そして社会契約の現代的な適用などである。この緊張の発展は、将来的に、ソーシャルワークの性格や福祉業界における位置づけと切り離すことはできないだろう。

第2章　道徳哲学

正義を意識する心　　ウェルギリウス

　価値と倫理の問題は、常にソーシャルワークの中心におかれてきた。前章で確認したように、ソーシャルワークは自覚的で規範的な職業であり、価値に基づく使命に長年貢献してきた。その実践者たちは、長年にわたって、時に激しく、どんな価値がどのようにソーシャルワークの実践を特徴づけるべきかについて、意見を異にしてきたにもかかわらず、この職業の主要な属性の一つは、――それが最終的に人を助ける他の職業とソーシャルワークを区別するのだが――価値の持続的な包含と特有の倫理的枠組みである。

　ソーシャルワークが価値や倫理と切り離せないものだという重要な考え方は、この一世紀ほどの歴史の中で成熟したものになった。この職業の当初のクライエント、つまり「貧困者」の道徳性についての永続的な関心として始まったものが発展して、今日では、この職業に従事する人の道徳性が強調され、この職業の目標の道徳性が議論されるようになった。価値と倫理が意味するものは、時代とともに、当初の貧困者の道徳性に対する関心からソーシャルワーカー自身の道徳規範や倫理基準に変わった。とりわけ19世紀末から20世紀初頭にかけて（つまり、友愛訪問や慈善組織団体が急増した時代に）、道徳的なパターナリズムが大流行した。その根拠となった仮説は、ソーシャルワークの公的使命がクライエントの道徳性を向上させ、彼らが公私の資源による援助を受けずに、高潔で、健全に、有益な生活を送れるようにすることだった。社会全体の目的は、飢えた者、ホームレス、失業者、貧困者（また時として不信心者も）が、各人の内面的な力を奮い立たせて、より生産的な生活をするのを助け

ることだった。人生のまっすぐで狭き小道から逸れてしまった者たちは元の道に戻るために助けを必要としていた。

　対照的に、セツルメント運動、ニューディール政策、貧困戦争、「偉大な社会」政策の時代には、ソーシャルワーカーは、むしろ「正しい社会」が果たすべき道徳的義務の方をより力説した。つまり、社会に広く根づいていた、貧困、差別、抑圧などの問題に取り組む責務を力説するようになった。ソーシャルワークの主要な使命は、社会の構造上の欠陥を明らかにし、正しい秩序を促進するためのプログラムや政策を提案し、実行することであると広く信じられた。

　とりわけ、1980年代初頭からは、ソーシャルワーカーたちは倫理学にも関心を広げ、実践における倫理上のディレンマや倫理的決断、分析、倫理学的理論、つまり、「応用倫理学」に取り組むようになった。応用倫理学の用語や方法は、いまだに浸透していないが、その応用倫理学の主題は1980年代に紛れもなくソーシャルワークに定着しはじめた。この主題を取り扱ったソーシャルワークに関する文献、ソーシャルワーク課程の講義科目、学会発表、現職教育といったものがこの時期に新しく出てきた（Elliott 1984; Black et al. 1989; Reamer and Abramson 1982）。全米ソーシャルワーク教育連盟（CSWE: The Council of Social Work Education）は、その教育課程の編成と実施方針（Curriculum Policy Statement）を修正し、応用倫理学に関する内容を盛ることを要求し、1987年に出版された全米ソーシャルワーカー協会（NASW）の『ソーシャルワーク百科事典』（Encyclopedia of Social Work）の18版には、応用倫理学に関する膨大な内容をもつ一章がある（Reamer 1987）。

　ソーシャルワーカーの間では、近年、応用倫理学への関心が増大してきているが、並行してほとんど全てといってよい専門職が新たな局面を迎えている（Callahan and Bok 1980）。特に1970年代後半からは、医学、法学、ジャーナリズム、看護学、ビジネス、工学、会計学、警察、軍隊などの種々の専門職が応用倫理学に大きな関心を向け始めた。それはいくぶん1960年代のなごりであって、その時代が先取りしていた権利の概念、例えば、公民権、福祉を受け

る権利、患者の権利、受刑者の権利などの形をとるもののなごりだった。その時代に、権利という言葉が文化に浸透しはじめ、最終的には、専門職の人々の間で大いなる関心の的となった。専門職に就く人や公務員の間でのスキャンダルが広く一般に知られたことも、倫理学への関心を高めることとなった。有名な政治家、医師、法律家、聖職者、スポーツ選手、その他の公人たちの不品行に関する申し立てや証言は、内部の行状をもっと詳しく監督する必要があると専門家に気づかせる一助となった。

　その他にも、幾つかの専門職において、非常に発達した複雑な技術が導入されたことで、それまでにはなかった新しい倫理的ディレンマが出てきた。例えば、人工心臓の発明は莫大な健康保険料の上限、限られた資源の分配に関する厄介な倫理学的問題を提起し、同様の問題が障害のある乳児へのヒヒの心臓移植や、遺伝子工学や透析等の発達により生じている。

　また、そのような近代の専門職のほとんどが誕生してから少なくとも約1世紀を経ている今日、その実践者たちは、以前にも増して自分たちの価値基準や職業の倫理に関する厄介な問題にいっそう注意を向ける傾向にあるようである。ほとんどの専門職の発達史の当初において、一部には、専門職の専門的判断の基礎を確立するため、またその存在を正当化するために、実践上の技術にまず関心を向ける傾向があった。専門職は、世間に広く知られるようになると、進んで、その基盤となる価値、道徳上の目標、倫理的規範に関して自己批判的な問いを提起するようになった。

　今では、ほとんどの専門職の人々同様、ソーシャルワーカーは、日々の責任に倫理学が関わっていることを以前よりはるかによく理解している（Reamer 1989; 1990）。彼らは、ソーシャルワークの実践や政策の中で起きた倫理的ディレンマやこの専門職の最終的な目標に対する価値の影響をより確実に把握している。また、倫理学的研究の価値を一段と評価してもいる。エメット（Emmet 1962: 170, 171）は何年も前に、みごとな洞察力と先見性をもって次のように述べている。

近頃では、我々の大半は、倫理上の問題の答えを本の中に見つけることができると思ってはいない。しかし、傍観し、確信がないから云々といって道徳的判断を下す能力を萎縮させず、それを発達させる危険を冒す覚悟をするならば、前進できるかもしれない。ソーシャルワーカー自身のトレーニングの間にもっとその力を発達させようとしても悪くはない。たとえその結果、我々がもうそれ以上のどんな理由も与えることができないある倫理学的原理や価値に戻らざるをえなくても、批判的な反省の過程を経た後でそれらを手にすることと、単に教条的に主張することには違いがある。いずれにしても、我々は、道徳的問いを、不確実な、さまざまに回答することができるものとして見ることを学ぶことができる。つまり、それらを考え、議論することができ、さらに、そうするためにふさわしい方法があることを見つけられるのである。

第1節　倫理学の性質

　倫理学または道徳哲学は、道徳的に正しいか否か、善か悪かに関係している。一般に、倫理学上の質疑は二つの分野に分かれる。つまり、メタ倫理学（metaethics）と規範倫理学（normative ethics）である。メタ倫理学は、正、不正、善い、悪い、義務、責務というような道徳用語の意味と、倫理学的主張や判断を支える方法論の分析に関わるものである。それゆえ、メタ倫理学では、道徳用語の意味するものやその定義の有効性に関するさまざまな論拠を調べる。例として、義務という用語をどのように定義すべきか、また、ある人が自分の義務を全うしたかどうかをどうやって知るのか、ということである。

　規範倫理学は反対に、道徳問題や倫理上のディレンマに道徳的概念や原理を適用することに関係する。それゆえ、規範倫理学では、プライバシーに対する個人の権利や守秘義務が破られるほうがいい状況について議論することにもなるだろう。または、限られた社会サービスの資源を分配するためのもっとも倫理学的な方法を探究することにもなるだろう（これは、倫理上の問題と政治哲学

の問題が時として交差するという非常に良い例である）。それゆえ、メタ倫理学は明らかに、ソーシャルワーカーたちの道徳規範の理解と応用を指導することができるが、それよりも規範倫理学の方が、ソーシャルワーカーが普段関わっている問題を解決するたぐいのものに、より緊密に知識を与えている。

メタ倫理学

　ソーシャルワーカーは普段、堅い哲学的な言葉を使わないかもしれないが、しばしば、道徳の専門用語の意味や概念に関するメタ倫理学的な議論と結果的に同じことに携わっている。例えば、クライエントの自己決定の権利の範囲に関する議論では、しばしば、自己決定という言葉が意味するものは何か、その言葉はどのように定義されるべきか、自己決定というものが客観的に存在し得るのかといった議論になってしまうことが多い。同様に、困っている人々を援助するソーシャルワーカーの道徳的義務の範囲に関する議論は、しばしば、義務という言葉の意味するものは何か、その言葉はどのように定義されるべきか、専門的義務が客観的に存在し得るのかといった議論にたどりつく。メタ倫理学はそれゆえに、どのように自己決定の能力を高めるかとか、専門的義務の遂行といったものとかにあまり関心がない。その代わりに、まず第一に、自己決定や義務の概念が何を意味するかを理解すること、そして、これらの事象が真に存在するのかどうかに関心をもつ。ソーシャルワークに関連する他の道徳的概念、例えば社会正義、誠実、公平、パターナリズムなどに関して同様のメタ倫理学上の考察が可能である。メタ倫理学はまた、これらの概念と関係する倫理上の原理や指針を導き出す方法でもある。

　メタ倫理学には思想的に二つの主要な学派がある。認知主義（Cognitivism）と非認知主義（Noncognitivism）である。認知主義者の主張は、道徳的概念に関する我々の信条が正しいか正しくないかを実際に知ることができるというものである。認知主義者にとっては、少なくとも原則として、正義、公平などの概念を構成するものを実際に知ることは可能である。我々には、道徳的概念に関する主張の正誤を決定することが難しいことが少なからずあるが、これらの主

張は正しいか正しくないかのどちらかしかないのである。対照的に、非認知主義者はこの断定的な主張を拒否し、道徳的概念に関する主張は意見や態度を表現するに過ぎないか、命令を与えているに過ぎないと唱える。非認知主義者にとっては、「クライエントに嘘をつくことは決して許されない」という発言は、それが正しいか正しくないかではなく、むしろ、単なる見解の表明でしかない。

　認知主義者の理論は、さらに直観主義と自然主義の項目に分類される。直観主義によれば、正義や公正などの道徳的概念が意味するものを客観的に知ることは可能だが、これらの概念は自然科学の分野で見つけられるような測定可能な事象に変えられることはない。この観点からは、道徳的概念は非自然主義的で、定義しがたく、直観によってのみ理解され得るものとされる。例えば、高名な哲学者である G.E. ムーアは、道徳的な善は直観によってのみ理解される、単純で、あいまいな性質のものであると主張した。同様に、オックスフォードの哲学者の H.A. プリチャードは、道徳用語の「べきである」（ought）について、ある特定の状況で人が道徳的に何をするべきか（つまり、保険金の支払いの書類を作成する時に、クライエントに病状について本当のことをいうとか、押しつけがましい保護サービスの調査からクライエントを守るために法を犯すとか）といった判断は、客観的な意味で分析できるものでも、証明できるものでもない。プリチャードにとって、ある人がそのやり方で行動すべきか、別のやり方で行動すべきかという倫理上の責務については、いかなる根拠も存在しない。むしろ、人はその責務を直観的に即座に把握するのである。

　反対に、自然主義は、道徳的概念はこの世界に実際にある資質で、自然科学の方法を用いて経験的に測定し得るものであると想定する。例えば、アリストテレスやトマス・アクィナスは、善が客観的な性質を有し、経験的、帰納的方法で測定され得ると信じていた。この観点から、自然科学的方法を使って、例えば、困っているクライエントにシェルターの数少ないベッドを割り当てたり、ソーシャルワーカーの決定結果が報告義務法（mandatory reporting law）を犯していないかという道徳性を判断したりするためのもっとも公正な方法を決定

することができる。直観では十分でないのである。

　道徳上の主張が客観的に正しいものであるかどうかの決定要素を明確にしようとする試みは、ゲワース（Gewirth 1978a: 5）によって「独立変数の問題」と呼ばれている。道徳上の判断の正しさや公正さを決定するのに役立つ「客観的な独立変数というものが存在するかどうか」に関するものである。

　道徳的判断や原理の正当化に関して発表されている哲学者の主張のほとんどは、根気強い精査に耐えることが難しいものばかりである。例えば、よく知られている主張に、個人個人の態度、行動、または属性の経験的な観察は、道徳上正しい、または正しくない行為についての規範的な結論や原理に結びつかず、事実の経験的または記述的な発言と、評価を決める結論の間には論理的な関連性が全くないというものである。これは、ヒュームが哲学上の「is-ought」問題（「である−べきである」問題）と呼んだものであり、G. E. ムーアが、事実の陳述が価値を評価する陳述と取り違えられている「自然主義的誤謬」と言い換えたものである。つまり、我々は、行動に異常のあるクライエントが、厳格に管理された待遇——それはたいがい懲罰に頼っているのだが——から恩恵を得るかどうかを経験的に判断することはできるが、しかしながら、その待遇による効果についての証拠は、直接、このような待遇の方法が用いられるべきだという規範的な結論になることを明らかにしているわけではないのである。サール（Searle 1969: 120）は次のように述べている。

　　よく言われているように、人は「である」（is）から「べきである」（ought）を導き出すことはできない。ヒュームの『人間本性論』（A Treatise of Human Nature）の中の有名な一節からきているこの命題は、いまだに、全てが明確だとはいえないのであるが、少なくともその外郭は明確である。そこには、価値の陳述の部類と、それとは理論的に区別される事実の陳述の部類がある。事実の陳述のどの類も、それ自体、価値の陳述を全く含意しない。もっとも今日的な言い方をすれば、一連の記述的陳述はどれも、価値を決める前提を少なくとも一つ付加することがなけれ

ば、価値を決める陳述を必然的に含意することはできない。そう考えないと、「自然主義的誤謬」と呼ばれてきた誤りを犯すことになる。

　しばしば直観主義にかかわる広く知られた立場は、「道徳的観点」(moral point of view) として知られている (Baier 1965; Donagan 1977: 218-21; Frankena 1973: 113-14)。道徳的観点の起源は、アダム・スミスの主張にまで遡ることができ、個人は自らの道徳的判断において、公平な傍観者か「理想的な観察者」の立場をとることによってのみ、意見の一致をみるというものである (Donagan 1977: 218-21)。理想的な観察者とは、すでに述べたように、公明正大、公平、冷静、落ち着き、普遍的に捉えようとする性格をもち、万人の利益を考えることができるなどの性格をもつ者である。それゆえ、例えば、クライエントの秘密を漏らしたり、サービスを打ち切ったり、または、少ない資源を分配したりするといった道徳性を決定する立場にあるソーシャルワーカーは、考慮中の事象の性質や状況についてできるだけ多くの情報を入手しようとし、自分の決定に影響される者全員のさまざまな利益を考慮しようとしてきた。そして、公平な立場から、もっとも好ましい結果になるような一連の行動を決めるために、これらを一つ一つ比較検討するだろう。

　認知主義 (Cognitivism) とは対照的に、非認知主義 (Noncognitivism) は、道徳問題に過激で異なった意見を述べる。非認知主義によれば、道徳上の義務や責務について、または道徳上の善悪についての主張が事実であるか否かを実際に知ることは不可能である。この見解によれば、クライエントの自己決定の権利やソーシャルワーカーの真実を話すという責務や法に従うという責務に関する道徳上の主張は、単に意見や感情を表現しているに過ぎず、選択を導き、人々がどのように行為すべきかについての規範であるにすぎない。

　非認知主義者のほとんどの理論は20世紀初頭に展開されたものであるが、その始祖はトマス・ホッブスやデイヴィッド・ヒュームのような哲学における指導的人物である。非認知主義者の情動主義 (emotivist) の主張は、道徳上の主張は、各個人が今、自分が話している事柄をどのように感じるかを表現し

ているものに過ぎないということである。それゆえ、あるソーシャルワーカーが「クライエントにその予後について嘘をつくことは間違っている」と発言する場合、彼女は単にこのような状況で嘘をつくという道徳性に対する自分の感情を表現しているに過ぎない。彼女は、道徳上の問題について、事実を語っているのではない。一方、非認知主義者の規範主義者の見解では、このような発言、この場合はクライエントに嘘をつくなという発言は、単なる命令や指示の表現に過ぎないのである。

規範倫理学

　ソーシャルワークと最も直接的な関係がある倫理上の問題は、専門的な実践において、道徳上は何が正しいか、正しくないか、または善か悪かを決定することに道徳の概念や原理を応用することに関わる。道徳哲学者たちは伝統的に、全部でないにしても、規範的道徳の問題が含まれている三つの中心的な問いを明らかにしている（Gewirth 1978a: I-26）。その一つは、なぜ人は、他人に対する自分の責務について考えるという意味で、道徳や倫理に気をつけなければならないのだろうか。特に、そういう責務が自身の利益と衝突する時に、である。二つ目は、自分自身以外の利益のうち、我々は誰の利益に気をつけるべきであり、物資と資源はどのように個人の間で分配されるべきなのか、というものである。そして三つ目は、どのような行為と資源が、それ自体でやりがいがあり、良いものであり、妥当なものであると考えられるはずなのか。また、その理由は何か、というものである。これらの三つの問いはそれぞれ、順に権威（authoritative）、分配（distributive）、実体（substantive）に関する問いと呼ばれてきた。

第 2 節　権威に関する疑問

　特定の方法でクライエントの生活に介入する我々の決定は、幾つかの要因の影響を受けやすい。我々は、技術的に特殊な対処の効果に関する研究から入手

できる証拠を考慮することもある。または、その有効性を確立する経験的な証明がなくても、人間の行動に関する特殊な理論に影響を受けるかもしれない。また、特殊な問題のあるクライエントに対応した経験のうちの明らかな成功例や、同僚、スーパーバイザーの経験に影響を受けるかもしれない。そして、最終的に、ある特殊な状況で、我々の価値（観）と信念、つまり道徳的に正しいか正しくないか、善か悪かについて影響を受けるかもしれない。

クライエントの生活に介入する方法に関し、ソーシャルワーカーの決定に影響しやすい要因は、一般に、技術的、経験的、倫理的なものに分類される。技術的要因は、ソーシャルワーク実践の特定の手段が、ある特定の特色と問題を呈示するクライエントに適用するのにふさわしいという信念に関係する。これらの信念の根拠は、ソーシャルケースワークと行動方針の理論と、ソーシャルワーカーが、さまざまな背景における多数の異なるクライエントに対応する多種多様のソーシャルワークのアプローチによって、そして、多年にわたって獲得されてきた経験に基づくものである。つまり、それらは、多くのソーシャルワーカーが、「実践知」と呼ぶものに基づいている。多くの場合、このような信念は、ある人が受けたトレーニングやその人の同僚が用いたソーシャルワークの一つまたは複数の方法によって形作られる。

経験的要因が関わるのは、科学および、特定のソーシャルワークアプローチの有効性、または、たいていは結果に関する研究から知る事柄である。例えば、実践者の決定、――学校の宿題をやり遂げることができない12歳の子どもに、課題中心のケースワークを用いようと決めること――は、学校で問題に直面している子どもにこの方法を用いることが有効であるという経験的な証拠の系統的な再検討に基づくかもしれない。また、公的扶助の担当者が携わる件数を減らす決定は、担当件数の規模とサービスに対するクライエントの満足度が反比例の関係にあるという研究の証拠に影響されているのだろう。

倫理的要因は、道徳上で何が正しく、何が間違っているか、または善か悪かという分析に基づいた結論に関係する。例えば、経験的な証拠が、一時的に拘留された家出人は家に帰された家出人よりも家出の回数が少なくなる傾向があ

ると示唆しているのに、法的に自分の行為に責任がないと考えられる若者を拘留することは、道徳上または倫理上、根本的に間違っているという主張は、ある人々には、監禁を避けるための棄却理由と映るかもしれない。つまり、倫理的根拠が経験的要因に優先するといってもよいだろう。

　どのようにクライエントの生活に介入するかというソーシャルワーカーの決定を技術的、経験的、倫理的要因が支配する程度については、派生的な論争の主題となってきた（Vigilante 1974）。特定のソーシャルワークアプローチの有効性に関する経験的な証拠は、クライエントに対処するという実践上の経験の年月の後に蓄えられた目に見えない証拠にとって代わることはできないと主張する者もいれば、経験的な研究の結果の慎重な分析に基づいた指針は実践のための主要な手引書であるべきだと主張する者もいる。さらに、最終的に、道徳上の正・不正、または義務や責務に関する信念に基づくもの以外の、別の要因によって指導されることは容認できないと主張する者もいる。

　人がどのように介入するかという決定に直面する場合、技術的、経験的、倫理的要因は確実に考慮されなければならない。確かに、我々自身の職業上の経験、我々の同僚の経験やソーシャルワークの実践理論は、さまざまなソーシャルワーク戦略の有効性について貴重な情報を提供してくれる。慎重に計画されて行われる研究は、さまざまなソーシャルワーク技術の価値のある判断基準を提供する。もちろん、種々の実践的アプローチの倫理学的解釈については、常に問い直されるべきである。理論上は、研究、職業上の経験、ソーシャルワーク実践の理論や倫理指針によって、我々が到達する結論のそれぞれは、互いに首尾一貫したものになる。しかしながら、我々は経験からそのような一貫性が得られないことが頻繁にあることを知っている。研究の結果は、前もって試されていない対処方法の理論が断定したものと矛盾するもしれない。倫理上の指針は、従来の機関の実践と矛盾するかもしれない。

　ソーシャルワーカーとしての我々の決定には、技術的、経験的、倫理的要因の全てがある。しかしながら、何が正しいか、正しくないかに関する倫理学的な信念は、最終的な分析では、ソーシャルワークの介入を最初に正当化するも

のとして使われるべきである。これには幾つかの根拠がある。まず、所与の
ケースでどのような介入が最も望ましいかを決定することは、必然的に「望ま
しい」という用語をどのように定義づけるかという問いに還元される。このよ
うな問いは、個々の実践者の選択に関するさらなる問いを必然的に伴う限り、
価値に関わっている。最終的に、価値に関する問いは、何が正しくて、何が間
違っているかを問う限り、倫理学的である。例としては、あるソーシャルワー
カーは自分の経験とそれに関連する理論の再検討から、非行少年に対処する最
も望ましい介入は、できるだけ常習的犯行を減らすことだと主張するかもしれ
ない。別の者は、それは被害者への最大限の賠償に落ち着くことだと主張する
かもしれない。また、あるソーシャルワーカーが、自分の経験から、死に瀕し
ている病人にはできるだけ早く彼自身に差し迫っている死を教えるべきだと主
張するかもしれないが、他方、自らの経験から、患者が具体的に聞くまでは、
そのような情報を与えずにおくのが賢明であると主張する者もいるかもしれな
い。どちらのワーカーの見解が最もメリットが大きいかという決定は、価値の
問題、それゆえ、倫理学の問題にかかっている。

　確かに、経験による証拠は、時として、我々の決定の一助となることがあ
る。特定のソーシャルワーク技術の有効性に関する研究は、特定の介入がもた
らしそうな結果に対する意見の食い違いを解決する一助となり得る。しかしな
がら、経験による証拠それ自体が直接、最も適切な対処法の戦略の決定に転化
することはありえない。経験による証拠の結果に基づいて介入の戦略を決定す
る場合の大きな困難の一つは、単なる一連の経験的結果が人によって異なる解
釈ができることにある。「である−べきである」問題が暗示するように、規範
的な結論は、経験的な証拠自体から直接、即座には導き出せない。事実の経験
的、説明的な叙述と倫理学的判断の間に、論理的な関係は全くないのである。

　経験による証拠を実践的な決定の第一の根拠とすることに関連する問題は、
研究によって集められたデータの有効性と信頼性に関する根本的な問題に関係
する。これらの問題は、しばしば、科学者によって討議されるが、研究される
概念の正確な運用の基準、変数の中の因果関係を推理する研究者の能力の限

界、経験的結果に片寄った影響を与えるかもしれない研究過程そのものの効果測定といった問題に関わってくる（Heineman 1981; Mullen 1985; Peile 1988; Reamer 1979; Rosenthal and Rosnow 1969）。例としては、よく知られているように、ソーシャルワークの研究者は、メンタルヘルス、自我の強さ、自律性、能力といった、ソーシャルワーカーの一番の関心事である変数や概念を操作可能にするためにかなり苦労している。ソーシャルワーカーの中で、これらの概念の最も妥当な指標について意見の一致をみることは難しい。結果として、例えば、ケースワークが有効でないと示す研究結果において、研究者が結果を正確に測定する能力がないためにそうなったのか、または、ソーシャルワーカーの努力が無益だったという確固とした証拠なのかを知ることが困難な場合がしばしばある。

　ソーシャルワーク研究の深刻な限界はまた、特定の介入の効果を調べる時に、研究者がその外側にある変数をコントロールすることができないことにもある。実験グループとコントロールグループへ無作為に課題を割り当てることはしばしば不可能であり、同様に、歴史上の出来事、今現在の出来事、試験や成熟の効果という特定の要因は、しばしば対照群にならない。結果として、ソーシャルワーク研究者は、特定の介入とそれがもたらす結果の測定との相関関係に頼るしかない。

　というわけで、ソーシャルワークの実践理論や専門的な経験に基づく技術的要因と、研究に基づく経験的要因が、それだけでソーシャルワークの実践上の決定を正当化できないことは明らかである。我々の決定そのものが、我々に価値と倫理の問題に取り組むことを要求する。これは、経済的圧迫、経験的証拠、実践技術、政策的な和解といった倫理とは無関係の考察が、専門的判断の一部にならないといっているのではない。もちろん、それらは専門的判断の一部になったり、絶対にそうならなければならない場合がしばしばある。しかしながら、避けられない結論は、ある特殊な決定が、ある特定の理由で倫理的に正しいか正しくないか、そして結論としてそれが善いか悪いかを（暗黙にまたは明確に）述べることによって、我々の専門的な決定は、専門的な選択や価値

を表すために「正しい」「正しくない」「善い」「悪い」といった言葉を使うこと自体が、我々を結果的に倫理学的概念や倫理学的問題へと導くのである。

第3節　分配に関する疑問

　分配に関する疑問とは、自分自身の利益のほかに、誰の利益に我々は関心をもつべきなのか、また、物資や資源はどのような方法で各個人の間で分配されるべきなのか、というものである。当然、哲学者たちはこの問いの前半の部分についてさまざまな方法で答えてきた。彼らの論証には、一個人は自分自身の利益よりも、万人の利益に関心を向けるべきであるという利他主義の極端な形から、一個人は自分自身の利益だけに関心を向けるべきであるという利己主義の極端な形まである。この両極端の形の中間には、人は万人の利益でなくとも、他人の利益に関心をもつべきであるという意見がある。これらの議論は、ときどき、人は、単にまたは主として、特定の技能や資源（例えば、適切な住宅や健康管理など）が不足している者、特定の共同体、宗教、人種、経済的・社会的階級に属する者や、他の特定の限られた社会集団に所属する者の利益にのみ、あるいは、まず最初にそれらに関心を向けるべきだと述べている。

　人が誰の利益に関心をもつべきかについての議論は、ソーシャルワーカーが考えなければならない重要な課題である。このソーシャルワークという職業のもつ伝統的な使命は、これまで、人間の責務は、困っている時にはいたわり、互いに与え合うものであるとする前提に頼ってきた。この職業が生まれた当初は、このような前提は、道から外れた貧しき者を援助して、キリスト教の徳を学ばせようとする責務に対する信心深い心に基づくものだった。もっと近年になって、こうした世話と施しの前提は、民主主義社会の一員である者は、自由企業の制度を中心に築かれた生き方の不幸な結末に苦しむ者たちを助けようという基本的責務を負うという信条に基づくものとなった。これらの信条は、貧しい者、老人、障害者、食料切符（food stamps）、貧窮者への医療援助、災害の救援、破産した企業への連邦助成金やローンの保証、慢性的疾患の患者への

サービス、助成金が交付される住宅、メンタルヘルスサービスという多くの現行の社会福祉政策やその他の多くの公的・私的な助成政策の基礎となってきた。

　しかしながら、我々がよく考えなければならないのは、困っている者を援助するという倫理的責務をもつ範囲とその努力が、妥当で、誉められるべきものでありながら、道徳的には要求されない範囲についてである。この論証について我々がとる立場は、実際、重要な結果をもち得る。もし、民主主義社会の市民は困っている者を援助する責務があると主張するならば（もちろん、困っているという内容の詳細な定義が最初に要求されるだろうが）、我々は次のような援助を提供する方法を用意するだろう。政府機関が援助する責任を負う範囲が決定され、これらの決定は、国民の生活に占める国家の位置についての前提条件に左右されるだろう。しかしながら、もし、民主主義社会の市民は困っている者を援助する責務がないと考えるならば、社会サービスと財政的援助は、個々の市民による自発的な尽力と寛大さに頼ることになり、自由企業により育成された市場環境にある個々の商人から仕入れるサービスに頼ることになるだろう。

積極的責務と消極的責務

　援助の義務に関する概括的な問題の重要な解釈の一つは、ソーシャルワーカーが援助を提供し、苦痛を軽減するために個人の生活に介入することと、個人に干渉されないという明らかな権利を尊重しようとして介入を避けることの間で、しばしば選択しなければならない点に関わる。これらの決定は私がそれぞれ「積極的責務」「消極的責務」と呼ぶものの間での選択を含んでいる。

　積極的責務と消極的責務の相違点は、アイザイア・バーリン卿が積極的自由と消極的自由に関する古典的な討論の中で行った分類に部分的に基づいている（Berlin 1969）。積極的自由は、人が望み通りに振る舞う自由と、その人が自分の目標を達成するために必要な手腕と資源に関係する。一方、消極的自由は、強制と干渉を受けない自由に関係する。それは、おそらく、ジョン・スチュアート・ミルの論文『自由論』で、非常にうまく言い表されている。そこで彼

は、国家による国民生活への干渉に反対する論拠を述べている。

　何年にもわたり、哲学者たちは、（積極的自由と一致する）サービスを提供して苦痛を軽くするために個人の生活に干渉することと、（消極的自由と一致する）干渉と強制を受けない自由の間の程よいバランスについて議論してきた。バーリン（Berlin 1975: 149）は次のように述べている。

> 自分自身のしたいようにする自由と他人から妨げられることのない自由は、たぶん、表面的にはどちらもそう違わない概念のように見える。つまり、同じ一つのことを言うための積極的言い方と消極的言い方に過ぎないように見える。しかし、自由の「積極的」と「消極的」という観念は歴史上、いつも理論的に正しい歩みではなかったけれども、互いに違う方向へと発展して、ついには正面衝突するまでに至ったのである。

　積極的責務と消極的責務の区別が特に重要なのは、クライエントがある種の自滅的な行動、例えば、薬物依存、虐待的な関係、自殺行為などに関わる場合である。個々人が自分を傷つけるのを止める責務に関する議論は古くからある。一方には、自己決定権は、最終的に自分を傷つけるような行為に関わる権利を意味すると主張する者がいる。他人へのいかなる干渉も正当化されず、間違いであるとみなされる。この見解の支持者は、例えば、もしあるクライエントがそれを希望するならば、暴力を振るう配偶者と暮らし続ける選択をすることや、悩みをもつクライエントがカウンセリングを拒絶することが許されると主張する。この見解の支持者の最も強固な主張は、クライエントが、熟考したうえで出した自殺するという選択に干渉することさえ、間違っているというものだろう。

　もちろん他方には、社会の一員である者は、互いに自滅的な行為から守り合う責務があり、場合によっては他人の意志に、その人自身の利益のために干渉することが必要だと主張する者がいる。

　クライエントの明らかに自滅的な行動をとる権利と、害悪を防ごうとする

ソーシャルワーカーの責務との適正なバランスついての議論は、ソーシャルワーク実践の主流の中で長い間、存在し続けてきたある概念、つまり自己決定の一点に集中する。自分の目標を自分で決める権利や過ちを犯す権利さえもクライエントにあると信じる者と、専門家の支援を受けていれば、十分な説明を受けたうえで選択する能力や手段を発達させることができると主張する者の間には、ずっと緊張状態が続いていた。この衝突はバイスティック（Biestek 1975: 19）の次のような一節に生き生きと描かれている。

　　クライエントの自己決定の原理は、ケースワークの過程で、彼ら自身の選択や決定を自由に行う権利と必要性を実際に認めることである。ケースワーカーはそれに対応するように、その権利を尊重し、その必要性を認め、クライエントが地域社会や自分自身の性格がもつ利用可能で適切な資源を見つけて使えるように援助することによって、自立への潜在能力を活性化するよう鼓舞し、助力する義務を有する。しかしながら、クライエントの自己決定の権利は、自己の積極的かつ建設的な決定能力によって、制限されるが、また民法や道徳法の枠組み、機関の機能によっても制限される。

　ソーシャルワーカーは時として、クライエントが特定の専門職のサービスや一連の活動を利用するように強く促したり、熱心に述べたりするか、あるいは、パターナリズムを避けて、援助を拒否するクライエントの権利、つまり、ソワイエ（Soyer: 1963）がうまく表現した、クライエントの「失敗する権利」を尊重するかという、明らかに難しい決定をしなければならない。

パターナリズムの概念
　パターナリズムの概念は、この用語そのものではないけれども、アリストテレスが『政治論』（紀元前 4 世紀に書かれたものだが）で、ある程度のパターナリズムは、特定のエリートたちが明らかに他の人よりも多くの情報をもち、よ

り賢明である社会では正当化され得ると主張した時代から、定期的にもち出されてきた。しかしながら、パターナリズムについての傑出した解釈は、19世紀のジョン・スチュアート・ミルの論文『自由論』（On Liberty）の中に表れている。この論文を1859年に出版した後、ミルは、特に私的生活への政府の過剰な介入に関して、反パターナリズムの主要な代弁者とみなされるようになった。

　『自由論』が出版されてから、パターナリズムの性質とその正当性が無視できない討論の主題となった。現代の哲学者たちの間では、パターナリズムの問題への関心は、1960年代に顕著だったが、その理由は、当時、市民権、市民の自由の問題が広く注目されていたことにあった。それらの不安定な時期に行われた、例えば、精神疾患者、受刑者、福祉の受給者、子どもなどの権利に関する論議は、国家の保護のもとでの政府の介入の制限と市民の権利に関するかなり哲学的な大論争を引き起こした。それ以前には異論が唱えられることがなかった職業上の実践に疑いが差し挟まれた。「自分の幸福のために」ほんの少し知的に障害のある青年期の女子を不妊にすることは許されるのか。本人が反対しているのに、輸血を受けさせるために国の力を要請することは許されるのか。国の精神保健局で働く人々は、最も制限のない選択権を有しているのか、というものだった。

　パターナリズムに関する哲学的な文献の中に、現代に影響力のある論文として広く世に認められるものが、市民の自由についての全国的な大論争の最中に現れたことは決して偶然ではない。『パターナリズム』という著書の中で、道徳哲学者のジェラルド・ドゥオーキン（Gerald Dworkin 1971）は、パターナリズムを「干渉される人の、もっぱら福祉、善、幸福、ニーズ、利益、価値というものに関連する理由によって正当化される個人の行動の自由への干渉」と定義している。彼にとって、パターナリズムの具体例には、自己を害することからクライエントを守る目的に基づいて、市民の拘留手段を正当化し、特定の宗派のメンバーに強制的に輸血を受けることを要求し、犯罪者を自殺させ、オートバイに乗る者に安全ヘルメットを着用するよう要求し、監視員が任務について

いない時に人が浜辺で泳ぐことを禁止する、といった法律がある。

　ドゥオーキンのパターナリズムの定義は、それゆえ、個人の行為に干渉することに限定されていて、ミルの言葉を用いれば、自己配慮である。ドゥオーキンの独創的な規定以来、パターナリズムに関する哲学的議論は、この定義を拡大して、個人情報へのアクセス、感情の状態など、行為そのもの以外のものへの干渉を含むものになった。哲学者カーター（Carter 1977: 133）は、自身のパターナリズムの正当化についての傑出した論文で、パターナリズム的行為をさらに広義に定義し、「その人の行動や状態に対して、対象者の福祉の保護と促進が試みられたり、好い結果をもたらしたりする強制的干渉の第一の動機となっているもの」とした。さらに詳細な定義では、医学倫理に関心のあるブキャナン（Buchanan 1978: 372）が、パターナリズムを「行為の自由や情報を得る自由への干渉、または、誤まった情報の意図的なばらまきであり、そこでは、干渉や誤まった情報について、真偽の疑わしい正当化が、干渉されたり嘘の情報を伝えられたりする人の幸福のためとされているもの」と述べている。カーターやブキャナンのパターナリズムの定義はドゥオーキンのものよりも分かりやすいが、この三つの定義はいずれも、干渉を受ける個人の利益に言及することによって正当化される強制または干渉の要素を含んでいる。

　このように、パターナリズムはソーシャルワークにおいてさまざまな形をとる。一般に、パターナリズム的行為は三つのカテゴリーに分類される。一つ目は、個人の意志と行為への干渉、二つ目は情報の意図的な抱え込み、三つ目は誤まった情報のばらまきである（Reamer 1983b）。個人の意志や行為への干渉には、例えば、クライエントがその意志に反して、特殊な施設に収容されることを要求すること、自滅的なクライエントを強制的に拘束すること、クライエントに援助の申し出や特定のサービスを受け入れるよう強制することなどがある。もし、クライエントが真実の情報にアクセスすれば、自分自身を傷つけることになるかもしれないと思われる状況下では、情報の抱え込みや誤まった情報のばらまきも起こり得る。例えば、重篤な病気にかかっているクライエントに診断の情報を伝えないことや、状態の悪いクライエントに申請すれば外泊が

できることを言わないといったさまざまな場合である。

分配の公正

分配に関する二つ目の問題は、物資と資源がどのように分配されるべきかという方法に関連し、哲学者の間でかなり論議の的となったものである。政治哲学の章で述べたように、何人かの者（例えばカール・マルクス）が主張したのは、物資と資源は必要に応じて分配されるべきであるということだった。他の者たち、デイヴィッド・ヒュームやジェレミー・ベンサムなどは、最大の幸福は物資と資源のきっちりとした平等な配分の結果であると主張した。またその他にも、公正な分配は分配を享受する人々の真価に基づくと主張する者もいる。アリストテレスによれば、真価の基準は徳であり、公正は、物資を人の徳や性格のよさの程度に応じて分配することにより達成されるという。哲学者が例証する真価の基準には、能力、社会的地位、貢献、知性、富などが含まれる。

物資と資源を分配するための指針は、ソーシャルワークのような分野では大変に重要であることは明白である。ソーシャルワーカーは頻繁に、サービス、個々人への財政的援助、政府機関、地域社会、施設、時間、その他の資源の分配について決定しなければならないし、これらの決定は個々人に重大な影響を与えている。どんな基準に従って、限りある資源が分配されるべきなのだろうか。

少ない、または限りのある資源は、通常、四つの判断の基準、つまり、品質、ニーズ、補償、貢献度によって分配される。これらの基準はそれぞれ他のものと切り離して、独立して考えられる場合もあれば、組み合わせて考えられることもある。私が第1章で提唱したように、平等の考え方は一見、複雑でないように見える。同じ問題を抱える人々は、カウンセリングや老人ホームの空きベッドや財政的支援などのサービスと資源に対して同じように要求すべきだった。しかしながら、平等という原理の外面的な明確さは人を欺いている。この原理を実際のサービスや資源の分配に応用する試みは、困難に満ちていた。

　人によっては、平等の意味するものは、特定のサービスや資源を受け取る資格のある者が平等な分け前を受け取るべきだということになる。こうした平等の考え方の解釈は、ある特定の分配による結果または産物を強調する。つまり、平等な分け前が、その資格のある受取人に分配されるべきだということである。

　この解釈は、サービスと資源の提供や、特に、機会の平等のための特定の手順を強調する解釈とは異なる。ここで重要なのは、サービスと資源が均一に分配されることではなく、個々人（地域社会や組織団体なども）はそれらを獲得するために競い合う平等な機会を有するということである（俗に言う、「早い者順」（first come, first served）である）。ここでは結果よりも過程が力説される。

　平等の原理のもう一つの解釈は、無作為の選択に任せることを力説する。保護施設のベッドや公共住宅などの場合のように、特に、少ないサービスと資源がそれを受けるにふさわしい人々に平等に分配できていない場合である。このように、平等主義の原理の考えられる応用の一つは、くじ引きあるいは無作為抽出という形式の機会均等を取り込むことである。

　有限のサービスと資源は、また、個々人の必要性に基づいて分配される。資源を均等に分割する代わりに、またはそれらを得るためにくじ引きや「早い者順」によって個々人に競争させる代わりに、個人が、必要性の程度や緊急度に従ってランクづけされることがある。もちろん、必要性を構成する要因は何かということ自体が解りにくい論点である。さまざまな必要性の相対的な重要性と個人の窮乏の相対的な激しさに関する難しい決定が必要になる。

　窮乏する者を援助する責務に関して、現在もっともよく知られている発言は、おそらく、ジョン・ロールズの『正義論』（1971）にある。私が第 1 章で概略を述べたように、ロールズの理論は、特定の道徳原理をもち、それに縛られた個人が、公正な「原初状態」にいて、一人ひとりは何らかの利益や不利益を生むかもしれない自分自身の属性と立場に気づいていないと仮定する。この「無知のヴェール」の陰で、個々人は、ロールズが最終的にもっとも有利でない者を守る「格差原理」と称した道徳の構想を引き出すだろうと想定されてい

る。

　ニーズを定義しようとして出会う付随的な問題は、過去と現在のニーズの違いである。通常、我々は、現在のニーズがその支援を正当化するように見える人々を支援しようと考える。しかし、しばしば、社会福祉政策は特定集団の前の世代の人々のニーズと、今の世代の人々への影響を考慮する。これは特に、過去の世代が、差別によって必要とするサービスや資源を奪われていた場合である。結果として、今日の多くの社会福祉政策は、その祖先に、つまり他の市民に利用できたサービスと資源が与えられなかった特定の民族や人種の集団に属する人々に、取っておかれるのである。教育機関や職業訓練プログラム、そして職業に占める少数の特定の民族や人種の人々の定員数を割り当てている今日の福祉政策は、今の世代のニーズに基づくだけでなく、前世代がこうむった欠乏と剥奪にも基づいてサービスと資源の分配を試みようとする例（償いの原理）である。

　過去に差別をこうむった集団の出身の人々に、特別な優遇措置を提供するという責務の拡大は、無視しがたい大論争を引き起こした。一方の人々は、過去の差別の結果は不幸であるが、今の世代はその祖先の人々が受けた不正のために斟酌されるべきではないと主張する。過去に不公平に遇された集団の子孫を、今の世代のメンバーの経費で優先的に待遇することは、結果として、同じように不公平な「逆差別」になるといわれることがある。他方の人々は、現世代は過去の世代の不正を正す責務があり、優遇は、さまざまな民族や人種集団の公正と機会均等を回復させるために、現在および将来にわたって必要であると主張する。

　サービスと資源の分配を指導する最後の原理は、貢献度の原理である。この原理もまた、多種多様な意図をもって、さまざまな形で応用されてきた。簡単に言い換えれば、この原理の内容は、サービスと資源は、その生産に対して払われた貢献度の割合に従って、個々人に分配されるべきだということである。実践において、この貢献度の原理は、さまざまな形でサービスと資源の分配を指導してきた。

　たぶん、貢献度に基づく分配の一番分かりやすい例は、クライエントが、カウンセリングや歯のケア、避難所や子どものケアなどの特定のサービスおよび資源と支払いを交換する場合である。これらのサービスの援助に分担金を払う者はそのサービスを受けるが、支払いをしない者は、無料で提供されない限り（この場合、それらのサービスは困窮という別の原理に従って提供される）、そのサービスを受けない。貢献度の原理はそれゆえ、クライエントの支払能力に左右され、ほとんど即座に提供されるサービスと代金との比較的単純な交換を含んでいる。

　この申し合わせの別の変形は、将来分配されることになる、それが提供される前の個々人の貢献度に基づいて比例配分されるサービスおよび資源と代金を交換するというものである。この方法で分配される福祉財源の例が、個人年金や保険である。このプランに加入する者は、通常、定期的に（例えば、月毎とか年毎に）一定の金額を基金に出資する。そして、この金は投資され、先立つ年月の間、出資してきた人々を順番に支援するために使われる。原則として、加入者、またはその受取人は、出資を始めてから何年も後に、分担金（保険料）の金額の割合にしたがって、支払いを受け取る。繰り返し言うが、このような基金から生じる資源は、基金の支援と成長に貢献した（分担金を出した）者だけに分配されるのである。

　貢献度（分担金）の原理はまた、第三の方法として応用され、特に議論になってきた。この応用法は、即座にまたは将来配当されるサービスまたは利益の代価に基づくものとは明確に異なる。むしろ、それが基づいているのは、貨幣に依らない個人の貢献とサービスおよび資源の交換である。つまり、地元でのリーダーシップ、慈善事業などの形でその地域社会に大いに寄与した者は、寄与が比較的少なかった者、高額な費用や負担を要した者より、少ない資源（その例は老人ホームの空きベッド）をより多く要求する権利があると主張する者がいる。

道徳的功績の妥当性

　ある範囲までは、限りある資源の分配に関するソーシャルワーカーの決定は、確かに、人が支援を受けるにふさわしい範囲についての判断に影響される。もちろん、この考えが適正であるかどうかは論議の対象となる。それにもかかわらず、この専門職の誕生以来、道徳的功績という仮説が現れ、大きな影響力を振るっている。

　ソーシャルワーカー間における、クライエントの功績の妥当性に関する論争の多くは、哲学特有の表現で、自由意志と決定論の概念に焦点を当ててきた（Reamer 1983c）。ソーシャルワーカーは、繰り返し、人々の困難の決定要因について様々に仮定し、それに応じて介入方法を具体化させてきた。例えば、知的障害の幾つかの型は、我々は断定してよいと思うが、特定の染色体の異常の結果であり、それゆえに、限られた範囲の治療のみ施すことができる。反対に、家庭内の不和は、例えば、家族の誰かの性格傾向、突然の病気の出現、経済的破綻、学習障害のようなものの結果として現れるだろう。貧困は我々の経済の構造的問題から発生し、（高い失業率や不公平な税構造などの）問題として、注意が向けられる必要があると主張する者がいる。他方、怠惰をなくすことで、貧困を退治しなければならないと信じる者もいる。我々がこのようなあるいは他の社会問題に対処する方法は、我々がその注意を環境の決定要因に向けようと、個々の特性に向けようと、どちらにしても、人々の問題が、どこまでが人々がコントロールする要因からくる結果であるかに関する我々の前提条件にかかっている（Perlman 1965）。フローレンス・ホリス（Florence Hollis 1975: 93）は、ソーシャルワークにおける最新の研究に関する国連のセミナーで行った演説の中で、このように述べている。「これらの科学的な原理について最初に発せられる質問は、しばしば、行動の合法性と行動の因果関係に関する前提条件は、ケースワークが完全に決定論的になったことを意味しないのかどうかという哲学的な問いかけである」。

　人々が抱える問題の原因について、ソーシャルワーカーが到達する結論は、人々が支援を受ける価値があるとする範囲を決める前提条件になる。もし、あ

る人が人生における思いもかけなかった一連の悲劇的な出来事のために、慢性的に鬱になっていると結論するならば、我々は、彼の鬱は計算のうえで、意図的に、長引かせていて、同情と注目を得ようとする自分勝手な企てであると判断を下す場合よりも、もっと慰めたい、援助したいという気持になるだろう。もし、ある人が自分で根気よく克服しようとしてきた先天的な学習障害が原因で仕事を続けることが困難であると結論する場合、我々は毎日 8 時 30 分に仕事場に到着しなければならないことに憤慨して繰り返し解雇されている人に対するよりも、もっと喜んで、自分の仕事上の時間やエネルギーを注ぎこもうとするだろう。

　人の行動の決定要因に関する次の対照的な見解は、有史以来最も長く続いてきた論争の一つである。簡単に言うと、片や、人間は意志のある行為者で、自分で自身の運命を決め、自分の個性的な好みや願望に基づいて、自主的に理性的な選択をすると主張する一派がある。他方、特定の「選択」や行動はどれも、たとえそれらが心理的、環境的、機械的、物理的なものであれ、先行する原因の産物に過ぎないように、人間の行動は広く完全に、一連の先行する出来事や要因によって決定される、と主張する一派もある（Frankfurt 1973）。

　自由意志と決定論の論争の起源は古代哲学にある。一例として、エンペドクレスとヘラクレイトスは、現存する決定論の意義と自然法に関する前ソクラテス派思想の初期の創始者である。決定論に関する考え――特に神の意志の影響――は、その後、紀元前 4 世紀になって、ゼノンが設立したギリシャの哲学学派であるストア派により重要なものになった。

　自由意志と決定論に関する現在の論争の始まりをたどると、通常、18 世紀のフランス人天文学者および数学者のラプラス（Laplace）の業績に行き着く。我々が知っているような宇宙の決定論に関するラプラスの主張は、粒子力学の科学的な理論に大きく依存していた。それによると、その瞬間に活動している他のあらゆる他の力を知ると共に、ある特定の時間のあらゆる粒子の力学的状態を知ることで、人はこの宇宙の未来と過去のあらゆる状態を知ることができる（Berofsky 1966）。この情報があれば、人は原則として、この宇宙の過去と未

来のあらゆる力学的状態を発見できるだけでなく、電磁気学、化学、精神分析的状態などのような、他のあらゆる状態をも発見することができるかもしれない。哲学者エルンスト・ナーゲル（Ernest Nagel 1970: 55）が記述したように、「最も一般的な形の決定論は、時を選ばず出現するであろうあらゆる対になった性質のために、これらの出現に関してある決定論的な何らかのシステムがあるという主張のように見える」。

　決定論の教義には二つの本質的な構成要素がある。つまり、因果の法則を信じることと予言の概念である。それゆえ、決定論者に従えば、犯罪、貧困、薬物依存、精神障害などの問題をたどると、それらの問題が積み重なって現在の困難を引き起こした生活歴に行き当たる。自らの環境をコントロールし、変えることができる、いかなる能力を人がもっていようと、それ自体、単に先行する原因がもたらした結果にすぎない。哲学者のジョン・ホスパー（John Hospers 1966: 40）は、この見解を、自分の論文「この自由はどういう意味か」で次のように述べている。

　　その論拠はこうである。もしも我々が先立つ環境の影響を克服することができるならば、その能力自体が先立つ環境の産物である。我々が自分自身にその能力を与えたのではなかった。また、もしも我々にその能力が欠けているとしても、それがないということで咎められたりはしない。ときどき、確かに道徳的訓戒は、眠っている能力を発揮させるし、そのなかには、偶然の効用があるものもある。しかし多くの場合、役に立たない。なぜなら、能力がそこにないからである。欲望を克服できる唯一のものは、スピノザが言ったように、それよりももっと強い反対の欲望である。そして、多くの場合、より強い反対の欲望を生み出すために必要な力が単にないだけである。我々の中で、この力を有する者は幸運である。

　他方、自由意志の提唱者は、我々の思考、感情、行動は常に我々がほとんど

または全くコントロールできない先行する原因の作用であることを否定する。この見解の支持者は、一般にいかなる出来事も（人々の）決断によるものではなく、実に無作為に出現すると主張するわけではない。むしろ、彼らは、幾つかの出来事は自由意志または選択の行使の当然の結果としてあるもので、個々人は、実際に、おそらくさまざまな程度に、先行する原因とは無関係に行動する能力をもっていると主張する。倫理学者のジェラルド・ドゥオーキン（Gerald Dworkin 1970: 6）は、次のように書き留めている。

> 我々が自由意志をもっているという主張は、それゆえ、少なくとも幾つかの行為では、以下のことが当てはまるような主張である。（単に行為を行わないということかもしれないが）他の行為の選択が行為者に開かれていること、行為者がある行為 A を行った後、過去形で表現すると、その人が行った行為以外に他に幾つかの別な行動をすることも可能だったということである。

　自由意志や決定論という極端な見解の代わりになるもので、この両方の思想の要素を含んでいるものは、哲学者の間で「混合説」または「柔軟な決定論」として知られるようになった。現在では、この混合説が最も優れたものとして流布しているというのが妥当な考えである。この見解は、本質的に三つの前提条件を伴う。つまり、(1) 決定論の命題がだいたい正しいこと、それゆえ、あらゆる人間の行動は、自発的であろうとなかろうと、先に起こった条件によって引き起こされるので、他のどんな行動も可能ではないこと、(2) それにもかかわらず、純粋に自発的な行為は、それが強制されない範囲で可能であること、(3) 強制がないところでは、自発的行為は個人自身の決定、選択、嗜好から引き起こされることである（Taylor 1963）。

　ソーシャルワークでは、柔軟な決定論の教義が有力であるという大きな証拠がある。一般に、ソーシャルワークの実践に由来する専門家の文献と慣例的な知恵はともに、クライエントが抱えている問題は、程度の差こそあれ、頻繁

に、彼らのコントロールを超えた環境の産物であり、クライエント自身はときどき、部分的に、自分たちの困難には責任があり、自らの人生の進路を変えようと（これまた、程度に差があるのだが）思慮深い、理性的で自発的な決心をするという見方を掲げている。フローレンス・ホリス（1975: 106-7）は、これに対する所感を次のようにうまく表現している。

> ケースワークの立場は、どちらの方向へ行っても絶対主義の立場ではないだろうと私は考えたい。確かに我々は、人の活動のどれもが完全に自由で、自分の以前の性格、経歴、または現在の経験に影響されないとする自由主義者の立場をとらない。その一方で、我々は、あらゆる選択、あらゆる行為がそれより前に存在した物理的、環境的原因がもたらした決定的で、必然的で、変えることのできない結果であると信じてもいない。

　この立場は、哲学者たちが一般に両立性論証と呼ぶものを根拠としている。それによると、自由意志（説）と決定論の見解は第一印象とは異なり、必ずしも相互に相容れないものではない。むしろこの二つは互いに補足しあえるものである。これは、注目に値する哲学者であるトマス・ホッブズ、デイヴィッド・ヒューム、ジョン・スチュアート・ミルによって長年にわたり支持されてきた見解である（Ginet 1962）。
　明らかに、ソーシャルワーカーは、この問題に対するそれらの哲学者の見解に同意していない。一方では、自分の抱える問題が、自分自身でコントロールできない環境の結果であるように見える人々がいる。我々は、彼ら自身が原因で問題を招いたわけではないと結論する。彼らは真の被害者である。身体障害のある乳児、ネグレクト、（身体障害やダウン症などの）先天性の病気、障害のある人や誕生時に病気に罹った人は、おおむね人生の最初に、不運に見舞われた人だとみなされる。彼らは、我々が考えるように、自分がこうむっている深刻な問題を招きたいと思って、そう行動したのではなかった。少なくともとき

どき、我々はそう信じてしまいがちであるが、その対極に、深刻な問題を生み出すような生き方をしようと自発的に決心をした人がいる。

　それゆえ、健常で貧しい人や、単に仕事が嫌で働くことを選択しない失業者、薬物依存症者、犯罪者は、しばしば自分から困難を招いた人として見られる。健常で貧しい人なら働くことができたはずで、薬物依存症者は薬物を止めることができたはずで、犯罪者は本当にそうしたいと思ったのならば、罪を犯さずに、思い留まることもできたはずである。彼らは単にそれと反対の方へ彼らの自由意志を行使しただけである。もちろん、決定論者であれば、こうした人々はある理由で自分たちの問題ある生き方を「選択」したのだと主張するかもしれない。つまり、彼らは表面的には自発的にその現状を選択したように見えるけれども、彼らが別の方向に行動する際に障害になる心的疾患や経済的障害、あるいは政治的妨害などに苦しめられたからかもしれないのである。

　もちろん、この両極の中間には、自由意志説／決定論の両方に立つ人々がいる。ソーシャルワーカーがもっとも相反する感情を抱く人々である。彼らのケースでは、彼らの困難の引き金となった要因を知的に理解することと、彼らがそれと分かる形で、その問題に自発的に巻き込まれた、あるいはそれを十分に改善してこなかったと感じるフラストレーションの狭間に捉えられて、我々は悩みを感じがちである。

　例えば、我々は少年非行について、大いに理解しているようにみえる。その要因については、馴染みのあるお題目のような言葉が、今では少年の不品行を説明するために引用される。離婚、幼児虐待、教育の質の低下、役割意識の低さ、薬物などなど。我々は不法行為の先行要因や決定要因を知識として理解しているにもかかわらず、多くのソーシャルワーカーはこのような若者たちの非行の責任は若者自身にあると思いたがる。もし、彼らが自分自身を十分に大事にして、自らの行動や他人の感情をもっと注意深く考え、自身の価値を重大な目で見ていたら、彼らは確実に行いを改めることができたはずである。つまるところ、我々は、失敗は彼らのせいかもしれないと思うことがある。我々は特定の老人たちについても同じように考えることがある。物忘れ、不器用、不衛

生は、我々を悩ませる。彼らのますますひどくなる認知症が、彼らの振る舞い
を説明するだろうが、彼らがもっと一生懸命努力さえすればこういった迷惑は
かなり軽減されるはずだと時に信じたくなる。同様に、自尊心のなさ、夫婦の
軋轢、鬱、孤独、不安として括られる、広い範囲にわたる感情的困難を体験し
ている人々にも当てはまる。

　このような人々へのソーシャルワーカーの対応は、大部分、この人々の道徳
的責任と道徳的功績について、彼らの感覚の機能を働かせるのである。道徳的
責任の概念は、各個人は自分の問題と不品行について責任をとることができ
る、またはとらされるべきであることを意味する。もちろん、このような主張
を断言することは、少なくとも部分的に自由意志の概念を受け入れることにな
る。とどのつまりは、自分で全くコントロールできない要因（固い決定論）に
よる問題を抱えた個人が同時に、それらの責任をとらされるべきだと主張する
ことは不合理であるだろう。このようなケースで、失敗や責任のせいにするこ
とは、周知の論理に挑戦することになるだろう。デイヴィッド・ヒュームは、
18 世紀の著書『人間本性論』（1739）の中で、次のように述べている。「行為は
その本質において一瞬で消えるものである。そして、それらが行為を行った人
の性格や性質のうちに原因をもたないところでは、それらの行為がその人の心
に留まることもなく、それが善いからといってその人の名声を、悪いからと
いってその人の悪評を高めることもできない」。

　ここまで、自分でコントロールできない状況にある人々は、それらの状況に
責任をとらされるべきではないという一般的な合意があるが、その人が本当に
犠牲者であるか否かを決定する特定の要因は依然はっきりしないままである。

　何世紀も前に、アリストテレスは、人は事実上、自発的な行為にのみ責任が
あると主張した。彼によれば、行為は主に二つの場合で自発的なものになれ
ない。つまり、それは強制の結果である場合と知らないで行われる場合である
（Freiberg 1970）。それゆえ、もし接近する無謀運転の車があなたを道路から無
理やり転落させ、そうすることが、あなたの同乗者に怪我をさせたとしたら、
あなたは、つまり、通常、自分ではコントロールできないと考えられる状況

で、そのように行動することを強制されたのである。我々は、あなたの同乗者の怪我にあなたが道徳上責任があるとみなしはしないだろう。さらに、あなたが最近購入した居間用の椅子に、何らかの隠された欠陥があり、来客がそれから落ちて怪我をしても、常識的にはあなたに責任があるとは考えない。

　しかしながら、ずっと続いている問題に、強制と無知は道徳的非難の指摘をあらかじめ除外するかもしれないという一般的な合意がありながら、我々がソーシャルワークにおいて、何が真の強制や無知なのかについて合意に達することに、ほとんど成功した試しがなかったということがある。例えば、貧困の問題をとり挙げると、多くのソーシャルワーカーは、少なくとも一般的な傾向として、問題の要因を教育の低下、人種主義、抑圧、西洋資本主義の欠陥、未婚の親の地位、不健康や栄養失調、そして多くの関連する不利のせいにする。しかし、ソーシャルワーカーは、（単独に、または共に作用する）これらの要因が厳密な意味で、強制や無知の構成要素となることを認めるだろうか。我々が、背中に突きつけられた銃や生まれつきの頭の病気が、強制（異なる形ではあるが）の原因であると認めるのは難しい。しかし、少なくとも月並みな知恵によると、どんな要因が貧困と強く相関するのだろうか。そのような要因が人々を貧困へと強要、または強制すると断言することは理に適うのか。さらに、我々は（生理的または心理的な）個人内の要因と、つまり強制的な要因であり得るものと、個人外の要因を、どのように区別（もしそれがあるのであれば）すべきなのか。

　我々が貧困やその他の社会問題を自発的な努力や強制の産物であると考える状況は、それらの問題に対する我々の対応にとって深い意味をもっていることは明らかである。哲学者の J.J.C. スマートは、その論文「自由意志、賞賛と非難」（Free Will, Praise and Blame 1970: 197）の中で次のように述べている。

　　19 世紀のイギリスで、金持ちが富と地位を争って負けたライバルを考慮することを全く無視して、彼らが落ちぶれて死んでいくのを見ながら、「やれやれ、彼らにはこの私と同じようなチャンスがあったのだ。

もし、私が彼らよりも有利だったとしても、それは私の落ち度ではなく、彼らの落ち度なのだ」という場合、彼はほぼ間違いなく無情だっただけでなく、（私が明らかにしようとするように）形而上学的に間違ってもいたのである。「遺伝と環境が現在の私を作り、現在の彼らを作った」という人であるなら、このような無情さや無関心の犠牲になりそうにはほとんどみえないだろう。それゆえ、自由意志に関する形而上学的考察が実際の立場から重大であり、それらの重大性はしばしばその明解さと反比例する。

　最後に、道徳的功績の概念とそのソーシャルワークとの関連性についてここで一言述べておく。クライエントは犠牲者なのだと信じるソーシャルワーカーは、しばしば、クライエントは自分の行為に説明責任がある（それゆえ、援助に値する）などと考えられるべきではないという結論に到達するけれども、折にふれて、クライエントの道徳価値に対して抱く（ソーシャルワークの）実践者の感想が、このような考えを汚し、弱めることがある。ソーシャルワーカーの長年にわたる貧困者との関わりあいがこの点を明らかにしている。この職業は言うなれば、人々が貧しい理由を認識し、そのことに同情的だった。つまり、我々は、好んで貧しくしている者はごくわずかしかいないことを知っている。それにもかかわらず、多くの専門的なソーシャルワークの集まりでは、貧しい人々に対する少なくともかすかな侮蔑が見受けられる。つまり、我々は皆、貧困の社会的・経済的・心理的原因を承知しながら、貧しい人々の多くが我々のさまざまなサービスや奉仕に感謝していないと思い、たぶん彼はそれを受けるに値しないといった感情が見受けられる。幾つかの実例で、我々のクライエントたちに対する潜在的な憤りのせいで、彼らが犠牲者の立場にあるのだという聡明な理解にかげりが出ている。哲学者のハリー・フランクファート（1973: 79）はこの問題について、強制と道徳的責任の問題を取り上げた論文の中で次のようにコメントしている。

我々は、ある人が脅されて服従したという時、それが正真正銘、強制されてのうえで、それゆえ、当然その責任を云々されるべきではないと分かっていても、それに対して敵意のある判断を下すことがあってもしかるべきだと感じてしまうようなことがときどきある。それは、願望を抑制できなかった人に対して抑制できたはずだと我々が考えるためだ。

第4節　本質的な問い

　道徳哲学の重要な問いの三つ目は、どのような行為や資源がそれ自体で価値があり、相応しく、好ましいか、そしてその理由はどのようなものかというものである。ここでは、重要な区別は行為と資源の間にある。行為について倫理的な問い、つまり、クライエントの守秘を破るかどうか、虚偽の情報を報告した人々の公的援助の支払いを差し止めるかどうかという問いかけをもち出す場合、我々は通常、その行為が正しいか否か、または、義務として負わされるかどうかを問う。それらがなされるべきか、なされるべきでないかを問う。我々が、資源、つまり社会サービスの価値、公的援助プログラム、ソーシャルワーカーの行動目標や決意の固さ、精神保健施設などの価値について倫理的な問いをもち出す場合、我々はそれらが道徳上で善か悪かを問う。このように、我々が行為の道徳性について判断を下す時は、道徳責務についての判断、または、哲学者たちが義務論的と呼ぶ判断を下す。我々が物資や資源について道徳的判断を下す場合、道徳的価値についての判断や哲学者たちが「美徳に満ちた」（aretaic）と呼ぶ判断を下す。

善とは何か

　哲学者たちは、何世紀にもわたってこの問いに夢中になってきた。生命、真理、美、自尊心、信頼、幸福、知識、博愛、自由、平和、友情などの多くのものがそれ自体が善であるものとして示唆され、候補に挙がった。何が善いものかについて、ソーシャルワーカーが到達する結論は、確かに重大な結果をもた

らす。我々が信頼を価値があるものとするならば、クライエントが打ち明けて
くれた情報を暴露することを正当化できるのか。知識を価値があるものとする
ならば、障害者用の教育プログラムよりもパレードやお祭りに税収を使うこと
を正当化できるのか。もし、自由や自己決定を価値があるものとするならば、
良く考え抜いたあげく、自殺を決めたクライエントの邪魔をすることを正当化
できるのか。

　哲学者たちはしばしば、特殊な場合に人がなすべきことの判断（道徳上の責
務の判断）は、価値判断、または、善の意味や定義についての判断によって決
められるはずだと主張してきた。それゆえ、自由が善であると認めるならば、
我々は自由を促進し、強化するようなやり方で行動するべきである。つまり、
一方的に社会サービスをクライエントに割り当てるよりもむしろ、彼らがそ
のようなサービスを選択して購入することを奨励するように。または、もし真
理が善であると認めるならば、この信念に矛盾しないように行動するべきであ
る。例えば、自分の経過報告を要求するクライエントに率直なアセスメントを
提出するように。

　しかしながら、そこで出会う因習的な困難は、これらの信念が示唆する行為
がしばしば衝突することである。例えば、自尊心と真実に同時に価値があると
するならば、クライエントにその経過について真実を報告することは、自尊心
を傷つけることになるかもしれない。もし、平等と経済保障に価値があるとす
るならば、窮乏の程度がばらばらである地域社会に地域振興基金を平等に分配
することは、地域社会の窮乏の深刻さに基づいた平等でない分配を行った場合
の結果よりも社会保障の程度が低くなるだろう。または、自己決定の権利と生
存権に価値があるとするならば、我々は悩んでいるクライエントが自殺した
いという意向を述べた時、難しい義務の葛藤というものに遭遇するだろう。事
実、実践における倫理的決定では、しばしば、善い／悪いといった価値の選択
をするのではなく、一つずつ取り出して考えればそれぞれが善いと思える価値
の間で選択をすることになる。これらのケースは倫理的ディレンマに関わる
ソーシャルワーカーの最大の難題を表している。

義務の葛藤

　義務の葛藤に関する優れた議論の一つは、市民の不服従に関するプラトンの対話篇『クリトン』の冒頭の一節に見られる。簡単に言えば、ソクラテスはその教義でアテネの青年たちを堕落させたというので、国家によって死刑を宣告された。多くの者が全く正当でないと思われる方法で告発され、審問され、有罪とされた。友人たちはソクラテスが脱走できる手配をすることを提案するが、結局ソクラテスはそれを拒絶した。この話には、ソクラテスの義務の葛藤という心を打つ描写がある。ソクラテスは、自分は逃亡して国家の法律を破るべきではないということを示唆する論証をした。最初に、彼は、我々は決して誰をも傷つけるべきではないし、国家の法律が犯されるのだから、逃亡は国家を傷つけることになるだろうと主張した。次に、離れようとすればそこを離れることができるのに、ある国家に留まって生活するならば、その人はその国家の法律を尊重することに暗黙の賛同をしていることになる。しかし、プラトンのソクラテスの『弁明』では、ソクラテスは、自分がアテネの青年たちに教えることを止めるという条件で、国家が彼の生命を助けてくれるというのであれば、自分はそれに服従するつもりはない、なぜなら、アポロ神が彼に教えることを命じたのであり、自分が教えることは、アテネ市民の善（利益）のために必要だからであると述べていると紹介されている。このように、ソクラテスは、教えることを止めるよう要求する国家に服従するという彼の義務と、国家のために教えることを要求するアポロ神に服従するという彼の義務のどちらをとるか、決めなければならなかった。彼の決断には価値に訴えるということだけでなく、それらが衝突する場合にどちらの価値を優先するかというさらなる決断も含まれていた。

　オックスフォードの哲学者 W.D. ロス（Ross 1930）は、『権利と善』という傑作の中にある、価値と義務の葛藤についての傑出した論考で、一見自明な義務および実際に行う義務と呼ばれる価値ある区別を規定した。一見自明な義務とは、他の条件が同じなら、他の倫理学的考察を抜きにして（しばしば、他の事情が同じならば〔ceteris paribus〕、という但し書きとして知られている）、我々がな

すべき行為である。それゆえ、仮に、クライエントが何らかの形の自滅的な行動をする計画を予告する時、我々の自己決定とクライエントの福利の二つを同時に価値があるとみなす傾向は、一見自明な義務同士の衝突につながる。この種の葛藤はソーシャルワーカーにその実際の義務、つまり、二つかそれ以上の衝突する一見自明な義務を調停する試みの産物がどういうものであるか明らかにするよう要求するだろう。

　一見自明な義務の間の葛藤は、しばしばソーシャルワークで発生する。葛藤の際に実際の義務を決定することは、おそらく、ソーシャルワーカーに対する非常に厄介な倫理的難題を意味する。これは一言で言うと、難しいケースである。人に、その中のどれもが困難で、痛ましい選択であり、しばしば結末が全く満足のいかないものと思われる選択肢の中から選択することを要求するケースである。例えば、大きな問題を抱えているクライエントから内緒で打ち明けられた情報が、第三者を守るために発表されるべきかどうかを決定しなければならないケースである。健康が損なわれている大切な同僚の活動をやめさせるべきかどうか、または、何度も何度も考えたうえで、自滅的な行動をとろうと決心したクライエントに干渉する範囲などを無理やり決定しなければならないケースである。ドナガン（Donagan 1977: 152）は、『道徳論』で次のように言っている。「一つの道徳的禁止を破ることによって、人は、どうやっても別の禁止を破らなければならなくなるような状況に陥ることがあり得る。これは、混乱した十分な証拠のないまま、早急に下す結論（sequndum quid）である」。

　予想されるように、人が実際の義務を決めるために、一見自明な義務同士の衝突を調和させるべき方法について、多くの意見がもち出されてきた。例えば、ロスが主張するには、一見自明な義務は正義、忠実、償い、感謝といった価値に由来する。一見自明な義務は「十分な精神的成熟に到達し」、これらの義務に「十分注目してきた、考え深く教養ある人々」には自明である。他人の幸福を促す、約束を守る、真実を語るなどの一見自明な義務から論理的に導き出された行為に関してロスはこう述べている。「これらの命題の中に明示されている道徳秩序とは、全世界（我々は、道徳的な行為者がいたと考え得る全ての

世界の、と付け加えるだろうが）の人々の根本的な性質の一部である——幾何学または代数の公理に明示される空間または数の体系が同様であるように——」（in Gewirth 1978b: 982-83）。しかしながら、ロスは最後に、一見自明な義務の間の衝突を控えめな方法で解決する原理を提供していないと認めている。意見の相違を解決する問題は依然残されたままである。

　一見自明な義務の間の衝突を解決する指針についての二番目の見解は、実際の義務は結果として最も害にならないものであるというものである。ドナガン（1977: 152）は次のように述べる。

　「共通の道徳」が提供するものは、不正または道徳的に許しがたいことに等級などないにもかかわらず、許しがたい不正は多かれ少なかれ重大であるという事実による。この説明は簡単である。人間に帰する敬意を踏みにじることは何であれ、理性的に、絶対に、無条件に許されないが、しかし、人間の敬意は重大さの程度はどうであれ、多かれ少なかれ、踏みにじられるだろう。殺人や窃盗は絶対に許されるべきでなく、殺人は窃盗と同様の過失ではないが、窃盗よりもずっと深刻な過失である。殺人と窃盗は同等に重罪であるという見方が刑法にあるが、しかし、殺人は窃盗よりも重罪である。一般に、不品行はどれも、何らかの人間の善を踏みにじり、許しがたいものだが、その不品行が踏みにじった人間の徳の種類によって異なる。幾つかのケースで、こちらの行為があちらの行為よりも悪いかどうか（例えば、人の評判を踏みにじることは、財布を盗むより悪いかどうかというように）ということに関して議論の余地があるが、これらの二つの罪から一つを選択する羽目になった時、ほとんどの道徳的行為者は、これらの罪が同じように許しがたいものかどうか、もし同じでなければ、どちらがより許しがたいかについて意見をもっているだけでなく、もし彼らが同じ道徳的慣習を固守しているならば、これらの問いに関する彼らの意見は大抵一致するものとなる。そして、悪事はその許しがたさに違いがあると考えるならば、これは、ある

悪行をした結果、その人が、罪の中から一つを選択することに直面した場合、あるものが他のものよりも許しがたくないとしたら、その人の判断は、明らかに、そのあるものを選択するはずであるという道徳の根本的な原理から生じている。この教訓は、私が最も小さい悪の原理として引用する、より一般的な原理の特別な応用であり、それはキケロの時代にすでによく知られていた。すなわち、最小悪の選択、つまり悪の中から一つを選択する時は、最も小さい悪を選択しなさいという教訓である。

倫理学の基礎

　現代の哲学者たちは、対立する義務に直面しながらも、さまざまな方法で、道徳的に正しい行為に関する結論を正当化しようと努めてきた。彼らの理論には、一般に大きく二つの概念がある。まず、ある行為はもともと正しいか、正しくないか、つまり、根本原理において正しいか、正しくないかであると主張する人々がいる。この考えを支持する者は、一般に、義務論者（ギリシャ語のdeontos、つまり「道徳上果たす義務のある」〔of the obligatory〕）と呼ばれている。例えば、義務論者なら、クライエントに嘘をついたり、守秘を破るという行為は、本質的に悪であると主張するだろう。その支持者にはプリカード、ロス、カントのような哲学者がいる。プリカードとロスにとっては、約束を守る、借金を返す、真実を述べる、他人の気持ちへの思いやりをみせるといった行為は、本質的に善であり、義務的である。これは自明のことであって、なぜ義務的なのか、さらに説明をすることなどできない（Gewirth 1978b: 991）。カントにとっては、ある行為が彼のいう定言命法（「汝の意志の格率が、常に同時に普遍的立法の原理として妥当し得るように行為せよ」）に一致するものであるならば、それは、道徳上正しい義務である（Kant [1790] 1928: 19）。つまり、例えば、約束を破るとか嘘をつくことが、道徳的に正しく、義務的であるならば、それらの行為は、普遍性をもてなければならないのである。

　二つ目の考えを支持する者は、ある行為は、本来、善であるからというだけ

でなく、それがもたらす結果に基づいても、実行されるべきだと主張する。この学派は一般に目的論者（ギリシャ語の teleios、つまり、目的に達した）と呼ばれる。例えば、目的論者は、もしそれが有益な結果をもたらすのであるならば、ある状況ではソーシャルワーカーは嘘をついたり、守秘を破るべきだと考える。目的論者はときどき、スマート（Smart 1971: 199）が「規則崇拝」として言及する素朴な形の実践をしているとして、義務論者を批判している。

> R という規則があって、それに従うと 99 パーセントの状況で、考えられる最良の結果が得られると仮定しよう。そうなると R は明らかに役に立つ経験則であって、我々にある行為の結果を評価する十分な時間がなかったり、公平さが備わっていないのであれば、行うべきは R にのっとって行動することと考えるのは、きわめて良い考えである。しかし、結果を既に導き出していて、自らの予測が、完璧に公平なものであると信じる時、また、ここでは R を破る方が守るよりも良い結果をもたらすと分かっている時、それでも、この規則（R）に従うべきだと考えるのは、ばかげていないだろうか。もし我々が R を破れば、何らかの避けられる不幸を未然に防げるという時、R を守りつづけるとしたら、これは R をある程度、偶像化することではないだろうか。迷信的な規則礼賛（これは心理学的に容易に説明可能なのだが）の姿ではないだろうか。そして、哲学者の合理的な考えとはならないのではないだろうか。

　目的論者には二つのタイプがあるようだが、その一方だけが、ソーシャルワーカーと重大な関わりがある。利己主義は一般的にソーシャルワークではみられない目的論の一つの形であり、それによれば、個人の義務は自分自身の利益を最大にすることにある。対照的に、功利主義は最大利益を生むならば、その行為は正しいと考えるが、歴史上では、最もよく知られた目的論の理論であり、少なくとも潜在的にはソーシャルワーカーの多くの決定の正当化に役立ってきた。

功利主義の理論は、伝統的に二種類ある。（1）幾つかの可能な行為のうち、ある一つの行為がなされなければならないような状況では、最大の利益を促進する傾向にある行為を正当とするという考え（Gewirth 1978b: 995）と、（2）ベンサムやジョン・スチュアート・ミルによって提唱された、生み出される利益の量のみならず、利益を受ける人の数も考慮に入れた最大多数の最大利益を促進する傾向にある行為を正しいとする理論である。この功利主義の二派の違いは、人が、例えば限られた公的援助（金）を最大幸福を生むように分配すべきかどうか（比較的大きな金額を比較的少ない数の人間に分配することを含意している）、最大多数の最大幸福を生むように分配すべきかどうか（少額を多数に分配することを含意している）を考える際に重要になる。同様のディレンマは、医療や老人ホームの空きベッド、ソーシャルワーカーの時間など、限られた資源を分配するにあたって決定を下さなければならない時にも生じる。

　同様に、「行為功利主義」（act utilitarianism）と、「規則功利主義」（rule utilitarianism）の違いも重要である。行為功利主義によれば、人は行為の道徳上の正、不正をその中の一つの例（利益と不利益とのバランス）において、それがもたらす結果全般を予測することによって決める。反対に、規則功利主義では、ある行為に基づく一般的な規則、慣例に従って行為をなすことによって決められる。つまり、規則功利主義ならば、慣例規則の一般的な遵守が重要なのだと考えるだろう。このように、行動功利主義なら、あるクライエントが脅している第三者を守るため、ある守秘を破ることを正当化するのだが、規則功利主義はそのような慣行が、万一、一般的に行われるならば、クライエントはソーシャルワーカーをほとんど信用しなくなり、結果的に、これはソーシャルワーカーの職業そのものさえ脅かすことになるので、それゆえ、受け入れられる取引ではないと主張するだろう。

　功利主義の原理は、伝統的に、ソーシャルワーカーが倫理上の決定を下すうえで最もなじみのある指針だった。功利主義がこの職業で非常に人気がある一つの理由は、それが一般的な徳を育成するかのように見えることである。人が、結果として最大利益をもたらす行為を行うことを要求する原理というもの

は、明らかに、困っている人々を助けることが第一の使命である職業に就いている人の心に訴えかけるのである。功利主義はまた、道徳的に正しい行為を構成するものに対する我々の直観を捉え、また最高の形で、倫理上の争いを解決してくれる有益な指針を提供してくれるように見える。『道徳および立法の諸原理序説』（An Introduction to the Principles of Moral and Legislation [1789] 1948）にみられる功利主義に関するベンサムの初期の発表で、彼はさまざまな行動がもたらす結果の「強さ、長さ、確実さ、近さ、豊かさ、純粋さ」を調べることによって、人がどの行動をとるべきかを決定できると示唆している。「利益を促進する傾向に比例して、行為は正となり、利益の逆を生み出す傾向に比例して不正となる」。

　当初の人気にもかかわらず、功利主義に多くの限界があることは、よく知られている。そのうちの深刻な問題の一つに、特にある行為の結果がしばしば本質的に質的なものである場合に、その結果に量的な価値をもたせることが難しいということがある。そもそも、あらゆる可能性の結果を同列に扱うことは困難であり、同様に、量的な方法で意見が一致することも難しい。加えて、同じ行為（例えば、ある方法による限られた社会サービスの分配）の結果でも、人によって異なった意味をもつため、個々人の間で比較するのも難しい。

　関連する問題として、人がある特定の行動の正当性を決定しようとする時に考慮しなければならない結果には、種類がある（Mill [1863] 1957）。これまで、功利主義者たちの功利（good）の定義は一致しておらず、多くの例で、どんな功利が評価され、追求されるべきか、またそれはどんな理由なのかは明確でなかった。例えば、ベンサムは快楽功利主義者として知られているが、それは彼が苦痛とは対照的な快楽に価値をおいたからである。しかし、ジョン・スチュアート・ミルは、「幸福な愚者よりも不幸なソクラテスであるほうがましだ」という彼の有名な言葉があるように、単なる快楽が結果を評価する単一の基準であってはならないと主張した。ソクラテスの心理状態は、愚者ほど楽しいものではなかったかもしれないが、ミルによれば、ソクラテスは愚者よりも不満がなかっただろうというのである。ミルにとっては、「より高級な快楽」と「よ

り低級な快楽」があった。これらのさまざまな快楽の特徴については、それほど明確ではなかったのだが……。これに対して、哲学者 G.E. ムーアは、知識を身につけるというある種の心理状態には、それが生み出す快楽とは別の、本来の価値があると信じた。この考えをとる哲学者たちは、理想功利主義者として知られている（Smart and Williams 1973）。

　功利主義者は、より近くにある結果に加えて、将来起こると予想される結果についても考慮すべきなのかどうかということも明確にしてこなかった。さらに、苦痛を最小にし、功利を最大にするにあたって我々が目標とする限界も明らかにしていない。功利主義の一般的見方では、各個人は最大の利益をもたらすためにできることをする責任があるという——これは積極的功利主義（positive utilitarianism）といわれる。しかしながら、この規範をよく見てみると、これは、我々の第一の目標が、最大の幸福と福利（well-being）を促進することだけなのか、また逆に、カール・ポパー卿（1966）が「苦痛の最小化」と呼び、スマート（in Smart and Williams 1973: 29-30）が消極的功利主義と呼んだものを暗に意味しているのかどうかを自ら問わねばならないことが分かる。「究極の原理として、消極的功利主義に惹かれるということはなくても、我々は幸福を促進することよりむしろ、不幸を取り除くことを気にかけよ、という指示には、副次的な経験則として大いにお勧めできるものがあることを容認するだろう。というのは、大抵の場合、仲間の不幸を取り除こうとすることによって、彼らに最大に尽くすことができるからである」。

　功利主義のもう一つの限界は、突き詰めていくと、ソーシャルワーカーは非利他的活動の時間など全くもたずに、他者を無限に、無私無欲で援助する責務があることを示唆していることである。哲学者チャールズ・フリードは、その著書『正と不正』(Right and Wrong, Charles Fried 1978: 13-14, 34-35) で次のように言っている。

　　功利主義者にとっては、常にただ一つだけ正しい行いがある。それは、
　　ありとあらゆる方法で常に最大多数の最大幸福を促進することである。

少しでも休んだり、次善のもので良しとすることは義務の不履行となる……。結果主義者が考えるように、もし、我々が、みんな等しく、道徳的に、何らかの行為の中心点から果てしなく放射線状に生じる同心円の結果に責任があるならば、人間の責任、従って人間存在の意味の範囲を拡大しているかのように見える一方で、その拡大は、我々が支えきれぬほど大きなものになるだろう。全てのことに等しく責任があるということは、人間は自由な自我の選択、裁量、創造的な具体化などに、道徳的な可能性をもっているということである。それは、選択のために、潜在的に放射された無限にある全ての選択肢が、人に完全に占有されたものなのである。全てに同じ責任をもつことは、道徳的には抗しがたい、同様の幸福または快楽の原形と相互に関連するものである。

　おそらく、功利主義の最も深刻な問題は、学術的には、功利の結果をますます大きな集まりにしようとすれば、少数の人間の権利をその下におくことを許すことになりかねないということである。功利主義は、少なくとも原則として、大多数に利益があるならば、虐げられた人々や、少数集団の（例えば、福祉年金を下げたり、商業の発展のために低所得者を排除したりすることによって）権利を踏みにじることを正当化することになる。明らかに、このような構造は、もっとも利益を受けていない人々、虐げられた人々に対するソーシャルワークへの確固とした信託に背くものである。このような考え方の説得力のある例が、ドストエフスキーの傑作『罪と罰』（1914: 60-61）の中に見られる。

　　いいかね。一方に愚かで、分別のない、値打ちのない、悪意に満ちた、病めるおぞましい老婆がいる。ただ役立たずというだけでなく、実際に悪さをして、自分がどんなふうに生きているかも知らず、いずれ一両日中に死ぬことも知らない……。片や、助けなくして投げ出された、若く元気な命が、何千と、いたるところにある。僧院に埋められてしまうことになるあの老婆の金で、十万の徳がなされ、援助されるのだ。数

百、いや数千の者が正しい道に向かうことができ、何十もの家族が貧困から、破滅から、悪徳から、性病病院から救われるんだ。——しかも全てあの女の金でだ。あの女を殺して金を奪って、その金で人道的な奉仕に、万人の幸福（good）に身を投じるのだ。ほんのちいさな犯罪が何千という善い行いで帳消しになると思わないか。一つの命とひきかえに何千という命が破滅と堕落から救われるのだぞ。一つの死と、何百という命との交換だ。——たやすい計算だ！

第5節　援助への義務

　ソーシャルワーカーは一般に、困っている人々を助け、利益を促進することが務めであることに疑義を抱く者はいない。ドナガンは、その著書『道徳論』（1977: 85）の中で、これを「慈善の原則」と呼んでいる。「仮にある者が、他の者たちを理性のある人間であるとして敬うなら、その者たちを不当に扱わないようにするだけでなく、必ずや、彼らが求める福利を達成しようとすることを満足に思い、さらに、彼らの努力を、冷静に、最大限に、促進しようとすることだろう」。

　しかし、この義務を、また、功利主義者の見方を極限まで突き詰めると、どのような実践上の制限をソーシャルワーカーの援助義務上におくべきか定かでなくなる。例えばドナガンは、困っている人を助けるという責務には限界があると主張する。人には、他人の福利を促進する義務があるが、この義務は理性ある人間としての特性から生じるもので、人がもつ美点（desert）から生じるものではない（1977: 85）。この義務には主として、子どもたちの、特に孤児の扶養と教育に貢献すること、両親との死別、負傷、病気、遺棄の結果、助けを得て初めて成し遂げることができる義務をもつ者を助けること、病気や事故や負傷によって能力を失ってしまった者に再び自活の状態をとりもどさせること、肢体不自由者、耳や目が不自由になった者、慢性疾患や老齢の者を世話することなどがある。しかしながら、ドナガンは援助の義務についての論考に二

つの重要な制限を付与している。第一に、誰一人、道徳的に、自己に不釣合いなまでの不便な状況で他人の福利を促進する義務はないとしている。「自己の同等またはそれ以上の利益を断念することによってのみ他者がある利益を手に入れることができるのであれば、他者のためにそうしてやることを拒んだとしても、あなたがその人を理性ある人間として敬っていないことにはならない」（1977: 86）。二番目に、人は、自己の幸福のために果たすべき責任が、困っている人々自身にもあるはずだと考える権利をもっている。「真の善意、つまり、他人の福利を助長することは、彼らが人間らしい生活を送り、自らの努力でそうできるよう助けようといつでも用意していることであって、生活をよくするためにほんのわずかしか、または全く努力をしない人々が自らこうむる苦痛を軽減してやることに際限なく束縛されることではない」（1977: 209）。

　チャールズ・フィールドも同じような主張をその『正と不正』（Right and Wrong, 1978: 130）の中で述べている。

　　……難しい問題となるのは、私自身が満足できる解答をもたないのだが、不公平な制度の下にいる個々の犠牲者たちへの我々の義務である。このような制度を変えようと働きかけることにより、我々の義務が全面的に果たされるというのは不十分のように見える。にもかかわらず、我々が仲間に対してもつ義務は公平な分け前を与えることで、我々の全人生をかけるような義務ではない。他方の側のあからさまな義務の不履行だけのために余儀なくされるこちらの全面的犠牲を止めようとすれば、我々は不正を行い、自らの貢献の義務に背くことになるのだろうか。私には答えることはできない。思うに、同情や連帯意識というものは我々に多くを要求する。——我々が（不本意ながらも）不公平な状況の受益者（の側）である場合は特にそうである。しかし、そのようなものは全てを要求したりしないのだ。

　道徳哲学者は、強制的と考えられる行為と、おそらく賞賛に値し、奨励さ

れはするものの、厳密な意味で強制的でない行為に有益な区別を与えている。ロールズ（1971）は、例えば、強制的な行為を「当然の義務」と呼んでいる。それは、自分以外のものが困っている時、危険な時、自らが過度の危険を負うことなくそうしてやることができるならば助けてやる義務、人を傷つけたり不当に扱ったりしない義務、不必要な苦痛を引き起こさない義務である。それ以外の行為は、立派で賞賛に値するが、しかし強制されるべきものではない。これらは、義務以上のものと呼ばれる。ロールズ（1971: 114）は、次のように言っている。

> このような行為は博愛、慈悲による行為、ヒロイズム的な、自己犠牲的な行為である。このような行為をなすことは立派なことだが、しかし、それは人の義務でも強制されるようなことでもない。もっとも行為の主体である者の損失や危険が全くないというのであれば、そういうこともあるのだろうが、実際はそうではないのだから、この義務以上の行為というものは命令されることはない。義務以上の行為をなす者は、当然の義務が免除するようなものを免除しない。というのは、比較的楽にそれを遂行することができるというのであっても、我々には大いなる利益をもたらすという当然の義務があるとするが、仮に我々自身の犠牲がかなりなものに及ぶなら、この義務から解放されるのであるから。

第6節　倫理学の妥当性

　1980 年代の初期、応用倫理学の分野——専門職における倫理問題に関する道徳理論および哲学の応用——が制度化されてきた頃、シェリル・ノーブルは、「倫理学と専門家」（Ethics and Experts, Noble 1982）と題する挑発的な論文を書いた。その考察の中で、ノーブルは、応用倫理学が堕胎、死刑、安楽死、遺伝子工学、戦争そして逆差別に関する論争の解決に大きく貢献してきたとする推論に異議を申し立てた。彼女は、倫理学者たちが、極めて差し迫った現実世

界の倫理的問題からひどくかけ離れた抽象論の分析にとらわれているという理由で、応用倫理学の価値が低下しているとの結論を下した。

　ノーブルの主張の一部には、真実がわずかに見られるとはいえ、今日では彼女が重大な誤りをしていたとされている。分析者の中には、今日的問題とほとんど関係のない知的な鍛錬の方向に迷っていってしまった者もいるが、応用倫理学の最終的な結果は——限界があるとはいえ——現在まで、実に意義あるものだった。倫理学者たちは、以前から続いているあらゆる複雑なディレンマに関する問題を解くための決定的な指針をまだ出してはいないし、またそれを期待してもいけないのだが、彼らの分析は、重要な問題を明らかにし、実践的な選択や選択肢を示すうえで、大いに功績があった。我々は臓器移植、胎児研究、精神外科、薬物審査、凍結胚、自殺幇助、というような問題に関して、世に出ている文献に目を通せばよいだけである。このような事象に関する我々の考えは、ますます熟成され、洞察に満ちたものになっているが、これは一部には、倫理学者たちの仕事のお陰である（当然のことながら、神学者や政策分析者といった他の職業の人々も同様に貢献しているのだが）。

　しかし、倫理学はいくぶん宣伝しすぎたと語った点で、ノーブルは正しかった。感動しやすい聴衆に向かって、自分たちは複雑で、一見手に負えない問題を解くことができるような、万能の完結した理論を生み出すことができると言うたびに、ある意味では、倫理学者は墓穴を掘ってきたのだった。彼らは、救世主のような倫理学的理論の到来への期待を高めることによって、失望を招いてきたのである。

　幸い、大半の倫理学者たちはこの不遜を通り越し、彼らの目標はもっと穏やかなものになっている。マックリン（Macklin 1988: 52）は、医療倫理についてのコメントをこのように結んでいる。「生物倫理が、道徳上のディレンマに対して『一つの正しい解答』を提供することはほとんどない。哲学者が、その場に現れて、何をなすのが正しいのかを確固として断言するということもほとんどありえない。だが、魔法の杖をもっていないという事実にもかかわらず、生命倫理は依然として有益で、ひとたび次の言葉が正しく理解されるなら、『問

題を解決する』ことに対して、この先長い道のりを進んでいくことができる」。

この点では、総括的な倫理学理論を生み出そうとする試みは、不幸にも道徳的懐疑主義者、相対主義者を生むという結果になった。倫理学理論の明瞭さや効用に関してごまかしの商品があまりにも多くの人々に売られていた。ベアー（Baier 1988: 26）が巧妙に述べている。

行動を指導するような道徳理論を用いるという現在の試みの明らかに厄介なところは、どんな理論を応用すればよいのかという意見の一致が欠如していることである。例えば、医学倫理や経営倫理の標準的な大学課程では、学生にさまざまな理論をよく理解させてその理論が与えてくれる指針の違いを見せる。我々は、比較宗教における課程同様に、比較倫理学理論の幾つかの課程を実際に教えており、それらの学生の間で役立つ効果は、提示されるさまざまな代替理論のいずれに対する信仰もなくすことである。我々が生み出すことになるのは、相対主義者や道徳懐疑主義者、つまりさまざまな状況の中で彼らが何をしようとも、ある道徳的理論はそれを許し、また別の道徳的理論はそれを非難することになるだろうということを、我々の教えによって確信するようになった者である。対立しているさまざまな理論の衝突に対する通常かつ思慮分別のある態度は、一見、まことしやかな立派な証明書をもって、より一義的に話す指導者に向かうか、道徳性をやめて自己の利益あるいは単に自身にとって都合の良い方向に向かうのである。

我々は、倫理学がソーシャルワークに提供できるものとして何を期待することができるだろうか。まず、倫理上の問いかけは、ソーシャルワークに関する道徳的問題に対して我々の理解を大いに高めてくれる。守秘義務や自己決定、パターナリズムや、真実を述べることや、限られた資源の分配や、警告を発するという事象についての方針は、例えば、関連した介入戦略を考える以上のものを要求する。ケースワーカーや社会福祉政策に関する可能な知識を考慮

に入れることは必須だが、我々は権利、義務、正義の問題もまた吟味しなければならない。このような複雑な問題と正しく取り組むためには、実践におけるさまざまな義務や権利、それらが対立するような方法を列挙してみると役に立つ。また、まず義務や権利を構成しているものは何かを考えてみるべきであり、この二つは、伝統的な倫理学の問いなのである。シンガーが主張するように（1988: 153）、「倫理学の本質や道徳的概念の意味をいくらか理解する」ことは重要である。「自分たちが用いる用語を理解していない人々は、混乱を払いのけるより、混乱を生じさせやすいように見え、いともたやすく倫理学で使われている概念に迷ってしまう」。

　ソーシャルワーカーにとって、特に、倫理学理論、その有効性と価値に関する考察、そしてソーシャルワークとの考えられる関連性について、少なくとも初歩的な把握をしておくのは役に立つ。多くの倫理上の論争において、はっきりとした手引きを与えるとなると、目的論と功利主義の理論は十分でないことになる。このような二つの古典的考え方を注意深く考えてみると、権利、義務、徳に焦点をあてた他の考え方と同時に、一連の対立する結論を生み出すことができる。また、幾つかの事例では、このような対照的な考え方も、異なった概念上の前提や理論的仮定に基づいているとしても、同じ結果にたどり着くかもしれない。では、大切なのは何かと人は理性的な質問をするだろう。このような論理学派は、多くの人々が人の心に訴える、または直観に訴えるものがあると思う要素を含んでおり、その意味しているもの、利点、欠点を考えなければならない。その最終結果に、思慮ある人々は異議を唱えるのだろうが、しかし、このような見方を議論したり、精査したりする過程が、注意深い継続的な熟考、論説の恩恵なくして到達される単純な結論よりも常に価値のある思慮深い判断を生むように思われる。さらに、このような徹底的な分析はしばしば、意見が適切で、節操のあるものへの変化にたどり着くのである。マックリン（1998: 66-67）の説によれば、

　　カント派の哲学者と功利主義者の間の論争が猛威を振るい続ける限り、

また、西洋の政治哲学的な伝統が個人尊重主義と博愛主義の両方を奉じ続ける限り、この対抗する二つの理論を解決することはできないだろう。しかし、どちらの理論的アプローチが究極のところ「正しい」のかを最終的に決定することはできないとしても、どちらか一方の理論上の見方に基づいて、確固とした道徳的判断を、実践的情況において下す可能性がないというわけではない。

　功利主義的な道徳規範と、権利と義務に根差した義務論的な道徳体系の間で選択する場合、それは道徳的な選択肢と不道徳な選択肢の間で選択することにはならない。正確に言えば、それはどちらか一方の道徳的観点への関わりに基づくが、そこにおいては双方の観点とも、行動に対する相応の理由を与えることができる。双方の視点は、利己的あるいは自己中心的なアプローチと、権限という特権、富、あるいは技術の専門家の権力についての基礎を教える哲学との対極にある。

　知識人の市場の進化論主義者の一団が、最終的な分析でどちらの理論的観点がより有益で説得力があるかを決定するだろうということを覚えておくと有益である。弁証法的方法で、対立するさまざまな観点をそれぞれの限界に近づけていくと、ある立場の強さ、弱さを露呈してくれ、結果的にもっとも適した論拠が生き残るのを手伝ってくれる。ナーベソン（Narveson 1988: 104）は、その核心をうまく述べている。

　ある倫理学的理論が、決断が必要なところで、全く不確定なものであることが明らかになるようなら、それはそのままでは致命的欠陥がその理論にあるというより他はない。それは補足されるか、修正されるか、または放棄されなければならない。例えば、基本的な功利性の概念全体が、原理上あいまいなものであることが証明されるなら、それは普通理解されるように、功利主義者にとって立ち直れないような打撃である。肝心なのは、我々は道徳哲学の全事業を、その中のどのような特定の理

論とも同じだと考えてはいけないということである。では、そこには進歩がないということになるのか。そうではない。古い理論は使われなくなり、概念上の致命傷のため死んでいく。そして、新しい理論がそれにとって代わるだろう。そういうものである。哲学的事業が確立したものでないとか、我々はいかなる明確な成果をも期待できないなどとかを証明するような傾向はどこにも見られない。

　ニッケル（Nickel 1988: 139-48）は、応用倫理学の価値の査定に特に役立つ構想を提案している。応用倫理学の「強気な」見解によれば、ある特定の倫理学理論は、真実であり、根拠が十分であり、信頼すべきものと考えられ、その理論から指示を導き出すことによって、方針の課題を解決することは、原則的には可能である。このように、ロールズの正義論を認める者は、限られた社会サービスの資源の分配に関する最良の倫理的方法を決定するためにその理論を用いるだろう。ある者は、もっとも多い倫理学的な戦略を決定するために、無知のヴェール、原始状態、格差原理、最低な生活を強いられている人々に関するロールズの概念を利用するだろう。

　しかしながら、先に述べたように、応用倫理学の「強気な」見解を奉ずる者はほとんどいない。アイエル（Ayer: in Singer 1988: 149）が数十年前に述べたように、「どんなタイプの哲学者であれ、徳の擁護者に見せかけるのは不遜であり、同時に愚かしいことである。それはまた、多くの人が道徳哲学は満足のゆかない課題であると思う一つの理由にもなっている」。

　代わりに、たいていの現代の倫理学者たちは、ニッケルが応用倫理学の「弱気な」見解と呼ぶものを支持する。そこでは、倫理的概念および理論は、主に方針やその道徳上の特徴を解明するために用いられる。この「弱気な」見解によれば、相当手強い問題に光をあて、さまざまな、しばしば対立する観点から考察しようと努力することが、利用できる概念や理論を検討することに（そして、新しい概念や理論を組み立てることに）役立つ。弱気な応用倫理学は、どの理論をとっても完璧に妥当であるとは想定しない。ニッケル（1988: 148）は、

次のように結論している。

　　　私は、道徳の理論化の将来の見通しについては偏見をもたないが、難し
　　　いケースへの方針の手引きとして、自信をもって提案できるような道徳
　　　理論が我々の手元にあるとは思えない。私には、功利の原理、または
　　　ロールズの格差の原理といった壮大な原理よりも、広く認められている
　　　中程度の道徳原理の方が、方針の手引きとしては、はるかに受け入れや
　　　すい。

第7節　倫理と徳

　たとえ、我々が他のものよりも現実的な応用倫理学の「弱気な」見解を奉じ
るからといって、倫理学の認識論に傾いた議論が、正義、正・不正、義務・責
務という事柄に対する生来の感受性にとって代わることは全くないことを認め
ることが大切である。あるところでは、我々は、興味をそそる倫理学上の理論
や概念の山に対する専門家たちの知的な理解力だけではなく、専門家自身の
道徳的性格を扱わなければならない。ジョンセン（Jonsen 1984: 4）がうまく言
い当てているように、「倫理学のガイドラインは、『十戒』の現代における代用
品ではない。むしろ、簡略な道徳教育である。それが述べているのは簡潔な定
義や関連する相違点であり、予め十分心構えのできている人に、あれこれの例
は、あれこれの類いの典型的なケースであると抜け目のない判断をさせるため
に用意されているものである」。
　我々は結局、ここではある徳の形、理性によって学ばれる形を求めている。
徳は学ばれるものだが、大学の教室や行政機関の会議室で十分に学ばれるもの
でもない。どんな徳であれ、現在有している徳はそのような環境に身をおく
ずっと以前に獲得したものであり、ソーシャルワークでの倫理上のディレンマ
に効果的に対応しようとするなら、我々の大半にとっては、この深く根ざした
徳が必須である。ソーシャルワークに関連する複雑な道徳上の事柄に関する、

客観化された、骨子だけに削り落とした、しかし知的な意味で洗練された議論を考えることと、「なぜ、何よりも第一に道徳的であるべきか」という問いを真剣に考えることは全く異なる。ルイス（Lewis 1947: 3-4）は、何年も前に次のように論じている。

　　徳を正当化するいかなる論拠も、一人の人間を徳ある者にすることができないことは、依然として真実である。鍛えられた感情の助けがなければ、知性は動物的な有機体に対して無力である。私は、トランプのいかさま師たちの中で育った非の打ち所のない道徳的哲学者よりは、むしろ倫理にひどく懐疑的だが「紳士は不正を働かない」ということを信じて育ってきた人間と、トランプ遊びをしたい。

　動機も関係する。我々は、（この二つを受け入れながらも）理論や概念の無益な分析を飛び越えて、なぜ人は倫理的に正しいことをなすことを気にかけたり、気にかけなかったりするのかということに集中しなければならない。このため、我々は総括的な倫理の指針と原理を完全なものとするために我々の関心ある責務や懸念の課題を取り入れ、視野を広げ、また、キャス（Kass 1990: 8）が、「通常の経験の基本原則であり、あらゆる対人関係の母体である『小さな道徳』と評したもの」を取り入れるべきである。キャスは続けてこう結論している。「おそらく、倫理学では、真のルートは実践から、行為とその行為者から始まり、二次的にのみ実践の反省へと移行する。なるほど、道徳的な事柄を懸念する傾向は、実践で身につけたある種の道徳的な気質が欠かせない。それは、反省することを覚える年齢に達する以前の気質である。アリストテレスが指摘するように、「"that" を有する者は、簡単に "why" を手に入れる」[※]。

※　監訳者注：この意味について著者からの助言を得た。生得的に良い道徳への資質をもつ者は、道徳を実行することによる見返りから容易に利益を得る（道徳からの見返りより先に、道徳に関する良い資質をもつ）。

第3章　論理学

言語を注意深く正確に使うことは、論理的な思考のための有力な助け
となる。なぜなら、言わんとしていることを言葉におきかえるために
は、そのことを正確に理解している必要があるからである。

　　　　ウイリアム・イアン・ベアードモア・ベヴァリッジ

　数年前、精神病院の司法病棟で働いていた時、私は、ある患者のことについ
て話し合うためにスタッフミーティングに出席していた。その24歳の男性は、
放火罪だったが、精神障害のため無罪となり、この病院に強制入院となってい
た。刑事裁判の結果、州立精神病院の司法病棟に入院する決定が下されたため
である。彼は、数々の精神病院の入院歴をもち、また、何年にもわたって性的
暴行、強盗、放火などの犯罪を犯してきた。

　当時、その患者の入院は、すでに6か月を過ぎたところだった。そのスタッ
フミーティングには、司法病棟管理者、精神科医、病棟看護師長、アクティビ
ティ・コーディネーター、2名のソーシャルワーカーが参加し、そこで、その
患者の回復状況と記録が開示された。その話し合いでは、患者の衝動とときど
き起こる突発的行動のためになされたこれまでの治療の成果に焦点がおかれ
た。ソーシャルワーカーの一人は、この2か月間になされた集中的な個人療法
の継続が望ましいという見解を示した。司法病棟管理者がその理由を問うと、
ソーシャルワーカーは次のように答えた。「我々がその治療法を始めてから、
彼の衝動的な行動がほとんど見られなくなったからです。その効果は明らかだ
と思います」。

　精神科医はその患者の記録を見ながら、その集中的な治療が始まった時に精

神薬が変えられたことに気づいた。その精神科医には、その新しい精神薬が行動の変化を起こしたと考えるのが妥当であるように思われた。

　この短いやり取りは、実践でしばしば生じる論理の落とし穴の実例である。ソーシャルワーカーは、日頃、クライエントの生活、家族、地域、組織に変化が生じるような介入を考えている。ソーシャルワーカーは、望ましい変化であれ、望ましくない変化であれ、介入の結果、何らかの変化を観察するかもしれない。例えば、子どもの多動が行動変容プログラムで抑制されるかもしれない。家族の葛藤が、家族の一成員の入院で激化するかもしれない。職業訓練プログラムの結果、ある地域における失業率は低下するかもしれない。マネジメントコンサルタントから薦められた新しい人事規定の実施で、ある社会サービス機関での勤労意欲が高まるかもしれない。

　ソーシャルワーカーの関心は、変化を起こすことにあるため、ソーシャルワーカーには、自分たちの介入が証明したい結果と関連していると信じてしまう傾向がある。しかしながら、精神病院の司法病棟でのスタッフミーティングの例で見たように、そのような見方は、論理的な誤りを犯してしまう可能性がある。介入の効果を示す時には、その因果関係を示さなければならない。しかし、一般的な論理学の基準から見ると、自分たちの見方が大きくかけ離れていることがよくある。あの司法病棟患者の行動の変化について言えば、新しい精神薬により、その変化が生じたのかもしれないし、また、ソーシャルワーカーによる治療以外の要因で生じたのかもしれない。ある地域の失業率の変化は、職業訓練プログラムの成果というより、銀行の貸付利率の低下による商業の活性化のためかもしれない。つまり、ある結果が生じるより先に介入したからといって、介入を変化の要因として考えることは必ずしも妥当ではない。その介入は、変化の要因かもしれないし、そうでないかもしれない。最初から介入が要因であると想定することは、事後分析の誤り、すなわち、事後における理由づけ（ある出来事が生じた後に、その出来事を原因として説明すること）を犯すことになるかもしれない。

　ソーシャルワーカーは、介入方法、対人技法、対組織的な技法に加えて、実

践において論理的に思考する方法を学ばなければならない。演繹法および帰納法による論理学の基準を守ることは、効果的な介入を考えるソーシャルワーカーの能力を高め、介入効果の価値を第三者に伝える能力をも向上させる。これらの基準から離れてしまうこと（論理的な誤りを犯すこと）は、ソーシャルワーカーによる介入の効果や信頼性を大きく損なうもととなるだろう。

第 1 節　論理学の基本

　端的に言えば、論理学は、筋道が通らない、あるいは、誤っている考え方と筋道が通っている、あるいは、正確な考え方とを区別するために活用する原理および原則に関する学問であるといえる（Cohen and Nagel 1976; Suppes 1957; Smullyan 1962; Salmon 1963; Harre 1970; Ingle 1976; Kahane 1990）。ソーシャルワーカーが介入効果を示せるかどうかは、適切な証拠に基づいて正確な論証と論理的推論を行うことができるかどうかによる（Siegel and Reamer 1988; Gambrill 1990; Gibbs 1991）。我々は、貧困の傾向に関する実証的根拠に基づいて社会福祉予算の増額を要求していく必要があるだろう。さらに、我々は、さまざまなプログラム評価に基づいて薬物乱用に対する新たなプログラムの設立を要求していく必要があるだろう。クライエントとの面接を通じて導き出された精神病院への入院措置も多角的な視点から見ていくことを要求していく必要があるだろう。それぞれのケースで、ソーシャルワーカーは、確かな証拠に基づいて正確な結論を示さなければならない。論理に基づいて分析することは、我々が下した結論とその結論を導き出す根拠となった証拠とが明確に結びついているかどうかを考えるのに役立つ。

　論理学における論証は、結論を示す一つの記述と、結論の証拠となる一つあるいはそれ以上の記述から成り立つ。証拠を示す記述は、「前提条件」といわれる。先ほどの精神病院の司法病棟のスタッフミーティングに出席したソーシャルワーカーの例を使えば、ソーシャルワーカーは、次のように論証したようである。

1. もし私の介入後に患者の行動に望ましい変化が生じたならば、私の行った介入は、望ましい変化を起こす要因である。
2. 私の介入後に患者の行動に望ましい変化が生じた。
3. それゆえ、その介入は、患者の行動を変化させる要因である。

　これは、論証の典型的な例である。最初の二つの記述が前提条件であり、三つ目の記述が結論である。

　論証する際、我々は、結論を導き出すための証拠となる前提条件を示さなければならない。そして、論証するには、次の二つのことを示す必要がある。まず、前提条件に事実を示す記述が含まれていなければならない。そして、前提条件として示した事実が結論を根拠づけるものでなければならない。先の司法病棟の例で言えば、その二つ目のことが誤っていた（例えば、実際には、ソーシャルワーカーは集中的な個人療法を行っていなかった）ので、明らかに結論を導き出す証拠がないといえる。この例はあまりにも明確で、ここで述べる必要はないかもしれない。しかし、先に述べた論証する際に留意する点の二つ目で、前提条件が結論の直接的な証拠とならない複雑な場合もあることを覚えておく必要がある。仮に、前提条件が正しいとしても（前提条件が事実を正確に記述しているとしても）、その前提条件によって結論が論理的に導き出せるとは限らない。論証における前提条件においては、事実の正確な記述以外に、前提条件と結論との論理的な結びつきが必要となる。つまり、論証における前提条件が結論を導き出すものであれば、前提条件の正確さを述べる必要がない場合もある。また、前提条件が正確であれば、その前提条件が結論を導き出す正しい根拠となり得る。

　一つあるいはそれ以上の誤った前提条件に基づいて論理的に正しい論証を行うことも、一つあるいはそれ以上の正しい前提条件に基づいて論理的に誤った論証を行うこともあり得る。こうしたことは、ソーシャルワーカーが避けるべきことである。幾つかの例を挙げて説明してみよう。例えば、ソーシャルワーカーが簡易宿泊施設および臨時配食センター長であるとしよう。簡易宿泊施設

および配食プログラムの対象者の状況を説明するために開かれたセンターの理事会で、そのセンター長は、どうしても次のようなことを言う必要がある。

1. 賃貸住宅の家賃が上昇しているため、簡易宿泊施設の増設が必要となっている。
2. これまでの 12 か月間で、家賃が明らかに上昇した。
3. それゆえ、この 12 か月間における家賃上昇のため、簡易宿泊施設におけるベッド数の増加が必要である。

　この論証は、論理的には正しいけれども、二つ目の前提条件が正しくない。その地域では、確かにその年の最初の 3 か月間に家賃が上昇したが、その後の 9 か月間に徐々に降下した。住宅関連の専門家は、簡易宿泊施設の増設の必要性は、郡が支給する生活保護費の減額によりホームレスが生じたためである、あるいは、州立精神病院の脱施設化政策でホームレスが生じたためであると説明した。センター長は、その簡易施設におけるサービスを拡張しようと誤った努力をしたため、誤った結論を導き出したと考えられる。センター長は、本来、減額された生活保護費を以前の額に戻すように働きかけるアドボカシー活動に時間を積極的に使うか、あるいは、精神病院の退院計画の手続きおよび基準の見直しを州立精神病院の責任者に働きかけるのに時間を使うべきだったのかもしれない。

　正しい前提条件を含む論理的な誤り、あるいは、誤った論証は厄介な問題である。例えば、ターミナルケアを必要とする母親とその家族との面接において、ホスピスのソーシャルワーカーは実質的に次のような論証を提示した。

1. あなたのような状況にある家族の多くは、休息が必要である。
2. 我々のホスピスは、レスパイト（休息）ケア・サービスを行っている。
3. それゆえ、当ホスピスは、あなたの家族にレスパイトケア・サービスを提供する必要がある。

当然ながら、二つの前提条件は正しい。しかし、その結論は、その前提条件から論理的に導き出されたものではない。この家族が休息を必要としていても、ソーシャルワーカーが勤めるホスピスがレスパイトケア・サービスを提供するのに最善の機関であるとは限らない。その理由として、ホスピスのレスパイトケア・サービス料金が非常に高ければ、家族が加入している保険ではそのサービス料金全額が支払われないこともあるだろうし、他の機関がもっと良いレスパイトケア・サービスを提供しているかもしれないことなども考えられる。正しい前提条件が必ずしも論理的に正しい結論を導くとは限らないのである。

　ソーシャルワーカーが行う論証の方法は二つあり、区別して考えていくことが重要である。その二つの方法とは、演繹法と帰納法である。演繹法では、全ての前提条件が正しければ、その結論は正しいとする方法である。さらに、前提条件の中には、結論に関連する情報（少なくとも、暗示的な情報）が全て含まれている。例えば、次のようなものである。

1. 性的暴力の犠牲者は全て、情緒的不安感をもっている。
2. 当機関のクライエントは全員、性的暴力の犠牲者である。
3. ゆえに、当機関のクライエントは、情緒的不安感をもっている。

　この演繹法による論証においては、一つの前提条件あるいは両方の前提条件が誤っていれば、その結論は誤りであるとする。そして、その二つの前提条件が正しければ、その結論は正しいものとする。

　一方、帰納法による論証では、こうしたことは必要ない。帰納法においては、前提条件が正しいものであっても、その結論が誤ったものとなる場合がある。つまり、帰納法では、全ての前提条件が正しくとも、その結論は「おそらく」正しいのであって、必ずしも本当に正しいとは限らない。我々は、将来のいつか、例外を見つけるかもしれない。例えば、次のようなものである。

1. 当機関の過去のクライエントは皆、情緒的不安感をもっていた。

2. ゆえに、現在の当機関のクライエントも皆、情緒的不安感をもっている。

　この帰納法による論証では、その前提条件がある種の結論を導き出すことはできるが、しかし、その前提条件で必ずしもその結論を導き出せるとは限らない。この点においては、帰納法は、（ソーシャルワークにおいては、よく行われている方法ではあるが）演繹法よりかなり弱い論証方法である。

第 2 節　演繹法についてのさらなる解説

　論証における演繹法には、妥当なものと妥当でないものとがある。論証における妥当でない演繹を「誤った推論」という。簡単に、ソーシャルワークでよく行われる「誤った推論」についてもう少し述べてみよう。まず、演繹的論証における一般論から考えてみる。演繹的論証の多くは、条件節（仮定節）となる事象によって左右される。このことは、「もし…ならば、…である。」といった接続詞で結ばれる二つの記述で成り立っている。ここで、幾つかの例を挙げよう。

1. もし私のクライエントが自殺しようとしたなら、彼にはカウンセリングが必要である。
2. もし生活保護を受給しているクライエントがその受給額の 30％以上を住居費の支払いに充てているなら、彼女はその受給額を増額する必要がある。
3. もし妊娠している女性の多くがアルコール依存であるならば、胎児期アルコール症候群をもつ子どもが増加するだろう。

　これらの例では、「もし…」で始まる文が条件文であり、「…である」（がある、するだろう）となっている文が結果を示す文となっている。先の例で言え

ば、「私のクライエントが自殺しようとした」が条件であり、「彼にはカウンセリングが必要である」が結果である。基本的な条件文というのは「もしpならば、qである。」となる。同じような基本的な条件文としては「もしqでなければ、pでない。」がある。この記述は、先の記述の「対偶」である。先の例を使って「対偶」を述べる。

1. もし私のクライエントにカウンセリングが必要でないなら、彼は自殺しようとはしないだろう。

　ここで重要なことは、論証が妥当なものか、あるいは、妥当でないもの（誤った推論）かを見分けるために、その条件をよく理解することである。妥当な論証のためには、二つの方法を考える必要がある。一つは、条件を肯定して示す論証法（原命題）である。その方法において条件を肯定する際、まず、その文全体（もし私のクライエントが自殺しようとしたなら、彼にはカウンセリングが必要である）が妥当であるかどうかを考え、そして、その条件（私のクライエントが自殺しようとした）を肯定する論法を採用する。そして、次に、その結論（彼にはカウンセリングが必要である）が、その条件のもとで生じる結果かどうかを考える。妥当な論証は、「もしpならばqである。」「pである。ゆえにqである。」となる。

　二つ目は、その結果を否定して示す論証法（対偶命題）と呼ばれるものである。この方法においては、まず、肯定論（もし妊娠している女性の多くがアルコール依存であるならば、胎児期アルコール症候群をもつ子どもが増加するだろう）を考え、そして、その結果の部分（胎児期アルコール症候群をもつ子どもが増加するだろう）を条件として否定する。そして、その結論として、妊娠している女性の多くがアルコール依存でないとする。結論の否定から始まるこの方法では、「もしpならばqである。」「qでない。ゆえにpでない。」となる。

　ソーシャルワークにおいては、原命題および対偶命題の両方において妥当でない論証がよく見られる。まず、一つ目は、「結果肯定」による誤った推論

である。この推論では（この推論は、条件肯定という妥当な推論と非常によく似ているけれども）、第二番目の記述において第一番目の記述の結果が条件となり、そして、その第三番目の記述において、その第一番目の記述では条件であったものが結果となる。この妥当でない方法は、次のようなものである。「もし p ならば、q である。」「q である。ゆえに p である。」

あるいは、具体的な例を挙げると、次のようになる。

1. もし私のクライエントが自殺しようとしたなら、彼にはカウンセリングが必要である。
2. 私のクライエントには、カウンセリングが必要である。
3. それゆえ、私のクライエントは、自殺しようとした。

私のクライエントが自殺以外の理由でカウンセリングを必要とする場合もあり得ることは明らかである。ソーシャルワークにおける結果肯定の例をもう一つ挙げてみよう。

1. もし私が現在担当しているケースの情緒障害の未成年者たちに長期施設ケアの提供を継続したなら、そのケアで彼らの精神状態を良好にするだろう。
2. 私が現在担当しているケースの情緒障害の未成年者たちの精神状態は良好である。
3. それゆえ、私が行った長期施設ケアは、情緒障害の未成年者たちの精神状態を良好にした。

家族関係の変化、成長・発達的変化などを含む情緒障害の未成年者の生活状況の変化で彼らの精神状態が良好になったかもしれないため、言うまでもなく、この論証は妥当でないことが明らかである。先にも述べたように、ソーシャルワーカーの介入がクライエントの生活状況の変化より先に行われたから

といって、（我々は、介入が変化をもたらしたと思いたいが）その介入が変化をもたらしたとは言い切れない。

次に、「条件否定」による誤った推論について述べる。この推論は、結果否定という妥当な推論と非常によく似ている。次のような例を考えてみよう。

1. もし我々の地域の貧困率が上昇したとすると、職業訓練プログラムの実施を要求する必要がある。
2. 我々の地域の貧困率は、上昇していない。
3. それゆえ、職業訓練プログラムの実施を要求する必要はない。

仮にその地域の貧困率が上昇していないとしても、その地域において職業訓練プログラムを実施することは、明らかに有益であると考えられる。上昇はしていないが、その貧困率や失業率は、もともと高いのかもしれない。また、その地域の成人の平均的な教育レベルが低いのかもしれない。このように、地域住民の就業率を上げる包括的な職業訓練プログラムを要求するにあたっては、貧困率の上昇以外に多くの理由がある。貧困率の上昇だけが最も重要な理由ではない。

この推論では、第二番目の記述は、第一番目の記述における条件の否定であり（我々の地域の貧困率は、上昇していない）、そして、その結論は、第一番目の記述では結果となっていたものの否定である（それゆえ、職業訓練プログラムの実施を要求する必要はない）。条件否定という妥当でない推論は、一般的には、「もしpならば、qである。」「pでない。ゆえにqでない。」で示される。

ここで留意すべき点は、ソーシャルワーク実践で論証する場合、正しい条件は正しい結論を導き出すと想定して考えてはならないということである。というのは、結果肯定や条件否定といった誤った推論で、我々は論法が妥当でなくても正しい結論を得たと思ってしまうことがあるからである。

第3節　ソーシャルワークにおける正当な議論

　ソーシャルワーカーが自分たちの主張を貫き、他職種者を説得する際（例えば、サービス提供の拡張、あるいは、サービス財源の拡大の際）、正当な議論（論証）を展開していくことが重要となる。効果的で正当な議論の方法の一つに論理学でいう「背理法」がある。この方法は、肯定的な結論を見出そうとする時、あるいは、他者の論理を完全否定する時に用いられる。

　例えば、ある状況のもとにおいては、政府は（例えば、社会福祉プログラムを設立するために新しい税制を創設することについて）国民を説得する必要があると主張したいとしよう。背理法によれば、この主張が誤っていると考えることから始めなければならない（その想定の例として、どのような状況においても、政府は国民を説得すべきではないということが挙げられる）。そして、その想定が誤っていると考えられる結論を引き出す（この場合、例えば、政府が無差別殺人者から国民を守るために説得すべき状況が生じることがあるので、どのような状況においても、政府が国民を説得すべきでないという結論は誤っていることになる）。妥当な演繹的論証によって誤った想定から誤った結論が引き出されたので、その想定は誤っていると結論づけられる。この議論の基本的な展開は次の通りである。

　ここでは、pであることを証明したい。

　想定：pでないと想定する。

　演繹：誤った推論であると判断する。

　結論：それゆえ、pでないとすることは誤っているので、pであると考える。

　プラトンが書いた『国家』に出てくる古典的な例をここで挙げて、背理法を説明することにしよう（Salmon 1963: 31）。プラトンとの問答にあるもので、ソクラテスが尋ね、不適切な「不合理な」結論を示すことで、一連の問答から回答を全面的に否定するというものである。ここで引用してみよう。

では、ケパロス、私が応えよう。正義についてだが、いったい正義とは
何か。それは、真実を話すこと、借金を返すこと、それ以外にないの
か。そのことについて何か例外的なことはないのか。友人が正気の時、
私に武器を預け、その友人が正気でない時に武器を返して欲しいと言っ
てきたとしよう。私は、彼に武器を返すべきなのだろうか。私がそうす
べきである、あるいは、私がそうするのが正しいという人は誰もいない
だろう。また、彼のような状況にある人に、私が必ず真実を言わなけれ
ばならないということにはならない。

あなたの言ったことは正しいとケパロスは応えた。

だから、真実を話すこと、あるいは、借金を返すことが、正義の正しい
定義ではないのである。

この議論は、典型的な背理法である。

証明したいこと：真実を話すこと、あるいは、借金を返すことが正義の正し
い定義ではない。

想定：真実を話すこと、あるいは、借金を返すことが正義の正しい定義であ
る。

演繹：正気でない人に武器を与えることは正義である。しかし、このこと
は、不合理である

結論：ゆえに、真実を話すこと、あるいは、借金を返すことが正義の正しい
定義ではない。

第4節　三段論法の妥当性

　論理学者が論法の適切さを考える場合には、定言的三段論法あるいは定言的
記述を考える。定言的三段論法（簡単に言えば、三段論法）とは、定言的記述の
前提から推論し、その結論を導き出すという演繹的論証の方法である。次に四

つの定言的な記述の例を挙げてみよう。

　　a.　生活保護を受けている全てのクライエントは怠惰である。
　　b.　生活保護を受けているクライエントの一部が怠惰である。
　　c.　生活保護を受けているクライエントで怠惰な者は誰一人いない。
　　d.　生活保護を受けているクライエントの一部の者は怠惰でない。

　それぞれの記述には名称がある。a と b は「肯定的命題」で、c と d は「否定的命題」である。また、a と c は「全称命題」であり、b と d は「特称命題」である。X の全ては Y である（例えば、生活保護を受けている全てのクライエントは怠惰である）という形式は、「肯定的全称命題」という。X の一部は Y である（例えば、生活保護を受けているクライエントの一部が怠惰である）という形式は、「肯定的特称命題」という。X で Y であるものは一つもない（例えば、生活保護を受けているクライエントで怠惰な者は誰一人いない）という形式は、「否定的全称命題」という。X の一部は Y でない（例えば、生活保護を受けているクライエントの一部の者は怠惰でない）という形式は、「否定的特称命題」という。

　また、それぞれの定言命題には、主部と述部の二つがある。先の例で説明すれば、X（生活保護を受けている全てのクライエント）が主部であり、Y（怠惰である）が述部である。

　ソーシャルワークのどのような領域においても、実践者が用いる三段論法あるいは議論の妥当性についてはよく考えておく必要がある。三段論法の妥当性は、論法の組み立て方によって決定される。

　二つの条件と一つの結論からなる三段論法を考える時（X の全ては Y である；Y の全ては Z である；ゆえに、X の全ては Z である）、それぞれの文に主部と述部があり、この三段論法では、X、Y、Z という三つの単語が出てくる。これらの単語の一つ（Y）は、条件文の中に必ずあり、その単語は「媒介語：中名辞」と呼ばれる。その他の語（X と Z）は、結論にあり、また、条件文にも一度出てくるもので、「終止語」と呼ばれる。次の三段論法を見てみよう。

自殺行為をする全てのクライエントは何らかの問題をもつ人である。

　　何らかの問題をもつ全ての人にはカウンセリングが必要である。

　　それゆえ、自殺行為をする全てのクライエントにはカウンセリングが必要である。

　この「何らかの問題をもつ人」は、条件文にそれぞれ出てくるので、媒介語である。「自殺行為をするクライエント」は、条件文と結論に出てくるので終止語である。「カウンセリング」も、条件文と結論に一度ずつ出てくるので終止語である。

　当然ながら、論理学者は、三段論法が妥当であるどうかを考慮する基準を作成している。これらの基準は、「周延」という概念に基づく。三段論法の文での語（例えば、問題をもつ人）を分析する時、その語が周延する語か否かで判断をする。周延する語か否かの判断は、その語を含む文の内容、あるいは、その語が主語なのか述語なのかにより決定される。

　記述の中に含まれる部分が、概念分類の中に入るものについて何かを示すものであれば、その部分は、周延する部分であるといえる。例えば、「自殺行為をする全てのクライエントは、何らかの問題をもつ人である」という記述において、「自殺行為をする全てのクライエント」については、何らかのこと（例えば、何らかの問題をもつ人である）が述べられているが、しかし、「何らかの問題をもつ全ての人」については、何も述べられていない。つまり、（肯定的全称の）定言的記述においては、主部（自殺行為をするクライエント）が周延している部分とされ、述部（何らかの問題をもつ人）が周延していない部分とされる。

　ソーシャルワークにおいてよく犯される誤りを考える際、述部（この場合、何らかの問題をもつ人）の中にある語に関連する一般的な分類について考えることが大切である。「自殺行為をする全てのクライエントは何らかの問題をもつ人である」ということは、何らかの問題をもつ人の中には自殺行為を行うクライエントがいることを示している。もちろん、これは、その状況にある集団

を示す場合もあれば、その状況にある個人を示す場合もある。集団として捉えた時に真であったとしても、個人においては真でない場合もあり（ある施設のクライエントは全体的によく話をする人々であるかもしれないが、個人として捉えた場合には、その施設のある人はあまり話をする人ではないかもしれない）、また、個人として捉えた時に真であったとしても、集団として真でないという場合もある（個人としてのソーシャルワーカーは、多くの場合、専門職として面接技術に優れているが、ソーシャルワーカーを集団として捉えると、ソーシャルワーカーが必ずしも面接技術に優れているとは言えない場合がある）。

　定言的記述が周延であるかどうかは、その記述が肯定的全称、肯定的特称、否定的全称、否定的特称のどれかによって決定される。先ほど述べた肯定的全称とは対照的に、否定的全称（例えば、摂食障害のある人で自尊心の高い人は誰一人いない）においては、主部および述部ともに周延である。この記述は、摂食障害をもつ全てのクライエントで自尊心の高い人はいないことを示すとともに、自尊心の高い人は、全て摂食障害のクライエントとはならないことを示している。そして、この記述は、集団としてのある特定のグループ——摂食障害をもつ人と自尊心の高い人——を示し、それぞれのグループは相互に排他的である。

　対照的に、肯定的特称の記述（摂食障害をもつクライエントの一部には、自尊心が高い人もいる）においては、主部も述部も周延ではない。すなわち、主部も述部もそれぞれのグループにおける全ての人について述べているものではない（主語においては、摂食障害をもつ全てのクライエントについて述べたものではなく、また、述部においても、自尊心の高い人全てについて述べたものではない）。最後に、否定的特称の記述（摂食障害をもつクライエントの一部には、自尊心の高い人はいない）の場合、主部（摂食障害をもつクライエントの一部）は、周延ではないけれど、述部（自尊心の高い人）は、周延であると考えられる。しかし、この場合には、若干の考察が必要となる。論理学者によれば、この述部は、必然的に「少なくとも摂食障害をもつ一人のクライエントは、自尊心が高くない人であろうけれど、自尊心の高い人全てとその一人のクライエントは区別する

ことができる」と考えられる。このことは、奇妙に思えるかもしれないが、論理学者にとっては、摂食障害をもつクライエントらと自尊心の高い人々とを完全に区別できるので、この述部は周延であるといえる。

　幾つかの三段論法による記述の妥当性を見ていく前に、先に述べた四つの記述（命題）における周延についてまとめると、次のようになる。

　　肯定的全称の記述（X の全ては Y である）：主部（X）は周延であるが、述部（Y）
　　　は周延でない。
　　肯定的特称の記述（X の一部は Y である）：主部（X）は周延でなく、述部（Y）
　　　も周延でない。
　　否定的全称の記述（X の全ては Y ではない）：主部（X）は周延で、述部（Y）
　　　も周延である。
　　否定的特称の記述（X の一部は Y ではない）：主部（X）は周延でなく、述部（Y）
　　　は周延である。

　論理学の規定によると、三段論法における妥当性を見るには、三つの基準がある。

　　Ⅰ．媒介語では、一度だけ周延となる。
　　Ⅱ．終止語では、一度のみの周延とはならない。
　　Ⅲ．条件文中の否定の数は、結論文中の否定の数と同じでなければならない。

　この三つの基準を満たす三段論法は、妥当なものであると考えることができる。一つないしはそれ以上の基準を満たさない三段論法は、妥当なものとは言えない。ソーシャルワーカーが行った以下の議論が妥当なものかどうかを考えてみよう。

　1．社会福祉学修士号をもっている全ての人は、大学院の社会福祉学研究科

を修了している。

2. 社会福祉サービス機関に勤務している人の一部は、大学院の社会福祉学研究科を修了している人ではない。

3. それゆえ、社会福祉サービス機関に勤務している人の一部は、大学院の社会福祉学修士号をもっている人ではない。

この三段論法においては、最初の条件文は肯定的全称で、主部（社会福祉学修士号をもっている全ての人）が周延であり、述部（大学院の社会福祉学研究科を修了している人）は、周延ではない。二つ目の条件文は否定的特称で、主部（社会福祉サービス機関に勤務している人の一部）は周延ではなく、述部（大学院の社会福祉学研究科を修了している人）は周延である。媒介語（大学院の社会福祉学研究科を修了している）では、一度だけ周延となっており（二つ目の条件文で周延となっている）、その基準Ⅰは満たされている。終止語では、一度のみの周延とはならない。一つの終止語（社会福祉学修士号をもっている人）は、条件文および結論文どちらにおいても周延であり、もう一つの終止語（社会福祉サービス機関に勤務している人の一部）は、どちらの文においても周延でないので、その基準Ⅱは満たされている。条件文に否定が一つ（社会福祉サービス機関に勤務している人の一部は、大学院の社会福祉学研究科を修了している人ではない）で、結論文にも否定が一つ（社会福祉サービス機関に勤務している人の一部は、社会福祉学修士号をもっている人ではない）であるので、基準Ⅲを満たしている。

では、次の議論はどうだろうか。

1. 全ての要扶養児童家庭扶助（AFDC）の受給者は、低所得家族である。

2. 低所得家族の一部は、正直でない人である。

3. ゆえに、要扶養児童家庭扶助の受給者の一部は、正直でない人である。

これは、時折、社会福祉プログラムを批判する人々によってなされる議論であり、また、従順で批判的なものの見方をしない、あるいは、印象で物事を考

えてしまう人々にとっては、納得してしまう議論かもしれない。しかし、明らかに誤った議論である。この三段論法においては、媒介語（低所得家族）が一度も周延となっていないので、基準Ⅰが満たされていない。さらに、終止語（要扶養児童家庭扶助の受給者）が条件文では周延であるが、結論文では周延でないため、基準Ⅱを満たしていない。この三段論法において、条件文では一度も否定が用いられず、結論文においても否定が用いられていないので、基準Ⅲは満たされている。

　次に三つ目の例を見てみよう。

1. 住居を所有している全ての人は、医療が必要である。
2. ホームレスの人々は、誰も住居を所有していない。
3. それゆえ、ホームレスの人々全ては、医療が必要ではない。

　この三段論法では、媒介語（住居を所有している）が二つの条件文でどちらも周延となっているので、基準Ⅰを満たしていない。終止語（医療）が結論文では周延であるが、条件文では周延となっていないので、基準Ⅱも満たしていない。条件において否定が一度（ホームレスの人々は、誰も住居を所有していない）で、結論文においても否定が一度（ホームレスの人々全ては、医療が必要ではない）であるので、基準Ⅲは満たされている。

　熟練したソーシャルワーカーは、もちろん、日常の実践における議論がこれほど単純で分かりやすいものではないことは承知しているだろう。精神障害、貧困、非行、高齢化、健康などの現実の問題に関する議論は、非常に複雑でたくさんの要件があり、その要件の幾つかは、明確ではなく、幾重にも重なり合っているため、最終的に、その議論が熟議されずに結論づけられることがある。ソーシャルワーク領域でのより複雑な議論の妥当性を見極めるためには、条件と結論を明確にし、条件文と結論文を定言的記述に書き換え、必要であれば、明確でない条件文を補い、分析していくことが必要である。例えば、次のような議論をしている人を考えてみよう。

　受刑者に刑務所外で雑務を課す労働保釈プログラムは、現実的な職業訓練とはならないので、そのプログラムには意味がないと主張する人は多い。彼らは、ごみ箱の掃除や公園のベンチのペンキ塗りといった雑務ではなく、現実の仕事場で職業訓練を受けるプログラムの方が重要であると考えている。しかし、これは誤っている。労働保釈プログラムの最も重要な要素は、償いの機会——地域における犯罪行為を償うこと——を与えることである。受刑者は、このプログラムを通してこの機会を与えられるのである。それゆえ、労働保釈プログラムでは、そのような雑務を課す必要がある。

この議論を定言的記述に書き換えると、次のようになる。

1.　受刑者のための価値ある労働保釈プログラムの全ては、償いの機会を与えるものである。
2.　雑務を課す全ての労働保釈プログラムは、償いの機会を提供する。
3.　それゆえ、受刑者のための価値ある労働保釈プログラムは、全て雑務を課すプログラムである。

　従順で批判的なものの見方をしない人々にとっては、この推論が説得的であるように思えるかもしれないが、ほとんどのソーシャルワーカーは、直感的にこの三段論法が何か誤っていると思うだろう。雑務を課す労働保釈プログラムは償いの機会を提供するが、一方、もっと現実的な職業訓練を提供するプログラムもある。この議論には、そのことが抜けている。もっと論理学の基準から考えると、先にも述べた三つの基準を満たしていないので、この議論は成り立たない。媒介語（償いの機会）が一度も周延となっていないので、基準Ⅰは満たされない。終止語（雑務を課す労働保釈プログラム）は、周延が一度だけであるので、基準Ⅱが満たされない。少なくとも一つの基準が満たされていないので、条件文および結論文の両方で否定が一度も見られないが、基準Ⅲを検討す

る必要はない。

　ソーシャルワーカーは、複雑で難しい議論にしばしば直面し、論理の筋道を簡単に立てることができるような方法で、その議論を分析するのは難しいかもしれない。実際、時にはこの方法で、複雑で難解な議論をうまく処理することができるかもしれないが、論理的な問題を指摘することは、非常に難しいように思われる。

第5節　ソーシャルワークにおける論理的な誤り

　ソーシャルワーク実践においてさまざまな論理的な誤りがあり（Siegel and Reamer 1988; Gambrill 1990; Gibbs 1991）、この誤りを系統的に見ておくことは、今後のためにも役立つだろう。これらの誤り——心情的には説得的に見えるが、しかし、その結論は要件を満たしていない——をよく考えることで、ソーシャルワーカーは、これらの誤りに気づき、誤った推論をしないようにすることができる。ある種の誤りは、演繹法的な考え方（ある条件から結論を導き出す）から出てくる場合もあるが、誤った議論は、帰納法的な考え方から出てくる場合の方が多い。帰納法的議論では、条件の内容を超えて結論が導き出されるものがある。帰納法的議論においては、たとえ条件が真であったとしても、その結論はおそらく真かもしれないが、必ずしも真であるとは限らない場合がある。時には、ソーシャルワークにおいて帰納法的議論が必要とされるが、そのような議論は、また、問題ももたらす。周知のように、このことは、過去の経験から将来のことを予測する（将来のことについての情報を引き出す）場合に起こるのかもしれない。

　このような誤りは数多く存在する。例えば、アリストテレスは、『詭弁論駁論』という著作の中で 13 の誤りを挙げている。しかし、時代を経て、哲学者たちは、さらに多くの誤りを見つけ、指摘している。ここでは、ソーシャルワークに関連する誤りのみを取り上げるが、1970 年にデビッド・ハケット・フィッシャーが『歴史学者の誤り』という著作で、実際に 112 の誤りを指摘し

ていた。

　ソーシャルワークに関連する誤りは、主に幾つかのカテゴリーに分類される。(1) 演繹法に関する誤り、(2) 因果関係と相関関係に関する誤り、(3) 関連性についての誤り、(4) 不正確さに関わる誤り。

演繹法に関する誤り

　これまでも見てきたように、非常によく見受けられる誤りは、条件から導き出される結論についてのものである。これらは、結果肯定や条件否定の誤り、区分の誤り、構成の誤りといったものを含んでいる。結果肯定および条件否定の誤りについては、すでに述べてきたので、ここで再び詳しく述べることはしない。簡単に述べると、この二つの誤りは、条件文（「もし、……ならば、……」）を考える時に犯してしまう誤りである。論法における適切な二つの形式は、条件肯定であり、結果否定である。結果肯定と条件否定の誤りは、この形式を取り違えたものである。

　区分の誤りと構成の誤りは、これまで述べてきた誤りとやや異なる。「もしpならば、qである」という方式ではなく、それらの誤りは、先ほど議論した三段論法と関連している。あるグループがある特色をもっているという（集合的な）条件から、そのグループ（階層）のそれぞれのメンバーがその特色をもっていると周延的に結論づける際に、その区分の誤りが生じる。例えば、次のようなものである。

　　ジョーンズの家族は、完全に家族機能不全である。
　　それゆえ、ジョーンズの家族のそれぞれのメンバーは、家族機能不全である。

　ソーシャルワーカーが家族機能不全と見ている家族の中に、家族機能としてうまく対処している家族メンバーがいる場合があることを我々は知っている。集団としての家族に付けられたレッテルは、家族集団という場合以外のそれぞ

れの家族メンバー個人にまで及び、その結論が誤ってしまった例である。

　その逆の誤りが構成の誤りである。あるグループのメンバー全員がある特色をもっているので、（周延的に）そのグループが（集団として）その特色をもっていると結論づける際に犯す誤りである。例えば、次のようなものである。

　　全国の家族サービス機関のソーシャルワーカーは、それぞれ機敏に対応
　　している。
　　それゆえ、全国の家族サービス機関は、全体として機敏に対応してい
　　る。

　確かに、その機関のソーシャルワーカーは、一人ひとり、機敏に対応できるだろう。しかし、スタッフ個人で機敏な対応ができたとしても、機関全体としてみた場合、機敏に対応できていない機関を思い浮かべることはいくらでもできる。それは、バスケットボールチームの選手個人が優れた才能をもっていても、チームとして素晴らしいとはならない場合があるのと同じである。

因果関係と相関関係に関する誤り

　ソーシャルワーカーは、因果関係に関することでコメントを求められることがしばしばある。さまざまな結果をもたらすような介入を計画し、実施する領域で働くソーシャルワーカーに、こうしたことが求められるのは当然かもしれない。例えば、カウンセリング、グループワーク、家族サービス、地域の組織化、組織の改革、福祉スタッフ教育などの効果に関すること——すなわち因果関係についての仮説の設定や仮説の記述をすることは、ソーシャルワークの本質的な考え方である。

　しかしながら、ソーシャルワーカーは、因果関係について観察する機会が多いにもかかわらず、誤った結論を導き出してしまうことが多い。事後分析の誤り、すなわち、事後における理由づけ（ある出来事が生じた後に、その出来事を原因として説明すること）の誤りは、よく見受けられるものである。この誤り

は、ある出来事がもう一つの出来事に続いて起こった場合、その最初の出来事を二番目に起こった出来事の原因に違いないと考える誤りである。例えば、日食に恐れを抱いた多くの人々の話を思い出してみるとよい。地域の呪術者が太鼓を叩いた。すると、なんと日食は収まってしまったのである。人々は、その太鼓を叩いたことで日食が収まったと考えた。このような説明は、ソーシャルワークにおいてもよくなされる。入院していたうつ病のクライエントが、退院して 6 か月で精神状態が非常に良好な状態となったという報告を受けた。日常生活での入院以外の出来事がクライエントの気持ちを明るくし、精神状態が良好になったと考えるかもしれないが、ソーシャルワーカーは、入院したことが精神状態の悪化の原因であると考えるかもしれない。適切な統制（厳密な「単一事例実験計画法」やカウンセリングの効果測定などで用いられる実験計画法を行う）がなければ、ソーシャルワーカーの介入がクライエントの変化の要因かどうかを説明することはできない。

　ロードアイランド州における低所得者用住宅プログラムの計画で、最近、私は、州知事秘書官らの計画案づくりの支援をした。その地域では、住宅家賃が急上昇し、多くの低所得者は、家賃の支払いができないか、あるいは、収入のほとんどを家賃に充てていた。住宅関連の専門家は、その家賃の高騰は、全体の住宅市場において供給量が少ないため生じた結果であると分析した。そこで、我々は、賃貸住宅の供給量を増やせば、（需要・供給の法則に沿って）家賃は安定すると考えた。そして、多くの人々とともに、私は、ほぼ 1 年間、住宅の建設・改修のための公的資金獲得に走り回った。

　そして、その低所得者用住宅プログラムが遂に開始されることとなり、住宅市場で安価な住宅を提供できるだけの供給量を確保することができた。このプログラムが開始されてまもなく、高騰していた住宅家賃は安定し、ある地域では、その家賃が安くなった。我々とともに働いてきた人の中には、このプログラムが要因で家賃が安定したと短絡的に考える人もいた。しかし、私は、他の要因も考えられるような気がして、その考え方に懐疑的だった。考えられる要因としては、次のようなことが挙げられる。その住宅プログラムが開始された

時、州の失業率が上昇していた。そのため、かなり多くの人が職を失い、部分的に住宅家賃上昇のもととなっていた収入や賃金の上昇が抑えられた。このような現象が家賃高騰の歯止めの一つとなったと考えることに異論を唱える人は少ないと思う。また、金利が上昇し始め、そのために需要が下がり、そして、地域経済が下降し、そのためにコンドミニアム（高級住宅）入居者の減少を招き、コンドミニアムの空き室が多くなり、コンドミニアムを賃貸住宅に改装するところも出た。そして、結果的に賃貸住宅の供給量が増え、賃貸住宅家賃の安定をもたらしたのかもしれない。

　また、他にも考えられる要因があるかもしれない。つまり、ここで言いたいことは、その大胆な住宅プログラムが住宅市場の状況を大きく変えた重要な要因と考えられるかもしれないが、一方、他の要因もいろいろと考えられるということである。事例の因果関係を明確に理解しておくことが、同じ状況における介入を考えていく際に非常に役立つことを覚えておかなければならない。歴史は重要な教訓であり、我々は、過去に起こったことを正確に把握しなければならない。

　事後における理由づけの誤りに近いものに、「前後即因果の誤謬」（ある出来事が他の出来事と同時に起こった場合、一方の出来事をもう一つの出来事の要因と考える）がある。このような誤った考え方の例として、介入中に変化が見られた場合、その変化が介入によって生じたと考えることが挙げられる。もちろん、変化の生じたのは、介入のためかもしれないし、そうでないかもしれない。前後即因果の誤謬でも、さまざまな他の要因が考えられる。その例として次のようなことがある。ある子どもの多動傾向がソーシャルワーカーの介入中に減少してきた時、そのソーシャルワーカーは、ワーカーが行ったカウンセリングの効果であると考えるかもしれない。しかし、その変化には、その子どもと家族の関係、食事の内容、学校での活動内容、友人関係などが関連しているかもしれない。多くの要因が、その子どもの変化に関連しているように考えられる。また、単なる成長によって、その子どもの行動に変化があらわれたとも考えることができる。

　数年前、私は、子どものテレビを見る習慣と攻撃性との関連についての有名な研究の記事を読んだ。その研究に携わった研究者たちは、テレビをよく見る習慣のある子どもは、攻撃的な行動を取る傾向が強いという知見を得たようだった。その研究によると、テレビを見る時間が長い子どもほど、行動が攻撃的になるという。その記事にざっと目を通した多くの人々は、テレビを見ることで子どもの行動は攻撃的となり、また、攻撃的な行動を減らすためには、子どもにテレビを見せないようにすればよいのではないかと考えるだろう。

　実際、テレビを見せないことが、子どもの攻撃的な行動を減らす効果的な介入方法かもしれない。テレビを見ることで子どもが攻撃的になるかもしれないとも思えるが、攻撃的な子どもとの関わりの経験をもつソーシャルワーカーは、テレビを見ることが子どもの攻撃性を強める主な原因ではないことを理解している。テレビを過度に見る子どもは、両親の養育がうまくいっていない、適切な運動をあまりしない、あるいは他の子どもたちと遊ぶ社会的スキルを得る機会が十分にないのかもしれない。つまり、単にテレビのプラグを抜くだけでは、子どもの攻撃性は収まらないかもしれない。また、子どもがテレビを見ることを減らすためには、両親がその子どもを、きっちりとしつけなければならない、運動する機会を設ける必要がある、あるいは他の子どもとうまく遊べるようにする必要があるかもしれない。そして、これらのことは、子どもの攻撃性と関連する現象かもしれないのである。いずれにしても、厳密な統制がなければ、先にも述べたように、子どもの攻撃性の要因を明確にすることは難しい。ここで覚えておかなくてはならない基本的なことは、ある出来事がある行動と関連（相関）があるからといって、因果関係があると考えてはならないことである。

関連性についての誤り

　ソーシャルワークでは、多くの誤りに出くわすことがある。そこには、前提が（心理的な意味ではなく、論理的な意味において）結論と論理的には関連がないという共通の特色がある。例えば、人が力に訴えて、あるいは、力があると

いう脅しによって、ある結論を受け入れさせようとする時、「威力に訴える論証」の誤りがおこる。妊娠中絶に反対する運動家が、カウンセリング機関が妊娠中絶は道徳的に間違っていると認めなければ、政治家とのつながりを使ってユナイテッド・ウェイ（米国の代表的な慈善福祉機関）からの補助金を打ち切らせると、カウンセリング機関の所長を脅すのが、その例である。論理的に、このような考え方は、本質的に求めていることと何らの関係もないため、脅しで欲する結果を得ようとすることは全て、この手の誤りを犯すことになる。

　他の共通の誤りは、「人身攻撃」としてよく知られている。この誤りの一つ目は、議論の論理そのものよりも議論を呈している人を攻撃する時に起こる。国会議員は、攻撃的で問題の多い福祉の権利運動家の議論を、その運動家の性格が嫌いなために斥けているのかもしれない。ソーシャルワークの管理職は、ある部門の部長が耳障りなために、その部長の意見を無視しているかもしれない。

　「人身攻撃」でよくある二つ目の誤りは、人を攻撃するための計画的な試みというよりも、反対する人の個人的あるいは専門的な状況に関係している場合がある。例えば、あるソーシャルワーカーが、生活保護受給者のための職業訓練プログラムを民間機関が提供できるように資金を出してほしいという助成金申請を支持するよう、市会議員を説得しようとしているとしよう。ソーシャルワーカーは、このプログラムは、クライエントを満足させることができ、そのクライエントの多くが忠実な支持者や投票者となると説得しようとするだろう。プログラムの実際のメリットよりも、プログラムの成功が市会議員の政治家としての経歴に利益となると強調すると、このソーシャルワーカーは「人身攻撃」の誤りを犯すことになる。

　「無知に訴える論証」の誤りは、あることを事実ではないと誰も証明したことがないために事実だという時、または、あることを事実だと誰も証明したことがないために事実ではない、という時に犯す誤りである。しかし、これらの場合、我々は、実際に事実か事実でないかについてよりも、事実である、あるいは、事実ではないという主張を証明する我々の限られた能力について言って

いる。ソーシャルワークにおける多くの神話は、このような形で続いている。

　例えば、福祉給付が受給者を依存的にすると広く信じられている件を取り上げてみよう。さまざまな理由でこの神話は続いているが、社会福祉専門職が、福祉給付は人々を依存的にしていないことを矛盾なく証明する証拠を示してこなかったためでもある。神話を疑うだけの十分な証拠を示せなかったことは、神話が事実であることを意味するわけではない。

　同じような例として、高校の中にある家族計画クリニックは、10代の性的な行動を促進し、その妊娠を予防するよりも増加させると主張する人々がいる。このような家族計画クリニックは効果的であるという証拠がないため、これらのクリニックは10代の妊娠を思いとどまらせるよりも、促進するに違いないといった議論がときどき起こるのである。

　他の誤りには、事実そのものよりも感情に訴えかけることによって、あることを受け入れさせようとすることがある。これは、「同情論証」という誤りである。事態が人間にかかわる時はいつでも感情が思考の中に入ってくることがあり得るが、時として我々は、感情に過度に揺り動かされることがある。例えば、最近、14歳の女性クライエントに性的ないたずらをしたソーシャルワーカーのケースを取り上げてみよう。裁判で、彼は、自分は無罪だと主張した。なぜなら、青年期に彼自身が性的虐待を受け、そのトラウマから回復するのが困難なためだという。このソーシャルワーカーは、自分自身を、自分のコントロールを超えた状況の犠牲者だと述べた。彼は、自分の行動の責任をとろうとせず、陪審員の同情を得ようとした。陪審員と裁判官にとって、ソーシャルワーカーの行動を説明するのに役立つようなさまざまな要因について理解することは重要であるが、純粋に同情に訴えかけることは、事実を否定することになる。

　このタイプの誤りは、一般的に「衆人に訴える論証」、すなわち「人々に対して」、あるいは「周囲の人々に対して」（事実よりも）情緒的に訴えかけることの誤りの中に分類することができる。もっと厳密にいえば、「衆人に訴える論証」は、関連事実で説得するよりも人々の情緒を刺激することによって、あ

ることへの承認を得ようするものだと定義される。これは、社会福祉分野では、よく使われる方法である。政治家は、反対派に情緒的な反応を巻き起こすことによって、自分のプログラムや政策への支持を得ようと試みる。

　例えば、地域の家族サービス機関が住宅地に知的障害者のグループホームをつくる提案をしたケースを考えてみよう。専門職のスタッフは何か月もかかって用地を探し、施設を維持するための公的および民間資金を調達し、プログラムを計画し、スタッフを雇用し、地元コミュニティの支持を懇請した。

　驚いたことに、多くの地元住民と市会議員がグループホームに強く反対した。特に市会議員は、グループホーム入居者が、近所の人々、特に子どもたちに及ぼす危険性についての話をした。彼は、多くの地域集会を開き、提案についての話し合い、彼が予測する問題について住民に警告した。市会議員の努力は、明らかに、この計画をやめさせようとするものだった。彼の「人々」への訴えは、他の多くの地域で知的障害者のグループホームが適切に運営されているという事実よりも、人の感情に向けられたものだった。ソーシャルワーカーは、福祉における権利、家族計画プログラム、ホームレスの一時保護施設、そして、さまざまな人々の脱施設化についての討論で、同じような「衆人に訴える論証」に直面してきた。

　ある考え方を支持するために、いわゆる専門家から依頼を受ける場合、ソーシャルワーカーが特殊な問題に直面することがある。それが、議会の小委員会での証言、裁判の証言、処遇困難事例のコンサルテーション、官報に掲載される請願など、どのような場合であろうとも、ソーシャルワーカーが資格を得るための特別な訓練を受けた専門家として紹介される。確かに、多くの場合、そのことは当てはまることである。

　しかし、時には、専門家として取り上げられることが不適切な場合もあり、「権威に訴える論証」の誤りになっているのかもしれない。薬物乱用治療の領域で相当な訓練を受けたソーシャルワーカーでも、児童虐待についての裁判のケースで権威者とはなれないだろう。高齢者における在宅サービスに関する専門家であるソーシャルワーカーが、青少年の非行についての専門家として新聞

記者に話すことは、専門職の責任の限度を越えているかもしれない。ソーシャルワーカーの訓練や知識は、ある領域では専門家として主張できるだけのものであるが、このことが全ての領域で通用するとは限らない。医学領域で言えば、産科は、医師が取り扱う広い領域の中の一部ではあるが、精神科で訓練を受けた医師が産科の専門家ではないのと同じことである。

　また、ある結論を支持するために「循環論法」が使われることも、ソーシャルワーク領域では珍しくない。この種の議論は、「論点先取」として知られている。例えば、非行少女のためのグループホームの入所者に避妊を教えることに、行政の管理職グループが反対しているケースを考えてみよう。その管理職らは、セックスと妊娠についての情報は、責任をもって取り扱わねばならない、また、この情報を責任もって取り扱うには、かなり成熟していなければならないと主張する。さらに彼らは、グループホームにこれらの少女が措置されていることは、まさしく彼女らが成熟さを欠いているということだと主張する。この議論は、セックスと妊娠に関する情報を責任もって取り扱い、少女たちに教えることができるかどうかについての疑問をはぐらかすものである。

　同じような事例を考えてみよう。クライエントに複雑な問題がある場合には長期治療が必要なため、ソーシャルワーク機関に入所している情緒障害をもつクライエントには長期治療が必要である、とあるソーシャルワーカーが主張する。ソーシャルワーカーは、長期にわたる平均入所期間がクライエントの問題の複雑さを示す証拠だと主張するのである。

　ソーシャルワークにおける関連性についての最後の誤りは、ある結論を支持しようとする議論が、元の結論とは全く違う結論を導くことにより生じる。結論を受け入れさせるため、明確で魅力的な形をつくり聴衆をひきつけることで、ある誤った結論を認めさせようと誘導していくのが、「論点のすり替え」の誤りである。例えば、生活保護受給者の住宅扶助を増やす法案についての最近の立法公聴会で、ある州会議員は、生活保護受給者の依存性を生み出すことについては、議会の誰もが反対しているのであるから、住宅扶助を増やすプログラムには反対すべきだと主張した。議員らが依存性を促進することに反対し

ているのは事実であるが、この議員の議論では、採決前の法案に含まれる特定の給付が実際に依存性を促進するかどうかについては言及していない。すなわち、州会議員らが共有している依存性の考えについての結論と、その議員が述べた生活保護の給付に関する提案とは関係がないことを示している。

　同じように、中絶反対運動家は、医療費を払えない女性の妊娠中絶費用を州の公費とする法案に対して、知事が拒否すべきだと、知事のスタッフを説得しようとするかもしれない。運動家は、誰も無実の人を殺したくないのだから、知事は、その法案を拒否すべきだと論じるだろう。運動家の議論は、中絶が殺人になるかどうかという長く続いている論争を認識できていない。

不正確さに関わる誤り

　論理的な誤りの最後は、議論で言葉や数字を不正確に使うことである。特に、誰かがそれをカモフラージュとして意図的に使う時、この種の曖昧さは、人を欺き誤解させることになる。

　不正確さに関する誤りは、複数の意味をもつ言葉を使う時に生じる。もし、議論をもっともらしいものにするために、ある言葉の二つの異なる意味を用いたらば、同意語の誤りとして知られる誤りを犯すことになる。次の議論を考えてみよう。

1. 犯罪（crime）は、厳しく処罰されるべきである。
2. この地域において失業率が高いのは、遺憾なこと（crime）である。
3. そのため、この地域の失業率の高さは、厳しく処罰されるべきである。

　明らかに、この議論は幼稚である。意味をなさない結論は、crime という二つの意味に取れる言葉から生じたのである。

　残念ながら、ソーシャルワークにおける曖昧な言葉についての誤りの全てが、このようにささやかなものではない。この誤りを犯している議論の幾つかは、あまりにも筋が通っているかのように聞こえるために、介入効果とは逆の

結論を導き出したり、専門職の価値に反する行為を認めてしまったりすることがある。例えば、地域にグループホームができることに反対する地元のグループ代表が、精神保健センターの所長に述べた論点について考えてみよう。

私は、あなたの提案について心配している人々を代表して、ここに来ています。さて、我々は、我々の地域に連れてこようと考えている、狂った誇大妄想的な人ではありません。我々は、ごく普通の人間であり、普通の子どもをもち、普通の生活を行う人々だけがいる、快適で安全なコミュニティを求めています。ここは、このままでちょうどよいのです。我々は邪魔されたくはないのです。あなたが、ここで議論を進め、どのような人が我々の近隣住民になるのかを話したいというお考えを、我々は受け入れたくはありません。そのようなことは、このあたりで何かをする際の一般的な方法ではありません。我々は、ここにグループホームが必要かどうかを決める権利をもっています。我々のために決定する権利は、あなたにはありません。もし、あなたが、我々の安全について心配しているなら、あなたは、物事をこのような方法で行わないでしょう。

この一連の思考は、やや入り組んでいるけれども、そこには次のような暗黙の論証がある。

1. 普通の人々は、普通の人々だけがいる安全なコミュニティに住みたいと望んでいる。
2. グループホームを作ろうとする、あなたたちの機関の方法は、普通ではない。
3. だから、あなたたちの機関は、我々の地域の安全に関心をもっていない。

この議論には多くの問題があるが、その一つは、「普通」という言葉の意味が文章の中で変わっていることである。はじめの「普通」は、精神衛生や精神疾患がないことに関係している。後にある「普通」は、このコミュニティにおいて申し立てられた提案を検討する普通の方法のことを指している。このように、「普通」はある場所では「健康」を意味し、別の場所では「一般的」を意味しているのである。

　文章の構成が悪く、句読点が不適切に打たれている場合、不適切語法と同じような問題が起こる。ソーシャルワーカーが、「スーは、3週間以上うつ状態になっていない」と言うなら、スーが3週間以上経た、どの時点でもうつ状態ではない、ということか、あるいは、過去3週間うつ状態ではなかった、ということかが明らかではない。ソーシャルワーカーが記録に、「クライエントは、子どもの親権があれば、ドラッグは使わないと言った」と書いたら、クライエントは親権のある時も含めて、いつもドラッグを使わないと言っているのか、親権がない時だけドラッグを使うのかがはっきりしない。明らかに、言葉を不正確に使うことにより、重要な問題が引き起こされることがある。

　他の幾つかの不正確さによる誤りは、数字や統計が不適切に使われる時に起こる。例えば、ソーシャルワーカーがある場所で得られた情報を、その場所とは著しく異なる別の場所で一般化することは珍しくない。これは、歪められた統計の誤りとして一般的に知られている。

　私の元同僚は、アルツハイマー病患者の家族のためのレスパイト・プログラムの副所長だったことがある。そのプログラムは、農村地域で行われ、毎週、家族介護者が自分の時間をもち、絶え間なく続く介護負担から解放できるようにレスパイト・ケアを提供していた。スタッフは、毎週数時間、レスパイト・ケアを受けることに関心のある家族と有能な職員を募った。

　2年間、このプログラムで管理職を務めた後、その元同僚は、大都市付近にあるレスパイト・プログラムを開設・管理する魅力的な仕事を提供された。しかし、その新しい仕事に就いて数か月後、彼女は落ち込んだ状態で私に電話をしてきた。彼女は、前のプログラムと同じ方法をとったにもかかわらず、プロ

グラムを利用する家族を集めることができないでいた。彼女がどんなに努力しても、家族はレスパイト・サービスをあまり使いたがらないようだったという。

　しばらく話した後、前の農村地区のクライエントと同じように、大都市の住人もレスパイト・サービスを希望していると、元同僚が思い込んでいることが明らかになった。むしろ、都市に住む人々は、家族ケアを他人に任せることを好まないということが明らかとなった。元同僚は、農村地区において、家族は、一般的にプログラムに雇われたレスパイト・ワーカーをかなり信頼していたという印象をもっていた。つまり、彼女は一か所で得た「データ」を他の場所でも通用すると思い込んでいたのである。

　統計に基づくこの誤りは、また、心理療法においても起こり得る。臨床ソーシャルワーカーは、自宅や他の場所ではあまり見られない行動を、ワーカーの面接室で観察しているのかもしれない。例えば、私の同僚は、子どもに問題行動があるシングルマザーを支援していた。地元の小児科医は、子どもを注意欠除・多動性障害（ADHD）と診断した。この子どもは、一定の時間を指示に従って座っていることができなかった。

　ソーシャルワーカーは、数週間をかけて、子どもに活用できる、さまざまな肯定的な「強化」を含む、多くの行動テクニックを母親が使えるように援助した。面接室でのセッションの間、ソーシャルワーカーは、母親がテクニックを大変効果的に使っているのを見た。子どもが適切な行動をとった時には上手くほめ、不適切な行動の際には、ほめないという明確な差をつけることにした。そして、ソーシャルワーカーは、母親が自宅での子どもの適切な行動と不適切な行動についての記録をとるように助言した。

　何週間かが経過したが、子どもの自宅での行動は改善されず、母親は落ち込んだ。しばらく話し合ってみると、自宅での母親の介入が、ソーシャルワーカーが面接室で観察していたものとは異なることが明らかになった。その結果、ソーシャルワーカーは、家庭での行動を変えるテクニックを母親が使えるようにするために相当な時間を費やすことになった。つまり、ソーシャルワーカーは、面接室で見た「データ」が、家庭でも同じだろうという過ちを犯した

のである。

　不正確さに関わる他の誤りは、ある割合の数値を不適切に引用する時に起こる。例えば、最近の記者会見で、州の福祉事務所長は次のように述べた。

　　裕福な人と貧しい人の差が縮まりつつあることをご報告できますことをうれしく存じます。労働統計局の報告によりますと、昨年度において、生活保護受給者の平均所得は 8.5％増加しましたが、会社社長の平均所得は 5.2％しか増加しませんでした。

　しかし、このメッセージは誤解を招きやすい。もし生活保護受給者の平均所得が 8,000 ドルならば、増加額は 680 ドルである。しかし、平均 225,000 ドルの給料を得る会社社長にとっての増加額は、11,700 ドルである。割合の増加は異なるが、差が縮まったわけではないのである。

　割合に関連する問題について言えば、福祉事務所の職員の中には、「一つの考え方を真逆の考え方と混同する」誤りを犯す困った傾向の人がいる。典型的な例は、公的な貧困線以下の暮らしをしている人の特徴として人々が思い込んでいることが挙げられる。一般の人々の多くが（そして、ソーシャルワーカーの中にさえも）、米国で貧困線以下の生活をしている人の大部分が黒人だと信じている。これは誤りである。米国では、黒人よりもずっと多くの白人が貧困線以下の生活をしている。貧困線以下の生活をしている黒人の割合は、白人の割合よりも大きいことは確かである。しかし、それは、貧困線以下の生活をしている人の多くが黒人だということではない。もっと具体的に言えば、「4 人以上の子どもをもつ黒人のシングルマザーの大部分は貧困線以下の生活をしている」というのは事実だろうが、それが「貧困線以下の生活をしている人々の大部分は、4 人以上の子どもをもつ黒人のシングルマザーである」ということにはならない。

　また、不正確さに関する誤りは、ソーシャルワーカーが二つのグループの人々、あるいは二つの数字を比較する時に生じる。まず、「第一種の誤り」（あ

るいは「タイプ I エラー」）として知られるものは、二つのグループの間に、実際には違いがないのに、違いがあると思い込むことである。ソーシャルワーカーが、摂食障害の治療のために二つのアプローチを比較しようとしている場合を考えよう。施設プログラムにおいて、クライエントは無作為に二つのグループに分けられ、一つのグループは向精神薬を服用し、もう一つのグループは伝統的なカウンセリングを受けた。治療の結果、はじめのグループの体重は平均して 12 パウンド増加し、二つ目のグループは平均して 10.5 パウンド増加していた。

　当然、ソーシャルワーカーは、向精神薬の方がより効果的な介入だとの結論に達した。しかしながら、このワーカーは間違っているかもしれない。二つのグループにおける体重増の分散によっては、この平均の違いは、偶然の結果かもしれないのである。統計学者は、クライエントから得たデータに関して、その結果がどの程度、偶然によって引き起こされるかを判断するため、広く適用できる基準を確立している。

　また、逆の誤りも起こり得る。「第二種の誤り」（あるいは「タイプ II エラー」）といわれるものは、ソーシャルワーカーが二つのグループの間に、実際には重要な違いがある際に、違いがないと結論を出すことである。ソーシャルワーカーが、少年犯罪者の二つのグループを比較しようとしているとしよう。一つのグループにはコミュニティのさまざまな社会資源を活用したプログラムが、もう一つのグループには地元の訓練学校が無作為に割り当てられた。2 年間のフォローアップ期間終了時に、二つのグループの再犯率あるいは再逮捕率に違いがないことが明らかになった。両グループの少年たちは、平均 2.5 回、再逮捕されていたのである。

　その結果、ソーシャルワーカーは、これら二つの介入には違いがなく、それぞれが同じように効果的だ（あるいは効果がない）と結論を出すかもしれない。しかし、この結論は、確実なものかどうか分からない。介入の一方が他方よりも実際には優れているが、偶然、実際の違いが覆い隠されてしまったこともあり得るからだ。多くの場合、二つのグループの間に初めから生じていた違いを

コントロールすることができないため（例えば、無作為分配や二つのグループを均等にするマッチング技法における不備のため）に生じた結果の誤りだと説明することができる。

第6節　論理学と言葉

　論理的な誤りについて、これまでの吟味を通して、我々が議論の妥当性を決定するためには、注意深く言語を使うことと、どのように言語が使われているかを理解することが、ソーシャルワークにとって重要な要素であることが理解できる。議論を進めるために、我々がどのように用語を定義し、どのように使うかで、専門的な使命を果たすという専門職にとって大切な姿勢を示すことができる。言語は、我々の業務にとって主要なものであり、そのため、我々は言語のさまざまな機能について理解しなければならない。論理学者は、一般的に言語の三つの異なる使い方を区別している。最も明らかなことは、「知らせる」ことである。ソーシャルワーカーがケース記録を書く時、その第一の目的はクライエントの状況やソーシャルワーカーの介入についての情報を伝えることである。ケアの質や継続性を高めるためには、この情報を見失わないようにしなければならないことに、ソーシャルワーカーは同意するだろう。

　同様に、ソーシャルワーカーが、虐待されたと訴える子どもについて、法廷で証言をする時、第一の目的は情報を提供することである。その情報は、子どもが実際に虐待されたのかを決定するために使われ、子どもとその加害者に対する裁判官の判断に影響を及ぼす。このように、言語の情報提供機能は、あるテーマについての提案や議論の形式で、特定の情報を提供するのに役立っている。ソーシャルワークでは、これは、ケース記録への記載、同僚やスーパーバイザーのコンサルテーション、他機関宛ての文書、法廷や公的機関の役人の前での証言、調査プロジェクトなどの形式をとるだろう。

　言語の二つ目の機能は、「表現すること」である。表現するために言語を使う時、我々は情報や知識を提供することよりも、感覚、感情、態度を表現する

ことに関心をもっている。臨床ソーシャルワーカーが長期にわたる援助関係の終了について自分の気持ちをクライエントに話す時、そのワーカーの目的は主に表現を豊かにすることである。彼女は、情報や知識を伝えることに大きな関心をもっているのではなく、むしろ、情緒を伝えたいのである。このような場合にソーシャルワーカーが使う言語は、一般的にケース記録に見られるような言語とは異なる。同じように、ソーシャルワーカーがレイプされた直後のクライエントと話す時、ソーシャルワーカーが使う言語の第一の機能は、クライエントの身に起こったことについての感情を伝えることである。

　言語の三つ目の機能は、人々の行動や活動に影響を与えようとすることである。多くの場合、我々の意図は、「指示すること」である。我々は、コミュニケーションの結果として起こる何か特定のものを意図している。単に情報を伝え、感覚、感情、態度を表現しようとしているのではない。病院の社会サービス部門長が、間近に迫る第三者評価機関の調査の前に、ケース記録の見直しが必要だというメモをスタッフに出す時、彼は、スタッフに行動を起こすことを指示している。彼は、第一に情報や知識を伝えるのではなく、感覚や感情や態度を表現しているのでもない。保護観察官が、クライエントに火曜日の午前11時に会わなければならないと知らせる時も、言語の同じような指示機能が適用されているのである。

　もちろん、多くの場合、我々のコミュニケーションは一つ以上の機能を果たしている。社会サービス機関の所長がスタッフに社会正義のための活動にもっと関わるよう励ます場合、所長はスタッフに地域の社会問題についての情報を提供することと、ソーシャルワーカーが社会正義に関わる必要性があるという所長の気持ちを表すことと、そのような活動に取り組むようスタッフに（微妙にあるいは、その反対に）指示することを同時に行っている。保護サービスワーカーが、妊娠しているクライエントとその薬物乱用に直面する時、彼女は、クライエントに薬物の継続的な乱用の結果、胎児がどうなるかを知らせると同時に、クライエントの行動について自分がどう感じているかを伝え、クライエントに適切な行動をとるように指示するだろう。

時には、さまざまな言語機能の間の区別が明らかなこともある。ソーシャルワークの社会正義に関する使命についての情熱的なスピーチと、摂食障害への新しい治療法の結果を要約した無味乾燥な調査報告とを区別するのは、簡単である。また、ケース記録への記載と、薬物乱用への治療を受けるようにというクライエントへの裁判所命令を区別することも簡単である。

　しかし、他の場合には、区別がより微妙なために、ソーシャルワーカーはアンテナを張っている必要がある。生活保護費の増額に反対する人は、立法のための小委員会では、中立的でバランスのとれた客観的な証言のように思えることを述べるだろう。経験のある実践者でなければ、発表の中に埋め込まれた微妙だが影響力のある印象的、あるいは、指示的なメッセージの主張の中にある論理の流れを捉えることはできないかもしれない。

　現実には、情報が偏っていて、選択的に伝えられ、印象的あるいは指示的で微妙なメッセージが入っている場合、第一の目的が客観的な情報を伝えることだという幻想をつくろうとすると、いつでも同じような問題が生じる。これは、特に、情緒的だとされる言葉を使う時に起こる。生活保護費の増額に反対する人が、証言の中で「プログラム管理者」ではなく「官僚」という言葉を使う場合、彼は、「官僚」という言葉がもつ情緒的な意味のために、聴衆に微妙な影響を与えている。多くの人にとって、この言葉は「無感情な役人」、しかも「非効果的、非生産的、権威的」で「自分の仕事に敵意をもっている」といったイメージを思い起こさせるのである。同様に、家族計画に関する法案についての議論で、「家族計画を支援する医師」ではなく「堕胎擁護派」という言葉を使うことで、人々に巧妙に影響を及ぼすことができる。

　このように、意見の不一致を解決することに関心があるなら、我々は、言語がどのように使われているのかを明確にしなければならない。もし、我々が特定の情報が本当かどうかの論争をするなら、事実の正誤について一定のルールが適用される。しかし、もし我々の見解が異なるなら、土台のルールも必ず異なる。生活費の増加に合わせて生活保護費も引き上げるかどうか、あるいは、うつ病の青年の治療のために長期の心理療法よりも短期の心理療法の方がより

効果的かどうかといった意見の不一致に対しては、どうすればよいか理解しやすい。しかし、中絶の道徳性についての感情や情緒の不一致に関しては、全く別である。このような場合、我々は、事実についてではなく（人の生命がいつ始まるのかについては議論の余地があるが）、何が道徳的で何が非道徳的なのかについて信じることが食い違っていることを認めなければならない。見解の問題についての論争は、事実の問題に関する論争と根本的に異なるのである。

　言語の使い方に注意するならば、我々は、言葉の定義の仕方にもっと注意を払わなければならない。これは、特別な用語や専門用語を使う場合、ソーシャルワーク実践では特に重要である。

第 7 節　定義の役割

　定義には、幾つかの目的がある。一つは、語彙や表現したいことを伝える能力を高めることである。新しい現象や既存の現象への新しい見方や解釈の仕方を説明するために、ソーシャルワークでも定期的に新しい用語や定義が取り入れられてきた。例えば、何年か前に、ローラ・エプシュタインとウィリアム・リードは、困難を抱えたクライエントへの介入方法の呼び方について、「課題中心療法」という用語を導入した。この用語の定義には、処遇期間、介入テクニック、記録方法、結果の測定方法に関する詳細が含まれる。この新しい用語を紹介すれば、複雑な介入アプローチについて簡単に伝えることができる。新しい用語が初めて紹介される際、それに与えられる定義は、時に「規定的」な定義と呼ばれる。よく使われるアメリカ精神医学会の『精神疾患の診断・統計マニュアル』（DSM）では、完全な同意を得たわけではないかもしれないが、新しい用語には規定的定義が与えられている。

　定義の二番目の機能は、曖昧さを取り除くことである。ソーシャルワークでは、用語の特定の意味が完全に明確になっていないため、これはとても重要である。用語は、複数の意味をもつため、どのように解釈すればよいかについて混乱が生じることがある。曖昧な言葉による誤りについて議論する前に、ま

ず、この問題に直面する。

　例えば、家庭内暴力という用語についての混乱を取り上げてみよう。多くの
プログラムがこの重要な問題を取り扱う。しかし、何が虐待かという定義につ
いては、プログラムによって大きく異なる。これにより、クライエント、ス
タッフ、紹介元、プログラムの資金を供給している財団、そして、家庭内暴力
に係っている人々の中に混乱を生じさせることになる。定義の明確さは役に立
つ。しかし、精神保健、貧困、精神病、障害、非行、そして、ソーシャルワー
カーという用語でさえも定義が不明瞭ということが生じる。十分かつ詳細に意
味を明確にすることで既存の用語の曖昧さを排除する定義としては、辞書によ
る定義が知られている。

　用語の意味ではなく、ケースに関連しているか、あるいは適用できるかと
いったことに我々が関心をもっている場合には、正確さの定義を扱うことにな
る。例えば、ある州の児童福祉機関で使われている「児童虐待」という用語に
ついては異論はないかもしれないが、その機関で取り上げられているケース
に、その定義が合うかどうかについては意見が食い違うこともある。この特定
のケースに適用する正確な定義を明確にすることが、正確さについての定義で
ある。

　特定の用語の意味について本当に食い違っていることもあるが、単に用語を
正確に定義できなかったために論争が起こることもよくある。正確な定義に
よって専門的な意見の食い違いを解消するためには長い時間がかかるだろう。
用語を明確にする必要性があるということの典型的な例は、ウィリアム・ジェ
イムスの『プラグマティズム』（Copi 1986: 133 より引用）の中に見られる。

　　　数年前、山にキャンプに行った際に、散歩から一人で帰ってきたら、
　　キャンプの皆が難しい形而上学的な論争をしていた。この論争の「元」
　　は、リスだった。生きているリスが、木の幹の側面にぴったりと張りつ
　　いており、人間がその木の反対側に向かって立っているとしよう。この
　　人間は、リスの姿を見ようとして、木の周りを急いで回る。しかし、ど

んなに速く走っても、リスが同じ速さで反対方向に動くので、リスと人間の間には常に木があり、リスの姿を捉えることはできない。ここで形而上学的な問題は、「人間はリスの周りを回っているのか否か」である。彼は、木の周りを回っており、そしてもちろん、リスは木の上である。しかし、彼はリスの周りを回っているのではないか。自然の中で十分な時間を使って、議論は延々と続いた。議論をしている人々は、どちらかについて頑固だった。どちらの立場も同じくらいの人数だった。そのため、私がそこに現れた時、それぞれの立場の人々が、自分に味方になるように訴えた。矛盾に直面した時、二つの矛盾する立場を明確に区別しなければならないというスコラ哲学の格言を思い出して、私はすぐに次のように言った。「どちらが正しいかは、君たちがリスの『周りを回る』ということを実際にどのような意味で使っているかによるよ。もし、リスの北側から東に、南に、西に、そして再び北側に走るということであれば、明らかに、その人間はリスの周りを回っていることになるよ。なぜなら、彼は、連続的に位置づけられているからだ。でも、反対に、はじめにリスの前、次にリスの右、後ろ、左、そして再び前にいることを意味するのなら、人間はリスの周りを回っていない。というのは、リスが動いた分、人間が動くことによって、リスは人間を追って腹を木につけて回っているからだ。その違いを明確にしたら、これ以上、言い争うことはないね。『周りを回る』という動詞を実際にどのように捉えるかによって、君たちはどちらも正しくもあり、間違ってもいる」。

　議論に熱くなった者の一人や二人は、私の話を言い逃れだとみなし、それは屁理屈や学者の小事へのこだわりで、必要ないことというかもしれないが、私の話は、明確で適切な英語の『回る』ということの意味を示したものだった。そして、多くの者が、私の明確化で論争が静まったと思ったようだ。

多くの場合、定義は、ソーシャルワークに関連する概念に対する我々の理論

的な理解を深める。例えば、長年にわたって、「境界性人格障害」という用語には、臨床家の間で多くの混乱があった。この用語を定義しようとするさまざまな試みは、専門職の語彙を増やしたり、曖昧さを除いたりする以上のことに及んでいる。実際に曖昧さを除くことは、我々が成し遂げようとしていることの一部である。まず、この混乱した用語を定義しようとする試みは、この概念を理論的に明らかにする取り組みである。境界性人格障害とは正確には何か。クライエントがこの診断を受けたということは、どのような意味があるのだろうか。この概念を理論的に限定していくと、どうなるだろうか。ここで扱おうとしていることは、表面的な曖昧さ以上のものである。むしろ、我々は理論的な概念を理解し、明確化することに役立つような理論的な定義を設定する努力をしているのである。

　そして、定義は、また情緒的な機能ももっている。定義は、聞き手が行動を起こしたり、感動したりすることを意図した重要なメッセージを含んでいるかもしれない。「貧困」を食物、衣服、家、医療などの基本的ニーズを満たすのに十分な資源がない状態と定義した場合と、収入を得る努力が不十分なために貧しい状態にあることと定義した場合とでは、全く異なる反応を引き起こすことになるだろう。妊娠中絶を「妊娠の終了」と定義することと、「人間の胎児に対する故意の殺人」と定義することでは、全く異なる状況となる。感情、感覚、態度に影響を及ぼそうとすることをねらった定義は、一般に「説得的」定義として知られる。

　定義を考えていく際、論理学者はまた、「外延」と「内包」を区別している。例えば、「非行」という言葉について考えてみよう。言葉の広がり（あるいは外延）は、その言葉が正しく適用される全てのもの（この場合は、人々）のグループやクラスのことをいう。反対に、言葉の強さ（あるいは内包）は、その言葉の広がりから物事が有する特性や性質のことをいう。このように、非行の外延は、非行だと考えられる全ての人々のことであり、内包は、誰が非行で誰が非行でないかを判断するために使う基準から成り立っている。これらは、未成年か、特定の行動（強盗、自動車窃盗、暴行、麻薬販売など）をとったか、警察に

逮捕されたか、少年裁判所で判決を受けかどうかなどを含むだろう。

　もちろん、合理的なことを重んじる人々が、言葉の内容を決定する特別な性質について、意見が合わないこともある。例えば、あるソーシャルワーカーは、若者が逮捕され裁判所で判決を受けたことで、彼に非行者というレッテルを付けはしないだろう。むしろ、その若者が一つか二つの違法な行動に関わったという認識で十分だとするだろう。一方、他のソーシャルワーカーは、逮捕と判決が非行というレッテル付けに十分な状態だと主張するかもしれない。

　これは重要なポイントである。我々は、ソーシャルワーカー間で適切な分類がなされる前に、用語の意味、特に、人々、地域、組織のもつ特性に対する意見が食い違っていることに気がついている。ソーシャルワーカーは、ある用語が本当に意味することについて、例えば、境界性人格障害のクライエント、低所得地域、そして、運営が適切でない機関などの用語がどのような意味なのかについて、意見が食い違っているかもしれない。実際、これらの論争は、用語が内包する意味について意見が合わないことに関連している。ソーシャルワーカーが最終的に定める基準や性質がクライエントに大きな影響を与えるため、用語の意味に関するこれらの論争は重要であり、実践的にも意義がある。レッテルは、しばしば、ソーシャルワーカーが行うアセスメントや介入方法に影響を及ぼす。

　このように、ソーシャルワーカーは、専門用語の定義の内容について注意深く検討していかなければならない。幾つかの例では、定義を与えられた言葉がある時点で一般的になり、ほとんどの人々がその言葉の（辞書の中にも定着している）定義について反対しないようになる。例えば、家出少年（runaway youth）の定義については、ほとんどのソーシャルワーカーの間で合意がなされているように思われる。家出少年とは、両親が住む家から家出した未成年者ということで一般的に合意がなされている。この語についての幾つかの混乱や範囲限定の難しさ（例えば、親から出て行けと言われて家出した未成年者も含むべきではないという意見もある）があるが、多くの実践者は、この定義に合意している。

しかし、境界性人格障害といった用語の定義は、そのような状況にはない。その用語がさまざまに捉えられ、その用語の内容を特徴づけることで、その特徴をもつ人々を分類することには、ソーシャルワーカーの間で意見が分かれている。ソーシャルワーカーのあるグループは、アメリカ精神医学会が作成した『精神疾患診断・統計マニュアル』に基づいて判断している。また、他のグループは、そのマニュアルの診断定義があまりにも狭義であると考え、行動や情緒の特徴的側面からクライエントの心理力動的特徴を表現できるような、より広義の定義がよいと考えている。また、あるグループは、「境界性人格障害のクライエント」を正確に表現する定義は難しく、そのクライエントをある程度示す（クライエントに会う時に、すぐに分かるような表現）ものでよいとしている。この用語の広い意味を示すことを「外延的定義」という。

第8節　論理学と実践

　効果的なソーシャルワーク実践は、どれだけうまく言葉を活用するかにかかっている。言葉を通して、実践者とクライエントが、それぞれの世界観や生き方を理解し、コミュニケーションを図り、そのコミュニケーションから介入と介入成果が生まれるのである。論理学の規則を守った明確で正確な言葉は、曖昧で分かりにくく誤った言葉より信頼できるし、効果的であると私は考えている。

　現在のソーシャルワークやその忙しい事業のペースでは、コミュニケーションの正確さへの評価は、簡単に失われてしまう。場当たり的な専門用語が次々と使われるため、ソーシャルワーカーの議論の質はかなり落ちているといわなければならない。これまで見てきたように、不明確で論理的でないコミュニケーションは、クライエントの問題について誤った結論を下すもととなり、誤った介入（介入の結果、悲惨な結果となるかもしれない）のもととなる。つまり、コミュニケーションの正確さを欠いてしまうことで、非生産的となり、ソーシャルワークの基本的理念（生活問題や社会正義に関して適切に主張ができるよ

うに人々と対話をしていくこと）をも損なってしまうこととなるのである。

第4章　認識論

いかなる教育を受けたかというしるし、またいかなる文化に属するか
というあかしとして、人が対象を見る場合の精密さは、その教育や文
化が許容する範囲のものとなる。　　　　　　　　　アリストテレス

　ソーシャルワークが専門職として成熟するに従い、ソーシャルワーカーは研
究に対する注目の方向を、より一層変化させてきた。そして、いかなるソー
シャルワークの使命に対しても、それらに応じた知識が新たに生み出されてき
ている。以下に述べるのは、社会学や心理学のような専門分野の結びつきによ
り提供された、その主役ともいえるものである。ソーシャルワークの訓練プロ
グラムは、意欲的な教育課程や、ソーシャルワークの研究と評価に関する内容
を、従来にも増して充実させてきている。20世紀初頭、大学および大学院に
おける教育プログラムは、ソーシャルワーク実践、運営管理、また政策に関連
する訓練にほとんど排他的なまでに専念していたといっていい。今日、カリ
キュラムのかなりの部分がソーシャルワーク研究、プログラム評価、臨床評
価、統計、そしてデータ分析といった内容に割り当てられている。研究と経験
主義とに基づいた文献が、ソーシャルワークの書籍や雑誌の中でも、より明確
な位置を占めてきている。
　ソーシャルワークへの、そして専門職としての知識基盤の発展への"科学
的"アプローチに、専門家たちは少なからぬ支持をしてきた。それにもかかわ
らず、ソーシャルワークにおける「科学」が発展してきたその方法について
の論争は、相当な量になる。この論争は、1980年代初頭までに徐々に加熱し、
その後、沸騰点に到達した。そしてソーシャルワーク研究者の比較的小さなグ

ループの間で、むしろ丁寧ともいえる一連のやり取りで始まったことが、ソーシャルワークの知識の性質やその創造、そしてコントロールについて、時に加熱気味に、時に分裂を引き起こすような論争に発展（幾つかは後退といえるかもしれない）したのである。

第 1 節　論争の性質

　ソーシャルワークに対する "科学的" アプローチの痕跡は、19 世紀後半の慈善組織化協会が全盛期の頃に見出すことができる。この時代に活動した多くの実践者は、科学的慈善こそ貧困問題の理解を可能にする最善の希望であり、科学的方法によって個々のケースに対する組織的な検討と処遇が可能になると信じていた（Reid 1987; Zimbalist 1977）。20 世紀初頭、バージニア・ロビンソン（Virginia Robinson）、フローレンス・ホリス（Florence Hollis）、ゴードン・ハミルトン（Gordon Hamilton）、そしてエディス・アボット（Edith Abbott）らによる古典的な文献は、ソーシャルワーク実践を科学的に検討するために、ソーシャルワーカーたちの思考の洗練を助けた（Orcutt 1990）。

　メアリー・リッチモンド（Mary Richmond）の『社会診断』（1917）が公刊され、おそらくそれは、20 世紀初頭における最も有名な指針となった。その中で、社会診断は、科学的な問題解決のための必然的な結果であると記述された。20 世紀初頭の社会調査の動向も、社会問題に関わる科学的方法を発達させる、その時代の最も野心的な努力の代表である。

　このような、そして他のソーシャルワーカーたちによる初期の努力にもかかわらず、専門職は何十年もの間、研究の能力や概念を社会科学の学問分野に結びつけて発展させることに、ひどく依存してきたのだった。専門的なソーシャルワーク教育が始まってからの最初の 80 年間、ソーシャルワークの学生は、型にはまったように、社会学や心理学を学ぶ学生のために書かれたテキストを当てがわれていたのである。ポランスキー（Polansky 1960）が、もっぱらソーシャルワーカーのために書かれた研究論文を編集したもの以外には、ソー

シャルワークのテキストはほとんど入手不可能だった。驚くべきことに、1970年代、そして 1980 年代初頭になってはじめて、我々はソーシャルワーク研究のテキストが大量に出現するのを目にするようになった（例えば、Bloom and Fischer 1982; Grinnell 1981; Jayaratne and Levy 1979; Reid and Smith 1981）。

　時を経て、ソーシャルワーク専門職は、臨床的実践や社会福祉運営管理、政策やコミュニティデベロップメントについての問題に関する研究の手段や方法論的技法に広い枠組みを適用できる、実践者や学者たちの中核な集団を生み出してきたのだった。今日までに、その専門職は調査研究、二次的なデータ分析、単一事例または単一被験者法、そして実験的な研究についての、豊かな先例をもっている。しかし、専門職内部には研究をもとにした知識が、いくぶん調和しないままでばらばらに取り残されている。実践者や学者が研究手段として活用したことにより、ソーシャルワークが膨大な量の知識を蓄えてしまったことは、まぎれもない事実である（Schuerman 1987）。

　しかし、必ずしも専門職のメンバーは、こうした成長を進歩であるとは認めていない。多くは、ソーシャルワークが科学的に限定された独自の知識と研究方法とを一般化しようとした努力に拍手を送ったが、一方では伝統的——疑わしいという者もあろうが——科学と経験主義に没頭するのは遺憾であり危険でもあるとの考えから、非難する者もいた。

　この専門職における知識と価値の違いについて、ゴードン（Gordon）が 1965年に著した『ソーシャルワーク』というエッセイを皮切りに、ソーシャルワークリサーチの特質に対する生産的な論評が出始めるようになった。数年後、ギャルファス（Gyrfas 1969）はソーシャルワーク研究の関心領域が「社会構造」や「マクロな課題」へと拡張したことにより、臨床のプロセスやクライエントの個人的成長、変化、発達に関連したソーシャルワークの中心的問題が、軽視されるようになったと論じた。それは、その後にあらわれる一連の意見を予見させるものとなった。

　しかし、その後の 10 年間、ソーシャルワーク研究の特質と目的を探求する刊行物は、わずかしか見られなかった（例えば、Austin 1976; Briar 1979, 1980;

Fanshel 1980; Kirk, Oamalov, and Fischer 1976; Maas 1977; Polansky 1971）。1981 年、ハイネマン・パイパー（Heineman Pieper）は、ソーシャルワークリサーチの価値について、長期にわたる活発な、そして時には辛辣な論争の、一斉射撃を開始した。

　ハイネマン・パイパーの主張は、他の分野の科学哲学者や社会科学者が古典的な研究モデルを捨て去ったのとは異なり、ソーシャルワーク研究者がそれらを取り入れたというものである。ハイネマン・パイパーに従うならば、こうした古典的な研究モデルは、経験的あるいは量的な物差しによって定義づけのできる、実践に関わる概念を中心とした単純な仮説に基づいたものである。それゆえ、ソーシャルワークの研究者が専門職内部で検討する際に、問題の範囲や性質が不適当に制限されてきたとし、彼女は次のように主張した。「ソーシャルワークは、科学的であろうとする誤った試みにより、旧式で過度に限定的な研究のパラダイムを採用した。本質的というよりむしろ方法論的な要件により、検討すべき主要な問題が決定された。結果として、重要な疑問点や価値のあるデータが、今も研究されないままになっている」（Heineman 1981: 371）。

　ハイネマン・パイパーの主な標的は「論理経験主義」（一般には「論理実証主義」として知られる）という、1920 年代のウィーンに出現した哲学学派である。論理経験主義に従えば、研究者は現象を測定するための実験的方法を課すことができ、具体的事象の観察可能な特性を重視する"客観的な"科学的方法論を探し求めねばならない。

　この考え方は、幾つかの鍵となる仮説に基づいている。原則として、一つの実体をもつ実在は、それを構成する部分に分解することができ、そうした部分は独立して検討することができる。研究者（あるいは観察者）は、観察されるものと切り離すことが可能であり、ある時点の適切な環境における真実は、他の時点の他の場所でも真実となる。さらに、論理的経験主義は一時的な因果関係、つまり独立した（あるいは原因となる）変数は、従属的（あるいは結果としての）変数と、直線的な相関関係にあると確信する。最終的にこのパラダイムは、確実な根拠のある結果は、調査者の価値や先入観から独立したものである

と確信する（Lincoln and Guba 1985: 28）。ハイネマン・パイパーにしてみれば、ソーシャルワーク研究者が論理経験主義に没頭（例えば経験的な構想、量的な測定、そして分析）したことにより、他にとり得る研究方法——質的な単一被験者法、エスノメソドロジー、そして歴史的調査——を避け続けてきたということになる。

第 2 節　哲学的文脈

　ソーシャルワークの論争を徹底的に検討する前に、そうした論争を取り囲む哲学的な文脈を理解しておくことが重要である。ソーシャルワーカーの間でなされたソーシャルワーク研究の特質と方法についての論争は、認識論、あるいは知識論（the theory of knowledge）についての、長期にわたる論争の延長線上にある（ギリシャ語で episteme は knowledge を意味する）。

　認識論者は「認識できるものは何か」とか、「何が真実かを決定し得る、信頼できる方法は存在するのか」といった疑問に応答しようと試みる。認識論的な学説は一般に、理性の働きを強調する（合理主義）立場と、感覚的な経験を強調する（経験主義）立場の二つのグループに分けられる。合理主義の多くは、感覚的手段によっては確実なものは何も獲得できないと主張する。それゆえ、経験主義的手段は憂うつ、自己尊重、または自我の強さといった現象に対し、我々に確かな知識を提供することができない。合理主義に従うなら、知ることができるのは感覚ではなく、理性によって知る「精神的対象」である。

　おそらく、合理主義の最良の模範はプラトンだろう。プラトンによれば、この世界に存在し知ることができるのは、変更できない特徴、つまり彼が「イデア」あるいは「形相」と呼ぶものだけである。その例として、うつ病という概念について考えてみよう。X という男性と Y という女性がうつ病にかかっているといった場合、それは何を意味するだろうか。X と Y は二人の別個の人間である。しかし、両者を呼ぶ際に——うつ病という——同一用語を使うことで、我々は彼らが何か共通するものをもつと考えるだろう。この二人の人間が

何か共通するものをもつゆえに、共に分類することができるのである。その共通する特性に、うつ病という用語が名づけられているのである。

　もちろん、そうした一般用語を使うことは、ソーシャルワークの内部におけるコミュニケーションを促進する。例えば貧困、身体障害、非行、困難、そして依存症といった用語は、ソーシャルワーカーたちが意見を述べることや、効率よく情報交換することを助ける。しかしその場合、不適当なラベリングの可能性への配慮が常に必要となる。そうした用語を使用する時、我々は本質的に、認識しているものに対して断定をしている。断定とは、特定の個人に対して、貧困である、障害をもっている、うつ病であるというように、我々が「分かった」つもりになるということである。しかし、どうすれば認識が可能なのか。うつ病とは何かという、我々の認識を論証するためには、YやXについて単に指摘するだけでは不十分なのは明確である。このようなアプローチは、類語反復的なものでしかない。それよりも、我々は、うつ病についての一般的な概念について、自分たちの能力を発揮することが必要である。

　プラトンによる論点の有名な例に、ソクラテスとエウテュプロン（Eurhyphro）との対話を紹介した、「エウテュプロン」と名づけられた対話がある（Stroll and Popkin 1979: 32）。エウテュプロンはソクラテスに、自分は父親を殺人で告発するために裁判所に行くところだといった。その時ソクラテスは、なぜその事件を裁判所に告発するのかと尋ねた。エウテュプロンは、それが敬虔な行為だからだと答えた。ソクラテスは、敬虔とは何かと尋ねた。エウテュプロンは、人がその父親を裁判所に告発する時の、なすべきことをなすというそのことが敬虔なことだと答えた。ソクラテスは、それは敬虔なことの特に有効な定義づけとはいえず、単にその概念を表す一つの例にすぎないと指摘した。特定の行為が実際に敬虔なものかどうかを知るためには、まず最初に「敬虔」という一般的概念の意味を認識しなければならない。

　もちろん、どうすればそのような認識が得られるのかという疑問が残る。プラトンによれば、感覚的経験によって一般的概念の適切な認識は得られない。どれくらい「憂うつ」になることがあるか（あるいは、どれくらい稼いでいるか、

罪と関わりをもったことがあるか、違法なものを用いたことがあるか）と質問する際に、我々は自分の感覚を用いることができる。しかしこれらのデータからは、憂うつ（あるいは貧困や非行や依存症）が何であるかは分からない。こうした観点からいうと、質問に答える根拠となる個人的な行動について述べることはできるが、せいぜいそれが全てである。

　プラトンは情報の基本的なタイプを、視覚情報と知的情報という二つのタイプに区別した。視覚情報は、ある結論へと我々を導く一定の刺激を目にする時に得られる。顔をしかめ、泣きながら、崩れるように椅子に座りこむ男性を目にする時、我々は彼が悲しんでいると結論づけるだろう。ボロボロの服を着て歩道をゆっくり歩き、金銭を求めてくる女性を目にする時、我々は彼女が貧しいと結論づけるだろう。卑猥な言葉を発し、服を焼きながら、にぎやかな交差点の中央に立つ男性を目にする時、我々は彼が精神障害者であると結論づけるだろう。

　しかしプラトンは、そうした感覚的なデータに基づく結論は、誤っている可能性があると論じた。観察によって得た一連の行動や特性が、いかに固有なものであろうとも、我々が考える通りの現象であると完全に確信することはできない。我々にできるのは、この事例における一つの見解をもつことだけである。視覚情報だけを根拠に、一般的概念、あるいはプラトンのいう「イデア」（観念）を知ることはできない。これらの現象がどのようなものかを真に知ることはできないのである。我々はいかに見えるのかを知るだけである。それゆえ、我々は視覚情報からだけでは、知識を得ることはできない、とプラトンは論じている。

　逆に、知的情報は知識を構成することができるとプラトンは主張している。この論点を伝えるため、プラトンはソクラテスに「洞窟の寓話」を語らせた（Stroll and Popkin 1979: 36）。この寓話で、人間の通常の状態は、常に洞窟の中で暮らしている状態に例えられている。洞窟の中では、見えない物が見えない所からの光によって映し出されるように、人は壁の上の影しか見ることができない。この世に生まれてからずっと、このような状態におかれていたとすれば、

この影こそが世界を構成していると我々は思いこむだろう。世界にはその他の物が存在し、洞窟の壁には一度も見たことのない物が映し出されていることを認識しないだろう。我々の現実についての確信は、現実を反映したものではないだろう。

しかしプラトンは、もし突然に洞窟から解き放たれ、壁に映った影の真の姿を見る機会をもったなら、どのようなことが起こるだろうと、我々に尋ねている。まさにこの瞬間に――歪んだレンズを通して世界を眺めることから解放されるやいなや――現実の世界を真に存在するままに知ることができる状態になる。プラトンによれば、これが、人が真の知識を獲得するために必要不可欠なある種の変換、あるいはプラトンがイデアと名づけたものである。

しかしどうすれば、そのような変換が起こり得るだろうか。プラトンによれば、視覚情報には当然限界があり、世界についての完璧な、あるいは純粋な知識を我々に提供することはできず、視覚情報は事実と異なる解釈をさせてしまうことをはっきりと理解することが重要だという。

こうしたことを示すために、プラトンは次のようなことを指摘した。例えば、薬指を見て、それが大きいか小さいかを客観的に判断することは困難である。薬指は小指よりも大きく、中指よりも小さい。大きいと小さいという用語が、実際には何を意味するかを知らずして、そうした質問に答えることはできない（Stroll and Popkin 1979）。

プラトンは、そうした概念の本質的な性質を理解するための努力には、感覚よりもむしろ理性を使うことを求める。特に、それは数学の基礎的原理に基づいた理性である。算術や数学というものは、イデアのみを使って考え、見えもしない物体によって作られた「影」を使ったりはしないからである。そのようなトレーニングは、おそらく人を感性上の経験や刺激から解放し、純粋な概念を把握することを可能にする。

プラトンから2000年近く後の17世紀に、フランスの哲学者ルネ・デカルトが、もう一つの体系的な理論である合理主義理論を発表した。彼の周りを取り囲むようにして流行していた懐疑主義に関心をもち、デカルトは、知識のどの

部分が信頼可能であり、確かであるかの限定を始めた。彼の有名な著書『方法序説』（Discourse on Method）、『省察』（Meditations）そして『哲学原理』（The Principles of Philosophy）の中で、デカルトは「知り得るものは何か」という問いに対する答えを展開した。デカルトの「方法的懐疑」（Method of Doubt）として知られるものを使い、彼はプラトンと同様に、時に我々は感覚によって欺かれると主張した。水の中の物体は、水から出すと違って見えるかもしれない。鼻がつまっている時に食べる食べ物は、すっきりしている時に食べるのとは違った味がするかもしれない。太陽が輝いている時に見た物は、夕闇で見た物とは違っているかもしれない。そのように、我々の感覚は頼りにならないこともある。クライエントが、うつ病だ、大酒飲みだ、あるいは妄想があるなど、我々が視覚による観察をもとに信じたものは、病気や診断上の歪み、あるいはその他の影響によって、我々の知覚が歪んでいる場合には、頼りにならないこともある。

第 3 節　経験主義の出現

　我々が知るところの現代の経験主義は、思想の主流にあった合理主義への対抗として発展したものである。経験主義は、感覚的な情報は完全には信頼できないとしても、得られたデータは重要なものであり、収集され検討されるべきものであると論じている。

　経験主義の運動の歴史上、特に重要な時期は、17 世紀初頭のイギリスで始まった。それはロバート・ボイル（Robert Boyle）やロバート・フック（Robert Hooke）、そしてアイザック・ニュートンのような著名人たちによる、主要な科学的発見による結果の一部だった。王権の下にある社会で、科学者たちはこの世に存在する現象の真の性質を発見することは不可能であっても、感覚的データを用いることで、この世で何が起こるかについての注目すべき仮説を生むことができると論じた。

　経験主義理論の基本方針は、政治哲学者のジョン・ロックによって 17 世紀

に提示された。彼は『人間知性論』（Essay Concerning Human Understanding）の中で、合理主義者による主張の多くを退け、人が所有する一定の能力によって知り得るものと、知り得ないものとを区別しようと企てた。彼は、追求する価値のある知識の領域と、追求することが無駄になる知識の領域とを見極めることができるように人々を助けたいと望んだ。

　経験主義者の伝統は、18世紀に、ジョージ・バークリーの著書『人知原理論』（The Principles of Human Knowledge）と『ハイラスとフィロナスの三つの対話』（Three Dialogues Between Hylas and Philonous）、さらにイマヌエル・カントの『純粋理性批判』（Critique of Pure Reason）、そして最も重要なのはデイヴィッド・ヒュームの、特に『人間知性研究』（Essay Concerning Human Understanding）によって発展させられた。ヒュームは幾つかの基本的な、経験主義の原理を提案した。そのうちの幾つかは、今日においても存続している。ヒュームは「人間の科学」の発展を提案した。それはニュートンの実験的方法を、人の精神現象の領域全体に適用することを意味するものだった。

　経験主義の支流は、19世紀にオーギュスト・コント（Auguste Comte）が創設した実証主義だった。コントは『実証哲学講義』（Cours de Philosophie Positive）の中で、経験主義的方法は自然科学の領域で極めて適切に活用されてきたが、新たな社会科学である社会学にも適用すべきだろうと論じた。科学的方法の実践的適用の強調は、ウィリアム・ジェームズ（William James）やチャールズ・パース（Charles Peirce）、そしてジョージ・ハーバート・ミード（George Herbert Mead）らによって支持された哲学、プラグマティズムによっても増強された。ジェーン・アダムズ（Jane Addams）、グレース・アボットとイーディス・アボット（Grace and Edith Abbott）、そしてソフォニスバ・ブレッキンリッジ（Sophonisba Breckinridge）のような、ソーシャルワークの名士たちのイデオロギーを方向づけた哲学が、このプラグマティズムであるということは、注目すべき事実である。

　いわゆるウィーン学派の実証主義者——モリッツ・シュリック（Moritz Schlick）、ルドルフ・カルナップ（Rudolf Carnap）、フリードリッヒ・ヴァイス

マン（Friedrich Waismann）、そしてオットー・ノイラート（Otto Neurath）——が実証主義の形式を最終的に発展させた。それは社会科学における経験主義の役割に関する、20 世紀の思想の多くに影響を与えた。（しかしながら、この視点についての注目すべき批判がカール・ポパー〔Karl Popper〕、ハーバート・サイモン〔Herbert Simon〕、イムレ・ラカトシュ〔Imre Lakatos〕、ポール・ファイヤアーベント〔Paul Feyerabend〕、トマス・クーン〔Thomas Kuhn〕、スティーヴン・トゥールミン〔Stephen Toulmin〕、ウィラード・ヴァン・オーマン・クワイン〔Willard Van Ormond Quine〕、ウィリアム・ウィムサット〔William Wimsatt〕、マイケル・ポランニー〔Michael Polanyi〕、そしてアイアン・ミトロフ〔Ian Mitroff〕といった哲学者たちによって著された）。この実証主義の遺産——論理実証主義——は、ソーシャルワークにおける激しい論争の引き金になったといえる。特に、ある定義が意味をもつのは、感覚的な観察や経験により、経験的に確かめることができる場合に限るという主義に関してである。

第 4 節　ソーシャルワークと実証主義

　ソーシャルワークはその歴史の大部分にわたり、社会科学の学問分野の主流に加えて、実証主義の伝統を取り入れてきた。数十年もの間、貧困や精神衛生、健康管理、老化、児童福祉、刑事司法、そして地域の組織化といった、ソーシャルワークが関心をもち続けてきた社会現象についての研究に、科学的方法とその原則を適用しようとする熱狂的な試みがなされてきた（Zimbalist 1977）。経験主義的な研究として、コントロールされた実験や単一被験者法、プログラム評価、そして社会調査といった事例研究の方式がいくつもある（Orcutt 1990）。研究方法として取り組む方向は、たいていの場合、仮説を立てた実験や理論構成、実験計画法、サンプリング、測定、信頼性、妥当性、そしてデータ分析などの伝統的な項目を中心に組織されていた。

　しかし 1980 年代初頭には、小さな批判的グループがこのソーシャルワークにおける仮説設定——演繹的なモデルの適切性に、異議を唱え始めた。とりわ

けハイネマン・パイパーが論争の的になる批評を始めてから、かなりのソーシャルワーク研究者や実践者が、ソーシャルワークの領域内に組み立てられてきた実証主義者による基盤を少しずつ崩そうとしはじめた。疑いなく、こうした攻撃が論争を助長し、ソーシャルワークの専門職内における、最も熱のこもった論争の一つとなった。

　ハイネマン・パイパーや他の批評家たちは、論理実証主義には根本的な欠陥があるとする。なぜなら、データの収集に際しては、対象となる現象を観察し解釈する者により影響を受けることが予想され、経験的な観察は誤りを免れないからである。これまでにも、研究者の期待やクライエントの不安、その他調査上の文脈で「要求される性質」によって、データが歪められたと考えられる十分な証拠がある（Orne 1969, Rosenthal and Rosnow 1969）。経験主義者自身も、ソーシャルワークの領域で出会う抽象的概念（自我の強さ、自己尊重、ホメオスタシスといった）を操作可能にすることの難しさに気づいており、しばしばそうした変数間の因果関係に関するトラブルについて記録している。実験的統制群を無作為に割り当て、予備テストと事後テストを実施するような厳密な実験は、ソーシャルワークの領域ではまれにしか行われない。非倫理的だという理由からクライエントへの介入を差し控えたり、調査対象として十分な数が得られなかったりするからである。

　さらに、重要な調査項目の中には、単純にそれらが実験には適していないというものもある。例えば、虐待の原因や結果について調査するため、虐待を受ける環境と受けない環境とに児童を無作為におくといったことを提案する者は決していないだろう。要するに、ソーシャルワークの文脈や状況といったものはたいていの場合、たとえそれがいかなる対象であっても、調査の原則や計画には妥協が求められる。ハイネマン・パイパー（1981: 391）によると「ソーシャルワークや他の行動科学は、物理学や遺伝学あるいは数学のように、現実を直接的あるいは複雑な本来の姿で知覚することができない。それゆえ科学によっては、重要な問題を解決しようとする最善の努力が意図されたとしても、それへの保証も永続する解決も与えることができないのである」。

　ハイネマン・パイパーによる、型にはまったソーシャルワーク研究に対する告発は、活発な論争の引き金となったが、それはソーシャルワークの文献ではまれにしか見られないような、悪意に満ちた表現が織り交ぜられたものだった。例えばシュルマン（Schuerman 1982: 144-155）は、ソーシャルワークの研究者は論理経験主義に起源をもっているとの観点に立つハイネマン・パイパーの主張に挑戦をしている。

　　ソーシャルワーク研究は、知的な根源の異なる広範多岐にわたる方法論を用いている。ソーシャルワークの研究者は論理経験主義に起源をもつ原則を用いていると主張するのは、全くの的外れとは言えないまでも、大まかで過度の単純化である。こうした原則のうち、ほとんどは、ウィーン学派の系統よりもはるか以前に起源をもつ。概念化や理論化を極度に倹約しようという原則は、14世紀にオッカム（Ockham）によって詳細に説明された。すなわち実験という着想は、起こり得ることが予期できるような事物を操作することであり、少なくとも人類と同じくらい古くからある。普遍的な法則を確立するために実験を用いることは、16世紀にフランシス・ベーコン（Francis Bacon）によって主張された。実験上の条件による実験対象の変化を扱うために対比グループを用いるようになったのは、ボイルストン（Boylston）が天然痘ワクチンの調査の際に先んじて行った18世紀初頭であり、19世紀の終わりにはさらに統計学的な基盤が与えられたのである。

　ガイスマー（Geismar 1982: 311-12）も、ソーシャルワークの研究者に関する論理経験主義の提言について、ハイネマン・パイパーの主張に素早く反論した。

　　私は興味をもって、ハイネマンの研究の手法に関する批判を読んだ。それは、本質的な要求よりも、むしろ方法論的な要求に優位をおくものだった。しかし、私は不思議に思った。なぜハイネマンは、調査を一種

の儀式主義に陥らせる犯人であるかのように、論理経験主義を無に帰すべきだと述べているのか……。

　事実は、不合理な還元主義や驚くべき絶対主義のような過度の経験主義は、今日のソーシャルワーク研究を構成している素材でもなく、ソーシャルワークの研究者が説明と予測を同義とするような時代を肯定する集団でもないということである……。

　「サービスモデルや調査による発見を評価するための、科学的に容認された個別の規準」（371）によりソーシャルワーク研究が特徴づけられると、二人の著者の文献に表現されているというハイネマンの所説に、読者は特に当惑させられた。彼女は、ソーシャルワーク研究が「ハウツーもの」といった形式の書物か、かなりの量の研究に基づく書物かのどちらにせよ、広範囲の接近方法を含んでいるという事実にしっかりと気づくべきである。これらには狭い範囲での行動主義的なものから、質的な比較法にいたる範囲がある。そのうちのいずれも、ソーシャルワーク研究の市場を独占しておらず、調査の新しい企てを最も良く説明できると主張することもできない。

　ハイネマンの論理経験主義に対する攻撃は、ソーシャルワーク研究への批判というよりも、むしろ仮想の相手を打ち上げたり打ち落としたりするゲームをしているようなものである。彼女が示す「もう一つの選択肢」は次のような見解を含んでいる。つまり、電子工学的なデータ集積装置によって得られたデータは別のデータの偏りを導いてしまうというように、良い理論とは、唯一の正しい理論であるよりも、よりすぐれた説明である。こうした見解は、社会科学やソーシャルワークの研究者の間で広く受け入れられた主流の考え方となっている。この著者のもう一つの選択肢について描写するなら、オーソドックスで時代遅れの哲学（最近目にした者がどこかにいるだろうか）に対するアンチテーゼのようなもので、ソーシャルワーク研究のより効果的なモデルに向かうという動向からは少々かけ離れている。

　ハイネマン・パイパーによるシュルマンとガイスマーに対する応酬（Pieper 1982: 147）は自信に満ち、容赦のないものだった。彼女はシュルマンの批判的意見は「根拠がない」と主張した。

　　彼の反論は、論文の中で取り上げられた問題点を避け続けたものか、仮想の相手を激しく打ったようなものかのいずれかである。例えば、彼は論文を読んで、意味の明確さや知覚経験に基づく定義、相互確認、そして反復実験に、私が反対していると主張した。しかし、これらの意見はどこにも書いていない。また実際、私は観念的なもの、あるいはプラトン哲学の形式として、こうした科学的な標語に大賛成である。しかし、論文で述べたように、現実世界では、こうした研究における観念的なものは問題を含んでいる。なぜなら、曖昧さがなく挑戦的でもない定義、例えば、観察可能かもしくは知覚経験に基づいた定義は、観察可能かもしくは反復実験に対するシュルマンの基準に適合した、シュルマン特有の定義づけができることへの同意は約束するものの、研究者が偶然に世界を見て、彼の行っている方法で定義づける可能性が、全くなくなるからである。

　　ここで生じる疑問は、なぜシュルマンの特別な定義や基準によって、他のソーシャルワーク研究者が何らかの事を実行できるのか、ということである。これは、次に挙げる論文で取り上げた主要な問題点である。——すなわち、なぜソーシャルワーク専門職は一定の研究者に対し、疑わしき科学的基準を用いて研究課題、データ、あるいは他のソーシャルワーク研究者がソーシャルワークの知的基盤や臨床に際しての道具として意義が高いと信じている方法を、禁止したり、制限することを許すのか。遺憾ながら、シュルマンはこの中心的な課題に全く手をつけていないばかりか、そうした課題が提示されたことさえ認めていないのである。

そして、ガイスマーへの応酬で、ハイネマン・パイパー（1982: 312）は、実証主義的志向にはないソーシャルワークの研究者が、研究費、出版市場、教授としての身分保障その他の研究に関連した雇用への接近が可能な業界内部に入り込むことが、特に困難であることに焦点をあてた。

　　ガイスマーが支持されない考えにふけっている間に、私は自分自身に関して一つか二つ、言い足してみたい。私の経験からいうと、主要な雑誌に発表するために論文を投稿したり、学位論文の承認を得ようと努力したり、研究助成金、仕事、あるいは身分保障を得るために応募するソーシャルワーカーは、実際のところ、論理実証主義の仮説に忠実でない研究の方法や関心はソーシャルワークの領域では受け入れられていない、ということを経験する。それどころか、学位論文の要約や研究雑誌に選ばれ発表されている論文を熟読すると、実証主義者による仮説や法則が主導権をにぎり続けているだけでなく、ソーシャルワーク研究の基盤についての批判的で分析的な議論が悲しいほどに存在しないことが分かるのである。

　ギャルファス（1983: 150）は、ソーシャルワーク研究における実証主義の役割に対して――現在とおよそ14年前の、この普遍的な論点に関する彼女のオリジナルな表現で――ハイネマン・パイパーとシュルマンの、意見が一致しないプロセスと内容との両方にコメントをし、そのやり取りを促進した。

　　ハイネマン（Martha Brunswick Heineman，現在は Martha Heineman Pieper）とシュルマン（John R. Schuerman）のソーシャルワークにおける研究事情に関するやり取りを読み、興奮と共に悲しみを覚える。興奮を覚えるのは、ソーシャルワークの発展を方向づける重要な論争であるという道筋が、印刷物の中に見出せるからである。悲しみを覚えるのは、ある意味でこの対話が、ソーシャルワークにつきまとうトラブルの典型だからで

ある。どちらの著者も彼らの視点を適切に表現している。しかしどちらもが、もう一方に対し真に「耳を傾けよう」とはしていない……。

　今日、行動主義者と反行動主義者との論争が表面化し始めている。もし、その主唱者たちが互いに耳を傾け、学び合おうとするならば、その論争は実り多いものとなるだろう。要するに、行動主義的志向にある研究者は、反行動主義者が観察可能で測定のできる専門用語の中で、彼らの概念を定義することを学ぶように助けることができる。同時に、後者は前者に対し、変化しやすいものの多様性に関わる何かを教えることができる。どちらも確かなソーシャルワーク研究にはなくてはならないものである。情報のやり取りをすることから、両方に利益が得られるのである。

　ハイネマン・パイパーの論文（Heineman 1981）への最も野心的な応答は、ハドソン（Hudson 1982: 246-48）のエッセイ『ソーシャルワークの研究と実践における科学的義務』である。ハドソンが考察対象として意図したのは、ハイネマン・パイパーの論理経験主義に対する「非常に重大な告発、起訴、あるいは懸念」と「ソーシャルワークの研究と実践を行う際に科学的義務を用いる、より健全な視点について著者の見解を発表する」というところである。ハドソンの論題は次のように大胆に提示された。「ハイネマンが発表したのは幾つかの推論に基づく結論である。彼女は誤った論理、誤った情報、そして科学的思考や行動に関する根本的な教義に対する基本的に誤った理解を用いて、そうした結論に到達したのである」。

　ハドソンは、ソーシャルワークが科学モデルとして論理経験主義を取り入れたというハイネマン・パイパーの主張の的確さに疑問を抱いた。その代わりに、ハドソンは次のように主張した。彼が接触してきた多くのソーシャルワークの研究者たちは、世界に対する自分の知識が確かで変わることがないといった確信を表現したことはない。現実の世界が指し示すものに基づかない、相対的な論理を用いることを、拒絶しているようにさえ思われる。また、プラトン哲学

における根本的な真理の追求を主唱したこともない。「要するに、論理実証主義という犯人の後方に、礼儀正しく従っているソーシャルワークの研究者たちの行列は、私には見えないのである」。

ハドソンの所見は、ホーランド（Holland 1983: 337-8）からの簡潔な批判を促した。ホーランドはハドソンを次のような視点の主張から非難したのである。「愛、勇気、希望、信念、献身など、多くの人が人生において重要だと考えているものを排除しようとしたと思える」。ホーランドはハドソンに、彼の「あいまいで、過度に単純化した、根拠のない皮肉」を非難し、次のように結んだ。

> いかなる経験も操作し、観察し、手段化できないのなら意味がないという主張を何気なく耳にした者は、ハドソンの極端な立場が、ソーシャルワーク専門職が取り扱ってきたほとんどのこと、さらには人が最も重要だと思ってきたことを空虚なものにすると受け取るだろう。

ハドソン（Hudson 1983: 339）は、ソーシャルワーク研究における直接的な観察を徹底して論じることにより、ホーランドの論点を論破した。「私は論文の中で、どこにもそのようなことを主張していない。ホーランドは、どこにも書かれていないことを読んだようである。実際に、過去、現在、未来において、私はそのように不合理な立場を主張してはいない」。

ソーシャルワークにおける経験主義の役割に関する、第二の主要な論争——同じくらいに不作法なもの——は、ハイネマン・パイパーの独創的な論文（Heineman 1981）と同じ年に公刊されたフィッシャー（Fischer 1981: 199）の『ソーシャルワーク誌』（Social Work）に掲載されたエッセイ「ソーシャルワークの革命」（The Social Work Revolution）に刺激を受けたものだった。同等に独創的なこの論文で、フィッシャーはハイネマンと全く正反対の立場を描写し、専門職は経験的な確証を得たことのない実践の戦略から立ち去る必要があると論じた。フィッシャーは、直接的な実践に関心があるたいていのソーシャルワーカーは、その大部分が経験主義的な基盤にはない理論上の知識によって主に構成さ

れた「どちらかといえばルーズに作られた上位モデル」によって導かれてきたと主張した。フィッシャー（1981: 200）は、クーン（Kuhn 1962）の科学革命の性質に関する有名な論考を引用して、ソーシャルワークがパラダイム転換を経験しているとし、以下のような結論を下した。

　　本質的に、ソーシャルワーク実践はあいまいな定義による、確証がない、でたらめな、あるいは無批判的に得られた実践に関する知識から立ち去ろうとしているように見える。その最も顕著な特徴として、よりシステマティックで合理的で経験的な方向で、実践に関する知識を発展させ、活用しようとする動きにパラダイム転換がなされているようである。他にいいフレーズがないので、これをソーシャルワークにおける科学的基盤をもつ実践に向かう動きと名づけた。

　フィッシャーの結論の基礎となったのは、実践に関する知識を生み出し、研究と実践を統合し、有効性が論証された広範囲の介入手続きを利用可能にするために用いられた研究手段がますます発展した形跡に対する、彼の信頼だった。信念、慣れ親しんだ介入方法への信頼感、信頼する理論家や尊敬する実践家のカリスマ性、あるいは「熟練者たち」や同僚たちの間のコンセンサスに基づいて実践への接近方法を選択していたソーシャルワーカーたちが、こうした方向へと変化しようとする傾向をもっていることは、フィッシャーにとって称賛に価する傾向だった。フィッシャーによれば、こうした昨今の接近方法は、「システマティックで厳密で合理的な選択の基準」を用いることを無視する傾向にあったという。また「彼らは一般に、それぞれの接近方法が有効であるという証拠を利用可能にすることを決定するために、調査によって分析するといった利用可能な接近方法に対する批判的な分析を排除した」のである。
　フィッシャー（1981: 205）は、科学的な実践者たらんとする「新型のソーシャルワーカー」に期待した。その実践者は次のような人である。（1）彼（彼女）がそれぞれのケースに取り組んでいる経過を、システマティックに監視し評価

する。（2）彼（彼女）の実践を、可能な範囲で経験主義的な知識に基づかせる。とりわけ、有効性を立証された、すでに利用可能な多数の介入のテクニックを活用する。その際に、単に正当な注意を払うことだけを根拠としない。（3）スキルをもち、新しくより有効な介入への接近方法を学び、探求し続ける態度を献身的にもっている。

　ゴードン（Gordon 1983: 181-2）は、その後、『ソーシャルワーク誌』に掲載したエッセイ「ソーシャルワークの革命か進化か」でフィッシャーを非難した。ソーシャルワークにクーニアン・タイプ（Kuhnian-type，訳注：トマス・クーンのパラダイム転換による段階的な過程として捉えなおす科学革命）の革命が起こるというフィッシャーの論点に正面攻撃をする中で、ゴードンは、フィッシャーが問題を「不注意で、選択的にクーンを活用し、まぎらわしい方法と学者にはふさわしくない偏見をあらわにして」論じたと責めた。彼は、ソーシャルワークにクーンの科学的革命の基準を適用することはできないと論じる。そして、フィッシャーはクーンのパラダイム転換の定義を誤解しているという。彼はまた、バートレット（Bartlett）の『社会福祉実践の共通基盤』（The Common Base of Social Work Practice）は経験主義を基盤にしていないと、フィッシャーの結論を批判する。「フィッシャーが、経験的と量的との違いを知らなければならないというのは明らかである。従って彼は、学者らしい接近方法を採用したというよりも、むしろ故意に問題の原因を助長したと結論づけるべきである」。ゴードン（1983: 181-2）が第一に主張しているのは、ソーシャルワークにおける測定や調査の役割についてのフィッシャーの見解が、あまりにも狭すぎるということであり、「経験主義の地位」に対する彼の弁護は、単に「彼を含めて誰もが狭めてはいないが、悲嘆していた研究と実践とのギャップを永続させるだけである」ということである。

　この点についてフィッシャーとゴードンは、『ソーシャルワーク誌』上で、知的な装いを捨てて本気で闘った。フィッシャー（Fischer 1984: 71）は即座に、ゴードンの批判をはねつけた。そして「支離滅裂な」文章によって、彼を次のように非難した。

（それは）過度にまわりくどい決まり文句、文脈から切り離された不明瞭で誤解の多い引用の寄せ集め、矛盾と不合理な結論のごちゃまぜ、時代遅れの概念の寄せ集め、支持されなかった考察が入った福袋、利己的でひとりよがりな引用文が混乱したもの。

　フィッシャーはさらに、「意地の悪いゴードン」は経験主義と経験主義に基づく実践の性質を考え違いしていると厳しく責めた。フィッシャーは彼の見解を、次のように何度もくり返している。

　　経験主義に基づく実践とは、調査による基盤がある実践ではなく、調査に基盤をおく実践を指しているのである。経験主義に基づく実践とは、我々が行うことは何かを確認しようと試み、いつ利用しようとも有効な実践技術や方法を活用しようと試みることを指している。経験主義に基づく実践とはまた、我々のクライエントに対する潜在的危害を避け、同時に積極的な効果があるようにプログラムを改善するために、我々は何をするのかについて、注意深くモニタリングし、評価することを指している。

　ゴードン（Gordon 1984: 74）は、いくぶん抑制を強めて応答をした。しかし、彼が主張したのは「うまく正体をあらわした真のフィッシャー」が「言葉の乱用、悪態、そして全体的な暴言によって、ある意味では彼の着想を、もっと日の当たる場所におこうと企て、問題を再定義する」ことに従事しているというものである。ゴードンは経験的な調査への彼の関わり合いを弁護した。そして、フィッシャーは「経験主義的」と「経験主義」との重要な相違を単に誤解しているのだと主張した。

第5節　実証主義の妥当性

　幸運にも、この不愉快な騒動から、実証主義がソーシャルワーク研究に適合する際の限界と強さについての理解が一層明確となった。さまざまな対立する者の立場に関する表面的な判断は、彼らが全くの正反対であることを示唆している一方、より正確な判断ではかなり共通した土台にいることをも示唆している。明白な結論の一つは、ソーシャルワークの研究者は事実上、誰も実証主義的視点の極端な見方について攻撃も防衛もしていないことである。明らかに、研究者の中には、経験的、量的な方法の潜在的な貢献に他の何よりも共感している者もいるが、全てのソーシャルワーク研究が、狭く解釈された経験主義に縮小されるべきだという論議をする者を見出すことも難しい。それ以上に、大部分のソーシャルワークの研究者は、質的で非経験主義的な研究の価値を認めているが、中には方法と技術が妥当であるとは厳密に賛成していない者もいる。それゆえ、論争の核心は、非経験主義的な方法とアプローチが妥当である範囲と、経験的方法を調べる有効な補助手段と、経験的方法がソーシャルワーク実践について重要なことを獲得できる範囲とに関連する。長引いた論争の結果として、実証主義の強さと限界に関して、幾つかの同意が生じた。経験的な測定方法は、ソーシャルワーク介入を体系的に観察して、評価する機会を提供し、実践が適切であるかの仮説を吟味するのである。それは、一貫性、信頼性、そして繰り返し実践することの可能性（保証はないけれども）を提供する。それは、非経験主義的な研究によっては達成することが困難なことである。

　しかし、経験主義的方法は周知の限界をもっている。それらは主として、(1) 概念構成と測定、(2) 研究設計、(3) 適合性、(4) 非人間性、などの問題に関連する。

概念構成と測定

　ソーシャルワーカーが彼らの奮闘のうちに、経験主義的研究をするためには、二つの重要な問題が生じる。第一は、実践における現象にもっとも関連す

る変数を概念的に見極める研究者の能力に関連する。何年間も、例えば、ソーシャルワークと他の精神保健の研究者は、「うまく行った」臨床的処遇に影響する要素を証明しようとしている。しかし、これらの野心に満ちた、部分的には実を結んだ努力にもかかわらず、研究者はもっと精密な研究がなされるような要素を証明しようと努力し続けていた。我々が人間関係と同様に、現象を複雑で神秘的なものとして扱う時、はじめは経験的な探究を保証するような概念を証明することにかなりの困難さを感じる。多くのソーシャルワーカーが信じていることは、証明の困難なある特性が、ソーシャルワーカーとクライエントの間に影響するということである。結論のない思索にもかかわらず、どの属性がもっとも重大な関係があるかについては誰も同意していない（Covey 1982; Witkin 1991）。

　貧困、犯罪的行動、精神疾患、子どもの虐待などのような複雑な社会問題の原因を探求するソーシャルワーカーたちは、同様に挫折感を抱いている。我々は、これらの難しい現象を導く要素について表面的に理解するが、どの変数が関連し研究されるべきかについて、ソーシャルワークの研究者たちが意見を一致させるには程遠い。中には、防衛機制や自己尊重のような精神内の力動性に焦点を当てる者もいる。他には、家族間の力動性、失業、公共政策のようなものと関連する環境的変数に、より強く傾いている者もいる。ソーシャルワーカーはさまざまなレンズを通して実践の世界を見ており、それゆえ、経験的研究で何を測定すべきかについては多くの不一致がある。

　複雑な社会問題とそれへの介入を理解するには限界があるという実践的な結果は、経験的研究がしばしば単純な研究モデルや枠組みに基礎をおいたり、むしろそれらを生み出してしまうことにある。複雑で多変的な文脈で生じる原因論的で介入的な要素を探究したいというニーズを我々は知的には理解できるけれども、我々の研究方法は、人工的に分離された部分にのみ焦点を当てることを強いられるのである。この種の「文脈から離れる」（Mishler 1979; Wood 1990: 377）ことは、最終的には我々の研究の質を軟弱にしたり、薄めたりする。家庭内暴力、抑うつ症、依存症などといった非常に複雑な現象は、我々に何を測

るべきかを知るための能力がないことが原因で、実質のない初歩的な分析に縮小されるかもしれない（Ruckdeschel and Farris 1981; Witkin 1991）。それゆえ、ソーシャルワーク実践で生じることの多くは、不確かである（Nass 1968; Pieper 1985; Beckerman 1990）。

　エプステイン（Epstein 1986: 154, 155）は、次のように記している。

　　たとえ、実験的に似ている単一被験者法が一貫して治療的ソーシャルワークの情報を吟味するために用いられるとしても、その結果はやはり弱く、不確かのままに残るだろう。治療的ソーシャルワークの介入は極度に複雑な仕事であり、それ自身の能力にとって、全く多くの別々の事実が発生することに依存している。……実践の不確かさは、ソーシャルワークが未成熟であることの最も肝要な部分である。それは、この分野での長い間の特徴であり、信頼可能で反復可能な情報を生み出すことを妨害するような問題を解決しても、それが解消に近づいているようには見えない。

　全ての科学者のように、ソーシャルワークの研究者は、サイモン（Simon 1957: 198-9）が「合理性の限界」として言及していることに悩んでいる。すなわち、人間は我々がありたいと思うような、全知的で合理的で一貫した論理的な存在ではない。必然的に、我々の決定と、我々の周囲の世界を把握する能力は、多様で非合理的で非論理的な要素に影響されている。実践に関連する多くの変数の意味を理解し証明するには、ソーシャルワーカーの能力に限界がある（DeRoos 1990）。その結果、我々の研究は欠陥のあるものとなる。サイモンは次のように述べている。「複雑な問題を正確に表し解決するための人間の知性の容量は、問題の大きさに比較すると非常に小さいものであり、その問題解決には現実世界での客観的で合理的な行動が——またはこのような客観的現実に対応する合理的な接近が要求される」。

　もちろん、ある事例では、ソーシャルワークの研究者は関連する変数を合理

的に理解している。必ずしも、全ての研究がかなり複雑でつかまえどころのない要素を伴う訳ではない。子どもの「適切な」行動に関する両親の「強化」の効果についての研究は、かなり分かりやすいかもれない。ニーズアセスメントやクライエント満足調査では、関連する変数の証明に関して、気落ちするような挑戦を強いることはない。しかし、ここにおいてさえ、ソーシャルワーカーは重要な測定の問題に出会う。そして、研究者が何を研究すべきかについて意見が同じである時でさえ、多様な方法論的な障害が正確な測定を妨げている。

　一つの問題が、正確に測定しようとするソーシャルワーカーの能力に関連している。我々が、あるプロジェクトにおいて、信頼、貧困、希望、自己尊重、依存症、攻撃性などの概念を測定することは重要である。しかし、これらの概念について、感覚的で有効な操作的定義と経験的指標（しばしば、表面的妥当性の問題として知られる）を生み出すことは極めて困難である。我々は、これらの現象に関連する感情、態度、行動などの報告について合理的に信頼できる自己報告書、または他の手段を創ることができるけれども、ソーシャルワーカーが測ろうとすることの多くは、まだ「ぼやけて」いて、捉えにくいと考えられている（Brennan 1973; Holland 1983; Imre 1982, 1984）。

　インタビュー、質問票、観察の方法で、経験的データを集めているソーシャルワーカーは、結果を歪めるような固有の状況に直面する。これらの社会研究に「要求される性質」（Orne 1969）は、正確さを歪め、また人間の主観から集められたデータの妥当性に影響する。ソーシャルワークにおけるクライエントは、インタビューや調査の質問に対して社会的に望ましい回答をするというもっともな誘因をもっているかもしれないし、調査や評価をされているという不安が彼らの回答に影響するかもしれないし、さらに研究者自身の期待、偏見、価値などが、それらについての研究者の解釈とクライエントの回答に影響するかもしれない（Allen-Meares and Lane 1979; Berlin 1990; Imre 1984; Pieper 1985; Reamer 1979; Riecken 1962; Rodwell 1987; Rosenberg 1969; Rosenthal and Rosnow 1969; Sudman and Bradburn 1974; Williams 1964）。ハイゼンベルク（Heisenberg 1958）が、彼の古典的な著書である『物理学と哲学』で記したように、何らかの状

況の下では、測定しようとする研究者の努力が測定しようする現象に影響し、これらは真に正確な測定を妨害するのである。この物理学に基づいた観察は、ソーシャルワーカーにとつて役立つ共通点を与えている。ブロノスキー（1973, Beckerman 1990: 401 より引用）は、次のように述べている。

> 物理学の目的の一つは、物質世界の正確な描写を与えることだった。20世紀における物理学の達成の一つは、その目的が達成できないということを証明したことだった。……誤りを観察から捉えることはできないことが判明したのである。

設計

　経験的ソーシャルワーク研究のかなりの部分は、原因と結果の関係の分析に用いられており、特に処遇と介入の効果に関係している。しかし、これらの説明的研究は、しばしばその設計の限界のために妥協させられている。これらの限界は普通、内的妥当性と外的妥当性の問題と関連する。

　「内的妥当性」は通常、一つまたはそれ以上の従属（原因）変数における変化に帰属する、独立（結果）変数において変化する範囲として定義される。説明的研究の鍵は、介入とは別の独立変数における変化を説明するような、外部からの影響とは関係のない要素を制御する能力である。理想的には、外部からの影響とは関係のない要素は——それらは成熟、同時代の出来事、歴史的出来事、尺度などの影響を含むかもしれないが——せいぜい古典的で経験的な設計を用いることによって制御される。このような設計は実験群と対照群に、選ばれる資格のあるクライエントを無作為に割り振り、次にベースラインまたは予備テストを収集し、実験群のクライエントへの介入を導入し、さらに追跡または研究後のテストデータを収集することを含む。原理的には、この戦略が、多量の要素をコントロールするための最も効果的な方法であることは、広く同意を得られている。この調整の下では、実験群と対照群の間の結果の違いは介入にのみに帰属するのである。対照群がなければ、介入がなされないクライエン

トに何が起こるかを知ることは難しい。実験群と対照群に無作為に割り振ることがなければ、——すなわち、もしグループが元のままで実験群と対照群に用いられるのならば——結果の相違はグループの間での最初の違いのためであるかもしれない。

　古典的な実験設計は、実験室のような場ではうまく機能している一方で、ソーシャルワークの研究者はしばしばその実施の困難さに出会う。前述したように、幾つかの妨害がその道に立ちはだかっている。第一に、ソーシャルワークの機関がクライエントを実験群と対照群に分けるような立場にはないことである。この理由は、これら二つのグループを満たすために必要とされるクライエントの数が不十分であること、または対照群に相応しいクライエントから介入を引き上げてしまうことが、非倫理的だからである。この問題についての実践的方法は、幾つかの事例に見られるけれども（例えば、資源に限界のある機関は、待機リストの作成に費やす通常の時間を超えないように、待機リストのクライエントをある期間、対照群においている）、倫理的考察から、対照群を使うことをしばしば排除している。

　第二に、ソーシャルワークの機関がしばしばクライエントを実験群と対照群に任意に割り当てることができない立場にあることである。記号論理学的からの制約という理由で、ソーシャルワークの研究者は、クライエントの二つの元のグループの比較を決める必要があるかもしれない。例えば、二つの異なる在宅プログラムから選んだクライエントのグループ、または二つの異なる介入を受け取ったグループなどである。

　第三に、ソーシャルワーク研究者が、しばしば時間の問題に直面することである。データの収集と介入のための研究者のタイムテーブルは、機関のスタッフやクライエントのそれとは一致しない。機関は、介入後のほんの何週間かは研究者が収集したデータを喜んで使用するだろう。その結果、設計はそのプログラムで実際に生じたことを一瞥するだけである。

　これらの設計の制約は、典型的には、ソーシャルワークの研究者が、研究の結果に対する多様でまことしやかな別の説明を除外することが難しいことを

意味する。その結果、変数間の因果関係を証明しようとするソーシャルワーク研究は、しばしば変数間のさまざまな相関関係の単なる証明の決定を求められる。もし、ソーシャルワーク実践の現象に含まれる変数が典型的に直線的な方法で明瞭に現れることがないのなら、我々が使用することを止めた研究設計は、しばしば複雑な相互関係や発生する関係を把握できないように見える。

ギャルファス（Gyarfas 1983: 150）は、次のように述べている。

> 近年、ソーシャルワーク実践や一次元的な実験設計に対する研究を制限しようとする傾向は、……ソーシャルワークの知識の豊かな体系の価値を下げるように影響しており、それゆえに、全体としてその専門性を貧しくしている。複雑で洗練された研究設計において、検討され吟味されるべき概念は、湯水と一緒に赤ん坊を捨てるなということわざのように、無用なものと一緒に捨てられている。なぜなら、それらを厳密に調べるための研究技術を我々はいつも欠いているからである。

他方で、「外的妥当性」は、研究結果が他の文脈に一般化され得る範囲に言及している。ここでまた、ソーシャルワークの研究者は、しばしば限界に出会う。実践的な理由のために、研究標本が少なかったり、また標本を代表していなかったり、結果の一般性に限界があったりするかもしれない。確率的標本（例えば、単純無作為標本または層化無作為標本）に基づいた研究の計画が理想であるけれども、ソーシャルワーカーは、しばしば非確率的標本を選ばなければならない（例えば、偶然の事物、有為な抽出、割り当て、加速度的な拡張）。クライエントのマスターリスト、あるいは潜在的な研究対象はしばしば有効ではなく、それゆえ確率標本の使用をあらかじめ排除するのである。

ロッドウェル（Rodwell 1987: 237）は、多くの経験的研究を伴う多様な設計の限界を簡潔に述べている。

論理実証主義者と経験論者の起源は幾つかの理由で疑問視されている。

（1）統制された実験は、実際の実践とはほとんど類似しない。（2）どんな観察も、偏見を排除できない。実践者は中立ではありえず、クライエントの観察力が、しばしば問題と処遇過程の両方を理解するのに役立つ。（3）どのようなコントロール技術も、問題は混乱し複雑で相互に作用するものであるという事実を変えることはできない。それらを単純変数または何組かの変数に変えることは、実践者を望ましい解決に近づけるよりもむしろ、遠ざけるように働く。（4）状況に対する知識は、普遍的法則より生産的であるように思える。クライエントの固有性は、単一の現実では説明されない。一般化は、個々人を理解することより重要ではない。（5）どのような統計的技術または設計も、研究者のニーズを取り除いたり、または研究者の情報に基づく判断にとって代わることはできない。（6）価値自由な観察やデータはいずれも存在しない。偏見を認識することは、理解のための討論の場を作って客観性を求めること以上に価値がある。

　こうした多様な限界による残念な結果は、経験的ソーシャルワーク研究の重要な部分をかなりのところ無効にするものである。しかし、不運なことに、経験的研究の利用者、そして研究者自身もしばしば、これらの限界を正確に理解することに失敗している（Vigilante 1974; Karger 1983; Schuerman 1987; Witkin 1991）。グゥゼッタ（Guzzetta 1980: 8; Karger 1983: 201 より引用）は、次のように述べている。「ソーシャルワークは、自らをすぐには経験的、科学的、実験主義的研究に適用できないという事実にもかかわらず、科学的であると称するいかなる研究をも我々が受け入れることを信じたいと強く願っている」。

適合性

　多くの経験的なソーシャルワーク研究は、実践者への適合性には限界があるように見える。なぜなら、多くの——確かに全てではないが——研究設計と測定手段はソーシャルワーク概念の核心に的確に触れることができないように思

えるという理由で、実践者はしばしば研究結果には周辺的な価値しかないと不平を言う。ブレナン（Brennan 1973, Karger 1983: 201 より引用）によれば、量的な方法論はソーシャルワーカーが実践において考慮しなければならない対人関係的、社会的、文化的次元を十分に考察できない。これらの要素は「社会科学理論や方法論では把握できないほどに、つかまえにくく、予測ができず、多面的である。……多くの理論、仮説、または人工的で、制御された実験的状況の下でなされた一般化は、それらがソーシャルワーカーが専門的実践で出会う混迷した状況に応用する時、粉々に崩壊する」。その結果、ソーシャルワークの研究者は、しばしばそれらが測定可能と思われるものに焦点を当てがちであり、それは実践者にとっては、相対的に限定された価値および適切なものなのだろう（Allen-Meares & Lane 1990; Beckerman 1979; Pieper 1985; Siegel 1984; Wood 1990）。この傾向は、タイプⅢまたはタイプⅣの過誤として知られているものの結果である（Dunn & Mitroff 1981; Ratcliffe 1983; Weick 1987）。つまり、間違った問題を解決するか、または解決する価値のない問題を解決するかのいずれかであるというのは、たぶん研究者には解決に有効であるような方法論が見えていないからである。ショーン（Schon 1983: 42）は、最近の専門職の研究に関して、次のように記している。

　　さまざまな専門職の実践の地形には、実践者が研究に基づく理論と技術を効果的に使用することができるような高くて厳しい場所があり、さらに、その状況が技術によって解決できない混乱状態であるようなじめじめした低地がある。難しいのは、いかにその技術的関心が大きいものであっても、高地にある問題はしばしば、クライエントにとって、またはより大きな社会にとって、比較的重要ではないということである。一方で、湿地には人が最も関心をもつ問題がある。

　臨床的実践者はまた、グループ化されたデータに基づいた研究の結果を個々のケースに応用することに困難を感じているかもしれない。いわゆる個別的な

（idiographic）実践者のニーズと集合的な（nomothetic）多くの研究データの本質が一致しないことは、経験的発見を実践に適したガイドラインに翻訳したいと願っている実践者にとっては、特に欲求不満を生じさせるものである（Beckerman 1978; Gyarfas 1969; Scott 1990）。ウッド（Wood 1990: 377）によれば、「実験群の比較研究はグループの集計に基づいた報告であるが、実践者は各々のクライエントを処遇しているのであり、エリクソンの用語ではそれは『普遍者』（a universe of one）であって、その人は実験的介入に応答するクライエントのようであるかもしれないし、そうでないかもしれない」。

　時に、研究者は、統計的に重要だが実質的な意味を欠いているような結果を強調する。二変量かつ多変量的統計手続きの使用がソーシャルワークを通して急増する時、これは特に問題になる。長く複雑な経験的な発見についての議論は、統計的には意味があるが、実際にほとんど実践的な意味をもたない、相関関係がわずかなものに基づいた結果を強調するかもしれない。技術的分析に従うことのできる実践者は、しばしば、このようなつまらないが統計的には意義のある結果が、日々の差し迫った関心に対して何の関連があるのかと思いながら、頭をかいて終わってしまうのである。パイパー（Pieper 1985: 7）はこう主張している。「統計的分析に対する現在のアプローチに伴うよく起こる問題は、ルールに対する見通しのない固着が、仮説の思慮深い検討と研究ガイドラインの実質的な価値についての継続的なアセスメントにとって代わってしまった」。

非人間化

　最後の問題は、経験的方法が研究者の手の中でときどきクライエントを単なる操作可能な人質にしてしまうという主張に関するものである。対照群の使用、つまり介入が控えられ、ごまかしとわずかな強制がなされるように逆転した設計は、ソーシャルワーカーが援助しようとしているその人々を非人間化することである（Gyarfas 1969; Imre 1982, 1984）。サリービー（Saleeby 1979, Karger 1983: 201 より引用）が論じるところでは、例えば、「経験的パラダイムによって明確にされた実践が、もし社会的に受容できるサービスまたは人間的な目的

においてなされるのなら、操作の程度、ごまかし、統制でさえそれは公正であると思われる。しかし、問題は方法それ自体が非人間的なものの中から生まれることにある」。

　時には、科学的方法と技術的分析に関する研究者の先入観は薄められており、それに全くとって代わってはいないけれども、専門職の概念的基礎を支える永続的な価値の課題に対するソーシャルワーカーの関心を論じる者もいる。この議論は、ソーシャルワーク現象を量的変数に変化させようとする試みが実践者の注意を正義や平等、利他主義といった概念の鍵となる価値に基づく論点から逸らすことになる（Reamer 1990: 23-27）。ワイク（Weick 1987: 218-219）は、要点を簡潔にまとめている。

　　専門職の発展を検討すると、相互作用的だが明確な二つの影響のつながりがみえる。ヒューマニズム神話はソーシャルワークに個人の価値についての知恵を与え、ソーシャルワーク実践における価値の重要性への傾斜を育てた。同時に、駆け出しの専門職は自然科学の概念と方法に影響され、量的現象の観察と測定から得られた知識を強調した。その後に特徴的な方法で、ソーシャルワークは教育と実践において知識と価値の双方の重要性を含むことによる二重の困難を受け入れたのである。

　　しかしながら、これら二つの要素の間の均衡は、不平等なものだった。ソーシャルワークが一貫した実践を発展させようと努力する時、それはますます社会科学と結びつくことになり、その源は19世紀の物理学モデルによって形成されたものである。……その結果として、ソーシャルワークの基礎には固有の不一致があるのである。古典的な科学の慣行のもとで発達した知識が価値の領域を覆い、多くの方法で奪い取ったのである。価値は「知識優先の実践」という偏在する格言によって証拠づけられたように、知識に従属させられたのである。

　明らかに、概念形成、測定、設計、適合性、非人間化に関係する問題は、い

くぶんソーシャルワークにおける実証主義の価値を制限している。経験的な方法が我々に実践的な領域を与えるという構想は不十分になりがちである。なぜなら、幼稚な測定、無効になった設計、その他の「雑音」や間違いの源泉などと結びついたためである。我々は、ソーシャルワークでは自分に関連する現象が、普段は正確な「時計」のように生じると空想しているけれども、事実、それらは無定型で、無秩序で、予測できない、捉えにくい雲のようなものである（Popper 1965）。

第 6 節　知識のモデルに向かって

　80 年代の 10 年間は、特にソーシャルワーク研究における実証主義の役割について活発に議論された。この年月の間、数多くの思慮ある選択が出てきたが、それは広く知られた実証主義の限界に対する反応だった。多くのソーシャルワークの研究者が、実証主義を批判している一方で、その要素の全てを放棄することを提唱する者はほとんどいないことを記しておくことは重要である。むしろ、大部分は、その有効な特色と結び続けようとする一方で、実証主義を超えようとするニーズを強調する別の方法を提案している。

　ソーシャルワーク研究のもっとも効果的なモデルは、多くの鍵となる要素を含み、さらに多様な量的で質的な方法論と多面的なデータの源泉を含む、という合意が現れているように思われる。これらの要素は幾分重なりながら、質的アプローチ（時に、規範的アプローチとして知られる）、自然的アプローチ、発見的アプローチ、解釈的アプローチなど、多様に知られている研究モデルであるけれども、いずれかを選択し、異なる形態をとる。

　明らかに、ソーシャルワークに対する質的アプローチは有効な役割をもち、エスノグラフィー、エスノメソドロジー、参与観察法、自然主義的調査、フィールド調査、現象学的調査などを含む。慣習的な経験的アプローチとは対称的に、——それは客観性、予測性、因果論、決定論、実験主義、量化主義、観察的分離、さらに確定性に対する目的などを強調するが——質的アプローチ

は主観的解釈（それは、原理的には客観的に研究され得る）、説明、研究対象との密接な関わり、プロセス、価値、洞察、直観、象徴、関係性、相対主義、信念などに焦点を当てている（Peile 1988）。

　特に、質的方法は、いかにクライエントがその生活状況を解釈し、その自然環境の中で行動するかについて理解する方法として有効である（Haworth 1984; Ruckdeschel 1985）。そして、ソーシャルワーカーがいかに援助するかについても有効である（Scott 1990）。ファインスタイン（Feinstein 1967, Scott 1990: 565 より引用）が述べているように、全ての実践者は容易に量的測定に変換できないような豊かな質的知識をもっている。

　　臨床家は、彼が患者を治療する時はいつも実験をしている。……しかし、我々は実験室での実験に従ったような科学的な「視点」を、普通の臨床治療に向けるようには、いままでは決して教育されなかった。……我々はそれを「アート」（技能）と呼ぶように教えられ、科学的な注意が相応しくないような神秘的な直観の領域に知的な側面をあてがうようにしてきたが、というのは、それが臨床的ケアの実践的で日常的な仕事にとって有効だからである。

　ソーシャルワーク研究の自然主義的アプローチとして知られているものは、質的アプローチの原理的仮説に基づいている（Denzin 1971; Lincoln & Guba 1985; Lofland 1974; Rodwell 1987; Willems & Raush 1969）。自然主義によれば、調査は幾つかの鍵となる原則に基づいている（Lincoln & Guba 1985; Rodwell 1987）。

1. 現実の性質。単一の現実は存在しない。むしろ、多重的な現実が存在し、それは多様な視点から理解できる。これらの多岐にわたる現実の予測や統制はできそうもないが、幾つかのレベルでは理解が可能である。
2. 観察する者と観察される者との関係性。研究者と被験者は相互に作用し、影響する。研究の文脈で「要求される性質」（Orne 1969）は、研究の

被験者が研究者によって伝達された手がかりによって影響され、研究者は被験者によってもたらされた手がかりに影響される。

3. 一般化の限界。研究の原理的な目標は個人のケースに関連する個別的な（idiographic）な知識を生み出すことである。

4. 因果関係の限界。まっすぐで、非対称的で、直線的な因果関係は、実際には存在しない。メイヤー（Meyer 1990: 398）は、臨床的ソーシャルワークに関して、次のように述べている。「ケースデータは、現実的には決して直線的に合算できない。それらはただ相互作用し、より複雑になって『曲線的』になる」。研究全体の間の因果関係が複雑であれば（例えば、クライエント、介入、組織、コミュニティ、人口統計的傾向）、ソーシャルワーカーが結果から原因を識別することは困難である。

5. 価値の適合性。価値は研究の中心である。価値は研究のための最初の選択、方法論、調査を行うために用いられる理論的枠組み、結果の分析と解釈に影響する。

　自然主義によれば、この一連の原理は、研究が人工的でも文脈的でもなく、自然になされることを要求している。このように、クライエントの日常生活の環境や社会的背景の中で彼らを観察することを含む方法論は、制御された実験室での実験より優れている。データは、より伝統的な言語に基礎をおく資料に加えて、直観と感情に基づいているかもしれない。データは観察や、読む、聞く、話すといった質的方法を通して集められる。可能な時はいつでも、データの資料は調査結果の解釈のために参考にされるだろう。さらに、研究者は仮の結論を出すことにも注意深いのである。

　自然主義的な枠組みは、サイモンのいう「合理性の限界」についての結論である（Simon 1957）。サイモンが論じるところでは、非論理的だが、非合理的でもない要素が、人間研究と問題解決に対しては本質的である。彼はさらに、環境を理解し、環境と交渉する人間の努力は、客観的世界への不十分な描写に対する主観的なアプローチに頼っていると論じている。我々の行為は客観的現実

を比較的、簡素にした理解に基づいている。

　制限された時間と理解に照らして、人間は選択を「最大にする」ことができないことを一貫して受け入れなければならない、つまり、望ましい目標を最大化するか、または最大化に導くような選択をするようなことはできないのである。その代わりに、我々の決定は、サイモンが「満足させること」（satisficing）と呼ぶことによって導かれるに違いない。そこでは、我々の選択は、「十分よい」ものを生み出すような結果となる。これらの理想ほどではないが、現実的な状況の下での問題解決のために我々が従うルールは、発見的教育法と呼ばれる。我々は、意志決定のために正確なアルゴニズム（訳注：問題解決のための段階的手順）をより好むとはいえ、我々に合理的なガイドを与えてくれる、おおざっぱなやり方に等しいような発見的教育法に満足しなければならないのである（Deroos 1990; Mullen 1985; Simon 1957）。

　ウィムサット（Wimsatt 1981）によると、発見的教育法は三つの主要な属性をもっている。(1) それらは正しい決断を保証しない。(2) 解決に含まれる時間、努力、そして計算上の複雑さは、演算法的手続きに対するほどには重要ではない。(3) 発見的教育法を用いる結果として起こる失敗と過ちは体系づけられている（DeRoos 1990）。もし、「合理性の限界」があるなら、ソーシャルワーク研究において、一般性、正確さ、現実性を同時に最大化することは困難である。通常、これらの属性はそれぞれ、少なくともそれらの一つを失うことによってのみ達成できるだろう（Levins 1966）。

　自然主義者と同様に、発見的教育法のアプローチも次のような主張をしている。コントロールされた実験はしばしば、人工的または非現実的な結果を生む。研究者は中立的な観察者ではない。被験者の認識と解釈は情報の価値ある根拠である。複雑なソーシャルワーク現象を単純な因果モデルに変化させる努力には、限られた価値しかない。普遍的法則よりも、状況の認識を追求する方がより価値がある。情報に基づく判断は、統計的分析を補足しなければならない。価値は、どの研究においても本質的な構成要素であり、それなりに認められなければならない（Mullen 1985; Pieper 1985; Simon 1966）。発見的教育法のアプ

ローチは、多くのソーシャルワーク研究の価値を限定するような基準を、その提案者たちが限定的な研究とみなすことに挑戦している。発見的教育法の公式によると、経験主義、数量化、客観化、予測性に基づくソーシャルワーク研究は、現実に存在する世界を見ていないのである。

　自然主義的および発見的教育法の双方のアプローチに共通する決定的な筋道は、何らかの人工的で、実験的な、わざとらしい設定に反対し、実践の文脈における認識の生成を強調することである。このことは、1899 年のジョン・デューイによる、アメリカ心理学会の会長講演で有名になったのが最初である。デューイは、実験室から得られる認識の限界について述べた。「測定をより正確なものとする状況のより完全な制御には、ある種の遠隔操作を導いたり、ある種の人工性をたやすく導いたりしてしまうような通常の思考や行為の媒体を除外した、孤立状態を要する」（Rein & White 1981:34 より引用，さらに今日的な見方はミシュラー〔Mishler 1979, Rein & White 1981: 35 より引用〕によって提示されている）。

　　文脈奪取（文脈を取り除くこと）は、実験設計、測定、統計的分析の標準的方法の鍵となる特色である。……我々の手段は、それらが機能する個人的かつ社会的文脈から変数を分離することを目的としている。我々は純粋な変数、他の変数によって汚染されないであろう統一された測定を見出そうとしている。……これらの最近の論評の顕著なテーマは、研究が発見したことが文脈に依存するようにみえるような発見である。

　このような文脈に基盤をおいた研究に対する古典的な提案は、ドイツの哲学者であるヴィルヘルム・ディルタイ（Wilhelm Dilthey）によって、20 世紀への転換期の頃になされた。彼は、解釈学的（hermeneutical）アプローチを提唱した。これ（ギリシャ語の hermeneutikos〔解釈すること〕から引用されている）は通常、解釈と説明の科学として定義されている（Habermas 1971; Orcutt 1990; Palmer 1969）。何世紀もの間、解釈は文学作品の意味と正確さを研究するために用い

られたアプローチだった。この視点によると、人間と社会現象は、広い歴史的文脈の中で、それ自身の文化的、概念的、個人的偏見に対する鋭敏な意識をもって、研究されなければならないのである。

　質的、自然主義的、発見教育的、解釈的アプローチによって促進されてきたこの種の研究に対する支援は増えているけれども、ソーシャルワークの研究者の中には、これらの見方について、より試験的で穏健な受け入れを求める者もいることを記しておくことは重要である。ミューレン（Mullen 1985: 16）は、例えば実験的、数量的でまた他の慣例的な実証主義の特徴の使用をあらかじめ排除しようとする方法で、教育発見的モデルを熱狂的に受け入れようとすることには注意を促している。

　　個人的な好みがあるにしても、科学的な援助に有効な手続きから数量化と統計的分析の記述的または推量的タイプを排除することは、たいていの科学者にとっては最も受け入れられそうもないことだろう。大方の研究者は、これらの手続きを排除することは、実践のために発見されてきた力強い記述と分析の道具を捨てることになると述べている。基本的な測定と統計的仮説に合わないことが頻発するにもかかわらず、である。彼らは経験上、知識、ケア、技能によって、重要な心理学的かつ社会学的な質が測定されるのであり、そして多くの統計的手続きは粗雑であるというだろう。彼らは、これらの困難に対して、測定と統計的分析の領域でなされた著しい進歩を指摘している。それらは応答的な統計的分析（質的データの統計的分析、ベイズ統計学的方法、多重変量手続きといったもの）である。さらに、彼らは、これらの量的手続きは、本質的な関心を単純化し、切断し、客観視する傾向にあり、これがそれらの機能であるというだろう。

　　量的－質的間のディレンマについての発見的教育法の視点は、明らかではない。その視点は多くの推量的統計を拒否しており、有意性の検査の放棄を求めている。しかし、一般化に到達するための別の手続きを提

案していない。

　こうした意見の重要な相違は、ソーシャルワーク研究にとって最も実効可能なモデルに固執しているが、ソーシャルワーク研究者の多くは、多様なデータ収集の道具、その資源、そして分析と解釈の方法を体系的に信頼できるアプローチを好んでいる。

　認識論的議論をするほとんど全ての評者は、演繹的かつ帰納的枠組み、量的かつ質的データ収集の技術、多数の標本と少数の標本、客観性と主観性、説明と予測性等についてはもっともな理由があることを認めている。今やそうした認識は拡がり、優れたソーシャルワークも当てにしている。ウッド（Wood 1990: 378）が示唆するように、「多視覚的な実践者の能力は、——自らのケースを見定めるための多様なレンズをもつこと、そしてケースデータに最も適合する概念を見るレンズを選択するために必要な臨床的判断をもつこと——に左右される。まさに、ある事例において、またはたとえその事例の面接が一回であった時でも、有能な実践者は次々と、また同時に、幾つかの異なる記述的かつ規範的な理論を利用するだろう」。

　しかしながら、たいていのソーシャルワーカーは、「その場限りのアプローチ」を探して「福袋」をかき回すようなコレクションとして、さまざまな認識論的視点や方法論的技術を見てはならないことに同意している。研究における無秩序と相対主義の極端な形態は避けられるべきである。むしろ、ソーシャルワーカーは、多様な実践的状況に要求される最も明快で、啓発的で、注目せざる得ない情報の根幹を生み出すために、多様な研究の視点と技術を体系的に引き出す必要がある。例えば、情緒障害のある青年に対する長期的な施設プログラムの公式的評価は、量的で経験的な基盤、チェックリストからの自己報告データ、質問紙票のデータ、アカデミックな実践データ、加えて幾つかの自然な環境における広範囲な観察に基づいた質的データの組み合わせを必要とする。うつ状態にあるクライエントになされた改善についての単一被験者法（n=1）は、一週間ごとに管理された基礎的うつ状態の経験的な測定から引き出

された量的データと、非構造化された観察と面接から引き出された質的データとの組み合わせを必然的に伴うだろう。どんな特別な方法論的戦略も、市場を買い占めることはない。それぞれが強さと限界をもつ。想像的で実り豊かで、かつ多様なソーシャルワークの文脈と状況に合致するための認識論的視点と方法について、倫理的に適切な組み合わせを構築することは、挑戦である。アレン・ミアーズとレイン（Allen-Meares & Lane 1990: 455）は、量的および質的データ収集技術の利用についての考察を次のよう結論づけている。

> 統合の鍵は、単に量的および質的データ収集技術の双方を利用することではなく、むしろもっと複雑なアプローチである。ソーシャルワークの正しい段階で適切な技術と組み合わせを用いることである。統合は付随的な過程ではない。それは、量的および質的なデータが単一または異なる目的に役立ち、さらにソーシャルワーク過程を強化するために互いに補強するように働く視点である。

　しかし、単によりシステム的で選択的な認識論的視点の統合、データ収集の戦略、そしてデータ分析の技術を抽象的方法で促進するだけでは十分ではない。効果的な統合は、より特殊な規定を要求し、実地調査や記述的で説明的な研究を含む全てのソーシャルワーク研究の領域において発生しなければならない。効果的統合は、理論構築、仮説考察、ニーズアセスメント、プログラム評価、単一被験者法の実験設計を含む、多様な研究目標について行われる。
　統合は、幾つかの方法でアプローチできる（Peile 1988）。マルクスやヘーゲルを起源とする「批判的パラダイム」によれば、効果的な統合は、弁証法的過程の結果として生じる。弁証法的過程は、原則として、「命題」（例えば、実証主義）と「反定立」（例えば、自然主義）の間の葛藤から、「統合」を生み出す。過去10年から15年にわたるソーシャルワーカー間における認識論についての議論は、弁証法的過程の現れとして見られるかもしれない。最大限の統合は達成できないけれども、この論議が熱心になされ始めた時以上に、方法の統合に対す

る必要性について、今やより多くの同意がある。

　「創造的視点」（Peile 1988）として知られている第二のモデルは、統合的視点を与えるために二つの部分的な視点を合わせるように計画されている。このように、創造的アプローチは、もし我々が本当にソーシャルワーク現象を理解することができるなら、二つのアプローチが分離できないことを証明する方法で、実証主義と反実証主義の要素を合わせるだろう。どの単独の視点も決して完全な視点ではない（Bohm 1980, 1981; Prigogine & Stengers 1984; Sheldrake 1985）。

　第三のアプローチは、ソーシャルワークにおける近年の統合的な試みに最も近似しているものであり、一般的に「研究グループの新しいパラダイム」として知られているものの産物である（Burrell & Morgan 1979; Feyerabend 1975; Morgan 1983; Reason & Rowan 1981）。このアプローチは、どの研究枠組みも優ったものではなく、全ての視点とアプローチは必要であり、相互依存していると主張する。この思想の学派の主唱者にとって、実証主義と非実証主義は「多重方法的認識論的アプローチ」の内部で統合されることが必要なのである（Peile 1988: 12）。

　明らかに、この論争の参加者の多くは、――方向性において実証主義者も非実証主義者の双方とも――混合の本質についての幾つかの異なる意見があることは疑いないけれども、方法論的な多重性を好んでいる。ハイネマン・パイパー（1985: 6）は、次のように結論づけている。「我々にとって重要であるような問題に役立つ知識を与えることを約束する全てのことは、何でも試されなければならない」。ミューレン（Mullen 1985: 18）は、ハイネマン・パイパーに対する批判で、ソーシャルワークの研究者は広範囲の実体と方法を扱っており、加えて「この多様性がソーシャルワークの優位性である」と結論を下している。ベッカーマン（Beckerman 1990: 401）は、「もし、研究者と実践者が連続した知識に同意するならば、彼らは互いにもっと効果的に話し合えるだろう」と論じている。さらに、アレン・ミアーズとレイン（1990: 452）は、「量的かつ質的パラダイムは有効な要素を含んでいる。ソーシャルワークが直面している本当の課題は、これらの二つの視点を効果的に一元的アプローチに統合する

方法である」と述べている。他にも、同様の意見が繰り返されている（Becker-man 1990; Berlin 1990; Brekke 1986; Geismar 1982; Haworth 1984; Imre 1982, 1984; Meyer 1990; Peile 1988; Reid 1987; Rodwell 1987; Ruckdeschel & Farris 1981; Schuerman 1987; Scott 1990; Videka-Sherman & Reid & Toselamd 1990; Weick 1987; Wood 1990; Zimmerman 1989）。大部分の論議の評者は、直接または間接に、デンジン（Denzin 1978）が数年前に「多重三角法」と言及したものの価値を認めている。ハルトマン（Hartman 1990: 4）は「実際のところ、知ることには多くの方法があり、知る者にも多くの種類がある」と述べている。

　認識論的多元主義は、多様なソーシャルワーク研究の努力には適しているけれども、——特にニーズアセスメント、プログラム評価、単一被験者法の実験設計において——理論構築に関しては、達成することが困難である。アセスメントや介入理論の中には、例えば、多元性を招くものもある一方、他は明白な理論的偏向を反映した基礎的、基盤的な前提に基づいている。もし、ソーシャルワーカーが行動理論的な指向をしたアセスメント理論か、また精神力動的な指向をした処遇理論を展開させ始めるのなら、——そして他の理論的視点を統合させようとしないのであれば——認識論的多元主義は、非現実的になるかもしれない。ラカトス（Lakatos 1980）が示唆するように、妥協なき先入観は研究の周囲に「防衛ベルト」を与えるのである。もし、ソーシャルワーカーがある理論的視点を保持しようとするなら、——そして幾つかの例で、彼らはそうする当然の理由をもつが——我々は合理的にみて、彼らが意欲的な多元主義の形をもっているとは期待できない。個人が理論に忠実であることと認識論的仮説の間には、親密な関係がある。硬派の行動論者は質的、非経験的測定を単純に喜んで受け入れはしないだろう（Brekke 1986）。認知的指向の実践者は、精神内界的な現象の用語を使うことを喜ばないだろう。これらが理に適った先入観かどうかは、議論する価値がある。しかし、ソーシャルワーカーの視点において基本的な変化がなければ、認識論的多元主義はこれらの状況ではほとんど意味がない。

　我々の間で操作する認識論的枠組みが何であろうと、結局、ソーシャルワー

カーが実践、政策、管理などに関係するグランドセオリーを生成しそうにないことを認識することは重要である。社会問題の因果論と効果的介入などに関する理論的記述を一掃するような立場にはなりそうにもない。もっとありそうなことは、我々の目的は、マートン（Merton 1949）が「中範囲の理論」と称したものに向かっていくだろうということである。つまり、その主要な目的が、実践者が社会問題の具体的側面とそれらに関連する介入を理解できるように援助することである（Shireman & Reamer 1986: 104; Wood 1990: 387）。

　これは、ソーシャルワーカーの知識を創造する能力が、実践において限界をもち続けそうだということを率直に示唆している。我々の方法論的手段は、専門職としての体をなした一世紀間に確かにより洗練されてきた。そして、我々は自信をもって、これらの手段が何度でも一層洗練されていくことを予想できる一方で、ソーシャルワークの世界を理解し測定する能力はむしろ未発達である。我々が理解できないこと——決して把握できないこと——は、社会問題の決定要因、それらの相関関係、介入など、多数存在している。これは、ソーシャルワーカーが実践の本質と結果について説明しようとするさまざまな試みの中でなされた印象的な進歩を割り引くことにはならない。我々は明らかに、適格で価値あるプログラム評価、ニーズアセスメント、記述的研究などをかなり行使できる。しかし、より意欲的な解釈的研究に関しては、我々は率直にその進歩の相対的なつつましさを認めなければならない。ポパー（Popper 1950: 193）は、科学的研究における非決定論を自らの思考の源泉としている。

　　我々は、この誤った解釈が「科学」をある種の全能の神に帰する傾向の結果であると示唆している。そして、この科学についての理論的視点は、もっとヒューマニスティックな見方によって、また暗闇の中を手探りで進むような、科学が普通の人間の仕事であるという現実によっておき換えられるべきである。そうすることで、時に我々は興味あるものを発見するのである。我々は驚くほどうまくいっているのかもしれない。しかし、我々は「真実の全体」のようなものを決して手に入れることは

できない。我々の理論は、自然の記述ではなく、多かれ少なかれ偶然によって、我々が自然の装いから引き抜いたごくわずかなたぐいのものである。

　事実、因果論とソーシャルワーク介入の効果に関する我々の知識は、せいぜい部分的であるか、またはブロッドベック（Brodbeck 1968）が適切に「不完全な知識」と称したものである。外的要素を適切に測定し、制御し、さらに関連する全ての変数を第一に想像する我々の能力は、我々の知的な能力と洞察の限界によって制限されている。そして、もし、我々が完全には決定されない世界の中で生きるのであるなら、これがたぶんあるべき方法なのである。

第5章　美学

事物の美は、それらを熟考する精神に存在する

デイヴィッド・ヒューム

　ソーシャルワーカーは常に、熟練した実践が、芸術的そして美学的な要素を含んでいることを認めてきた。ソーシャルワークの介入や人間の行動、そして社会福祉政策に関連する科学に基づいた理論的な知識は、有能で一流のソーシャルワークには欠かせない構成要素であるが、（曖昧な説明になるが）優れた実践には一つの芸術的なものがあることは、広く認められている。

　芸術の概念、そして芸術家を象徴するものが、ソーシャルワークを通して現れる。我々は時に、ある複雑なケースへの臨床家の無類に効果的で、斬新な介入について、「芸術的」であると物語る。我々はまた、地域住民による、質の高い地方自治体のサービスを求める運動の中で、彼らの能力を高めるコミュニティ・オーガナイザーの芸術的な努力についてもそのように物語る。

　実際、1930年以前には、多くのソーシャルケースワークの定義が、それを一つのアート（技能）として扱っている（Bowers 1949; Rapoport 1968: 139）。このような言い方はやや表面的なものであるが、ソーシャルワークの最も初期の専門家や学者が、ソーシャルワークがもつ芸術的で美学的な局面を認めていたことは明らかである。メアリーリッチモンドは、1917年に出版されたその古典的な著書『社会診断』（Mary Richmond: 103）の中で、ケースワークを一つのアートとして論じている。

　さて、ソーシャルケースワークの方法の細部に着目する。いかなる芸術

においても、その創作過程の説明は、必然的に過程そのものよりもはるかにぎこちなくなることは覚えておく必要がある。そのうえ、結局のところ芸術の専門家は、独力で全体の核心を見いださなければならない。つまりこの私的な世界を表現するためには、専門家自らの方法を得ることが芸術には欠かせないのである。

　数年後には、カール・デ・シュバイニッツもまた、『困難から人々を救う芸術』（Karl De Schweinitz 1924）の中で、ソーシャルワークを一つのアート（技能）として特徴づけた。1942年には、ベルザ・カペン・レイノルズ（Bertha Capen Reynolds: 231-2）が、その著書『ソーシャルワーク実践における学習と教育』において、「芸術家としてのソーシャルワーカー」について最も明瞭に特徴づけた記述を発表した。

　全ての芸術は、芸術家という人間を何らかの方法で一つの道具として使う。画家は創作することができる以前に、見えていなければならない。音楽家は体全体で、音とリズムを聞きそして体験しなければならない。医者は、彼が診る全ての患者を助けるための方法を選択できるためには、それ以前に適切に診察を行わなければならない。俳優は、人生の諸々の場面における特徴や行動を演じるために、自分のパーソナリティを活用する。ソーシャルワークは、人々との真に意味のある関係を通じてのみ、活力あるものとなる。全ての芸術は、必然的に不安や緊張を生み出す社会の中で、人々の、滅多にない自由を求める。多くの人々が逃避を求め、また全ての人々が創造的なくつろぎを必要とする時代に、芸術はますます必要とされるのである。

　その最後で、レイノルズは、「ソーシャルワークは、一つのアートであり、あるいはそれと同等のものである」と締めくくっている。
　また1952年には、『ソーシャルワークジャーナル』の中のタイラー（Tyler

1952: 56; Rapoport 1968: 140-41 より引用）による専門職教育の特性に関する独創的な評論においても、実践における芸術的手腕の主要な位置づけについて言及されている。

　ある職業が専門職であるということは、決まりきった作業や技術によるのではなく、むしろ主要な原理や概念が芸術的に適用されることによって遂行されるような、複雑な課題が間違いなく含まれる。これらの原理の適用には、その原理の適用が要求される独自な局面が何であるかを見極めるために、特定の問題の分析が必要とされる。この適用こそ芸術的な課題である。すなわち、それは技術に加えて、個人的な判断や創造力を含むのである。

　現代のソーシャルワークの文献もまた、実践の芸術的そして美学的な局面にかなりの関心を向けている。アートとしてのソーシャルワークに関する大部分の言及は、専門職の中でも最も熟練した専門家が自らの業務を遂行する芸術的な方法を引き合いに出しながら、臨床実践やケースワークの技術に焦点を当てている（Richan and Mendelsohn 1973; Tropp 1976; Wiegand 1979）。著者の多くは、何らかの注目に値する箇所や視点、また方法において、ソーシャルワークとアートとが共有する部分について説明している。最も明瞭な記述の一つが、ソーシャルワークがもつ科学的、芸術的要素についてのボエム（Boehm 1961: 145）の評論の中に記されている。

　私は、ソーシャルワーカーがその専門的な活動の遂行において芸術家であることを大前提とする。専門職としての努力は芸術家の創造的な努力にたとえられ、専門的な課題の遂行には、多くの要素を専門的行為に適合させ、融合することが求められるが、ソーシャルワーカーはその意味で芸術家なのである。

ソーシャルワークとアートとの間の関係を描写する試みは、ラパポート（1968: 151）による「ソーシャルワークにおける創造性」という評論において、特に思慮深いものとなっている。

　　ソーシャルワークは、アートと同様に、課題解決に従事するが、その課題は表現やコミュニケーション、変容や変化に関する課題である。その双方は、どちらも人間的な題材や人間的なテーマを扱い、どちらも詳細に至る「認識と接触」が求められる。どちらも創造的で想像的な自己の活用を必要とする。どちらも特殊な距離感や客観性が求められる。このように、ソーシャルワークの中では、我々は共感的な反応に加えて、客観的な評価の必要性について考えることが習慣になっている。

　ソーシャルワークとアートの関係を論ずる二つの非常に意欲的な試みが、サイポリン（1988: 178-9）による「一つの芸術の形としての臨床ソーシャルワーク」という評論、そしてイングランド（England 1986）による『アートとしてのソーシャルワーク』という著書に見られる。サイポリンの主張の主な要点は、ソーシャルワーカーは、特に実践の中の芸術的な局面である、専門家としての創造的なやり方や援助関係そして象徴的なコミュニケーションに関して、より徹底的な探求を必要とするということである。サイポリンによれば、自らの実践の芸術的、美学的な要素を理解するソーシャルワーカーは、ソーシャルワークの過程に関する理解、またそれについての洞察を深めるとされる。

　　芸術の主要な目標は、美を生み出すことである。ソーシャルワーク実践の目標は、人々が社会的機能における問題を解決するのを援助することである。ソーシャルワーク実践とアートとは、視覚に訴えるものや、文学あるいは舞台芸術によって表現されるような、多くの共通の性質をもつ。どちらも専門的な技術の遂行以上に多くのものを含んでいる。どちらも素材や主題を個別化し、新たに作り直すことに関わっており、また

システムの構成要素の調和やバランスがとれた形を作り出すことや、さらに主観的、個人的な経験の変化や伝達に関わっている。どちらもが、独自な調和のとれた構成要素のまとまりを現すことや、あるいはそれを達成すること、また、このような一体化した経験を伝達し共有することを試みる。どちらも、より価値のある新たな現実や、さまざまな形態を生み出すことを予期し、そしてそれらを構成するために、創造力や技術を用いるのである。（中略）

　ソーシャルワーカーは、本質的に芸術家と同じようなやり方を用いる。ワーカーは、明確な、釣り合いのとれた、統一性のある構造になるように援助を計画し、また形作るように試みる。ソーシャルワーカーは、セラピーにあるリズムに関心を払い、課題や業務の遂行には、始まりと中間、そして終わりがあることを明言する。ワーカーはまた、人生におけるさまざまなテーマがもつ旋律にも関心をもつが、それは、例えば男女の親交への不安や生得的な弱さや罪、あるいは運命への信仰といったようなしばしば異なる世代間にまたがるものである。専門家は、クライエントに対して、知的にそして情緒的に携わり、また刺激をし、影響を与えるために、例えば感覚的なイメージや比喩、また心理社会的な儀式や儀礼といったさまざまな技術的な手続きを利用するのである。

　イングランド（1986: 114, 117）による『アートとしてのソーシャルワーク』においては、実践がもつ芸術的で美学的な要素に関しての専門職による最も詳細な検討の一つがなされている。イングランドは、主としてイギリスのソーシャルワークに焦点を当て、イギリスのソーシャルワークの文献を広く利用しながら、多くのソーシャルワーク実践がもつ主観的、直感的な性質を探求している。イングランドによれば、「自己の直感的な活用」が良いソーシャルワーク実践に欠かせない要素であり、それを修練し応用していくことがアートの形を構成することを、ソーシャルワーカーが認識する必要があるという。

ソーシャルワークをアートの伝統の中に位置づけるための、しっかりした土壌があることが明らかになっている。アートは、全てのソーシャルワークの内容を特徴づける、その場限りのものへの認識と探求を与える。すなわち、もしソーシャルワーカーの理解が、適切に統合化されかつ筋の通ったものであるべきならば、彼らが担う総合的な判断の営みがアートとして認められ、またそのような理解の仕方に対して、芸術と同様の高い価値がおかれる。アートはソーシャルワークの理論を強化するのである。（中略）しかるに、ソーシャルワークは、アートの伝統にはっきりと位置づけられ、そして「全体性」を求める努力が実践される社会的な制度として、かなりの潜在的な価値をもっているのである。

　イングランドの非常に意欲的な分析、そして幾つかの短編の評論（Boehm 1961; Eaton 1958; Kaminsky 1985; Rapoport 1968; Siporin 1988）を除いては、実践がもつ芸術的で美的な局面についてのソーシャルワーカーの議論は、著しく表面的なものになっている。ソーシャルワークが芸術的な特徴をもっているということは、会話や文献のどちらにおいても広く認識されているとはいえ、綿密な分析はほとんど存在しない。ラパポート（Rapoport: 1968: 140）は、かなり以前にこのような結論に達し、その時に、「ソーシャルワーク専門職の文献の中では、（中略）芸術性の概念は承認されているに過ぎない。それは重要な研究の対象にもされておらず、誠実に研究に打ち込むことに求められる価値や尊厳、また、制度的な支援を賦与されてきていない」と述べた。最近では、イングランド（1986: 94）とサイポリン（1988: 177-8）が同様の理解に至っている。イングランドは、「アートとソーシャルワークとの間の理論的な関係に特別の関心を寄せているのは、ソーシャルワークの研究者のごく少数である。研究者の多くの仕事は、アートに対する理論的、批評的なアプローチに目が向いていない」と結んでいる。サイポリンは、「ソーシャルワークがもつ芸術性は、学術的な発表や文献においては軽視されている」として、以下のように同様の意見を繰り返している。

多くの革新的、創造的な処遇や技術が、ソーシャルワーク実践がもつ芸
術的で美学的な一面を表す。実践者は、クライエントにとって劇的で、
変化をもたらす力があり、学習的な経験としての援助過程を構築するこ
とを習得してきている。（中略）この習得の諸過程が、処遇方法や技術
を向上させるのである。しかしながら、これらの過程に用いられる美学
的な要素を明らかにし、理解することに対して、あるいは芸術的な用語
でその行動の効果を分析することに対して、ほとんど関心が払われない
ことは残念である。ソーシャルワーク専門職には、そうするための言語
や分析の方法論が欠けているのである。

第 1 節　美学の性質

ソーシャルワークとアートとのつながりがもつ哲学的な起源が、よりいっそ
う深く探求される必要があることは明らかである。この主題についての適切な
扱い方として、我々は最初に美学がもつ性質と、これらの概念とソーシャル
ワーク実践との関連について検討しなければならない。

美学は、一般に美や様式に関する哲学的研究として定義されている。『新英
語辞典』では、美学は「自然や芸術における様式や美の知覚についての哲学あ
るいは理論」として定義されている。この言葉はギリシャ語の知覚すること
（aisthanesthai）、そして知覚できるもの（aisthetica）に由来している。

プラトンとアリストテレスが美と芸術の性質について論評したとはいえ、正
式な意味での美学理論は彼らの仕事には現れていない（Saw and Osborne 1968）。
聖トマス・アクィナス（St. Thomas Aquinas）は、13 世紀の『神学大全』の中に、
美の性質についての論評を含めている。しかしながら、概して、18 世紀以前
には、偉大な哲学者の仕事の中に美学の議論がみられることはなかった。代
わりに、美学に関する記述は、例えばバルタザール・グラシアン（Baltaser Gra-
cian）や、ジャン・ド・ラ・ブリュイエール（Jean de La Bruyere）、そして、ジョ
ルジュ＝ルイ・ルクレール・ド・ビュフォン（Georges-Louis Leclerc, Comte de

Buffon）伯爵といった、比較的小さな形の作品となる傾向があった。

　一般には、美学は 17 世紀の終わりから 18 世紀の始めまでは、明確な研究の対象としては現れていなかった。時間や様式、創造、自然の美、そして模倣といった概念が、美学における中心的な話題として認識されてきたのがその頃だったのである。シャフツベリー（Shaftesbury）伯爵 3 世と彼の弟子のフランシス・ハッチソン（Francis Hutcheson）とジョセフ・アディソン（Joseph Addison）は、この時期に英国で大きな影響を与える人々だった（Aesthetics 1988: 26）。ハッチソンは、我々はいかにして何かが美しいと見分けることができるのか、何が我々の判断を導き、そして何がそれを有効にするのか、というその後広まることになる問いを最初の頃にした人だった。

　美学という言葉は、およそ 18 世紀の中頃にドイツの哲学者アレクサンダー・ゴットリープ・バウムガルテン（Alexander Gottlieb Baumgarten）によって、哲学用語の中に導入された。イマヌエル・カントは、明らかにバウムガルテンによる影響を受けていた。しかし後に、美学という言葉の適用が、バウムガルテンによれば経験の分野に限定されていることを批判して、その語源がもつ意味に忠実なかたちで、美学は一般に感覚による認識の研究を伴うべきであると論じた。美学の特性を有用な、楽しい、あるいは道徳的に良いものについての研究とは性質が異なる事象として明らかにしたのは、カントの『判断力批判』（[1790] 1928）だった。そして、人間的な様式や「異なった認識の方法、さらに哲学理論の主題としての美への認識がもつ実際の局面」に対する明白な関心が、ジョン・ロックによる経験的な認識論の結果として、最初に現れたのがおおよそこの時期だった（Saw and Osborne 1968: 18）。

　その後、美学は、例えば絵といった狭い意味でのものではなく、画家や作家、詩人、ダンサー、彫刻家、熟練工などにより生み出される創造的作品としての芸術作品に関する、個々人による認識、判断、査定、評価あるいは論評の方法に関する研究を伴っている。ビアズレー（Beardsley 1970: 3）が適切に表現しているように、美学は、本質的に哲学の一分野としての、高次の評論なのである。「美学は、芸術作品やその他の美的な対象について何かを述べる時に起

こる哲学的問題を扱う。そして、知識の体系としての（あるいは少なくとも理にかなった考えとしての）美学理論は、そのような哲学的問題に対する解決を与える原則から成り、しかるに芸術評論のための理論的基盤としての役割を果たすのである」。

美学理論がソーシャルワークに関連することにより、専門的な実践は芸術的性質をもつものとして認識されなければならない。「アートとしてのソーシャルワーク」に関する多くの言及が容易に得られたとはいえ、ソーシャルワークの中では、正式な意味での芸術に関する議論はほとんどなされておらず、また、何が一つのアートの形を構成するかについての合意された基準に、専門的な実践が触れていく道筋もほとんど探求されていない。ソーシャルワークの芸術的な形が、例えばミケランジェロ（Michelangelo）の《ダビデ》（David）やダンテ（Dante）の『神曲』（Devine Comedy）、シェイクスピア（Shakespeare）の『オセロ』（Othello）、モーツアルト（Mozart）の《ドン・ジョバンニ》（Don Giovanni）、あるいはレオナルド（Leonardo）の《モナリザ》（Mona Lisa）のような定評のある芸術作品と共通してもっているものが何かについて、明確にすることは実際には困難である。例えば、スパーショット（Sparshott 1982: 4）は『芸術の理論』において「詩人と画家は、ある意味で同じ種類のことをしているが、どのような意味でそうなのかを語ることは容易ではない」と述べている。無論、正確に何が芸術を構成するのかについては、決して誰も合意することはないだろう。ちょうどそれは、何が道徳的に良いことを構成するのかについて、決して誰も合意することがないのと同じようなことである。しかしそれでもなお、何が芸術的な実践を構成するのかについての我々の理解を高めるために、厳密な考察を行い、それをソーシャルワークに適用していくことは価値あることなのである。

ほとんどのソーシャルワーカーには、優れた介入や、良い結果などを構成するものが何かについての意見の一致は見られないが、多くのソーシャルワーカーは、ある重要な統一性を専門職にもたらし、その芸術性に欠かせない構成要素としてのソーシャルワークの価値や原則、技能の体系や「集積」が存在す

ることには合意している。このことについては、すぐ後でより詳しく述べるつもりであるが、ここではさしあたり、何がアートを構成するのかについてのスパーショット（Sparshott 1982: 26-7）の有効な見解について検討することが有益である。

伝統的な意味でのアートは、特殊な物事に関して特殊な変化を生み出すためにまとめられた知識と技術の集積として定義される。アートを構成するその集積は、一体となった知識と技術なのである。アートが存在するのは、知識と技術がある作業から他の類似した作業（伝達可能性それ自体によって類似したものとみなされる）へと伝達され得るからである。創作された、また実行されたさまざまな物事もアートの体系ではあるが、その体系を一つの有機体とするための魂として働くのは、実践の中で具体化される技術なのである。もしも、例えば音楽家が、音楽家として認められた技術をもはや共有しないとなれば、音楽がもつ芸術としての統一性は、決して本質的なものにはならない。演奏会場に招かれた評論家の面前では、単にプロモーターによる制作状況の結果に過ぎないものとなり、さらに、音楽の専門家や公衆が見るところでは、それは音楽に関連した他の装飾か何かに過ぎないものとなる。そして、本来的に何らかの内在的な統一性によって維持されていない営みについては、それを維持するような骨組みが形成され得ることは考えられない。

　この定義は、芸術家や作家、画家、ダンサーや詩人が何をするのかということを明確に組み込んでいるが、それはまた、専門家、さらに特定すればソーシャルワーカーが何をするのかを組み込んでいるように思われる。明らかにソーシャルワーカーは、例えばメンタルヘルスを向上させたり、生活や近隣の状況、職場環境や人間関係の改善といった、個人、家族、集団、地域、そして組織における変化をもたらすために、蓄積された知識と技術の体系を利用する。そして、以下でより詳しく探求するつもりだが、何がソーシャルワーク

に、その独自な（あるいは統一をもたらす）特徴（発展した価値基盤に大いに由来する特徴）を与えているのかについて、少なくとも何らかの表面的な合意があると思われるのである。

　スパーショットは、（確かに彼はソーシャルワークそれ自体について批評するつもりはないとはいえ）専門的なソーシャルワークに著しく共鳴する芸術の概念的な定義を提示し続ける。

　　しかしながら、我々の定義は、扱われる素材という意味において、「物事」と材料とを同一視することを我々に要求するものではない。その言葉はより広く解釈されるべきである。たとえ、いつ何がなされるあるいは作られるとしても、その機関あるいは職人が彼の仕事の最初に、彼の仕事のために、彼の仕事とともに、また彼の仕事についての何かがなされなければならないし、そのような何かが必ず存在する。それは、この何かが、岩の塊であろうと、架空のテーマであろうと、困難な状況であろうと、そうなのである。そして、作家と医者がすることとを区別する時に重要なことの一つが、前者は言葉を使って仕事をし、後者は人間の体についての仕事をするということである。ある人はここから、ある事についての仕事をすることと、ある事を使って仕事をすることとの違いについて、また、患者の身体（あるいは身体状況）に対する医者の関係が、作家の言葉（あるいは彼のテーマ）に対する関係とどのように異なるかについて熟考するようになるかもしれない。しかし、そう考えることは、両者の本来的な区別を、より重要なものにする。ある芸術に対して、何がそれ特有の物事を構成するのかということには複雑さや曖昧さが伴うが、そのことは芸術それ自体の実践と理論における複雑さと呼応するのである。

第2節　美学：概念的枠組み

　美学を研究してきた哲学者は、その主題に対して幾つかの広範なアプローチをとってきた。一つのアプローチは、極めて抽象的であり、美学概念と美学の言葉についての研究を伴っている。そのような研究は、例えば、我々が、ある特定の絵や詩が美しいという結論を下す時に、それが何を意味し、そのようにいつ推論するかを探求するのである。美はいかにして定義されるべきか。美は定義され得るのか。何が美を構成するのか。

　この問いの形は、明らかにソーシャルワーカーと関連している。例えば、臨床ソーシャルワーカーは、しばしば精神保健の概念について判断を下し、それからこの認識に基づく介入を計画する。もしも、あるソーシャルワーカーが、精神保健が定義され得ると仮定し、主観的に作ったある定義を特定のクライエントに適用し、処遇計画を作成し実行するとすれば、その介入には美学的な判断が重要な関わりをもつことは明らかである。同様に、コミュニティ・オーガナイザーであるソーシャルワーカーが、「不健康な」地域と「健康な」地域との間には違いがあると仮定し、ある特定のコミュニティの「健康」に関する評価を下し、その結果として介入計画を作成し実行する時に、美学的な判断が必要とされる。このような活動の中には、芸術家が美は定義され、理解され得ることを信じるのとほとんど同じような形で、健康や病理といった特性や属性が定義され理解され得るという信念が内在している。

　二つ目の美学へのアプローチは、（例えば個人の反応や態度、情緒といった）美学的経験の一部としての精神の状態に焦点をあてる（Aesthetics 1988: 15）。ここでは、観察者自身の見るものに対する反応が強調される。ある彫刻や短編小説に対して、これは特別な芸術作品であるという結論に至らしめるような、我々が抱く態度や情緒的な面での反応がもつ性質とは何だろうか。問題を抱えた家族や抑圧されたクライエントに対する何らかの治療的な介入に対して、必要とされる技術が芸術的であるという結論にソーシャルワーカーを至らしめるような、ソーシャルワーカーが抱く態度や情緒的な面での反応がもつ性質は何だろ

うか。

　三つ目のアプローチは、おそらく最も明瞭なものである。これは美学の対象それ自体についての研究を意味する。この場合に哲学者は、特定の絵や詩、本、演劇、そして彫刻について、それらの美学的な特質を評価するために研究する。最初のアプローチとは違って、この場合の目標は、第一に美が定義され得るかどうか、またどのように定義され得るかということを探求するよりもむしろ、それらの美を評価すること、あるいは他の関連した特質を評価することである。

　同様に、ソーシャルワーカーはしばしば、クライエント個々人や家族、地域、あるいは組織がもつ美学的な特質であると考え得るものを評価する。ソーシャルワーカーは通常、このようなことを美学的な評価とは考えてはいない。しかし、その過程は美学的評価と非常に似ている営みなのである。ある特定のクライエントについて、「健康」であるとする判断、また、ある特定の組織について「病的」であるとする判断、あるいはある特定の地域について「無秩序」であるとする判断は、重要な諸々の点で、美学的な判断なのである。

　一般に、美学には、芸術作品そのものやそれらを製作する人々に関する研究を伴い、あるいは個々人が美学的な判断を行う際に使用する言語や概念的基準についてのより抽象的な考察をも伴う。アシェンブレナー（Aschenbrenner 1974）は、このことについて、第一の批評（特定の芸術作品の評価）と上位の批評（直接的な批評に対する批評）との間の区別として論じている。この区別は、道徳哲学の議論で直面する、規範的な倫理（特定の倫理的な問いやディレンマに対する倫理的基準の適用）とメタ倫理学（道徳言語や概念の性質に関する考察）との間の区別に、かなり共通するものである。

　包括的な美学理論は、一般に芸術的な状況がもつ四つの主要な要素を扱う。すなわち、（1）芸術家、（2）芸術それ自体、（3）鑑賞者、そして（4）社会である（Sheppard 1987; Trilling 1970; Vivas and Krieger 1962）。芸術家に関しては、内在的なものと外在的なものという、二つの種類の問いをすることができる（Vivas and Krieger 1962）。内在的な問いは、芸術家の特定の才能や技術について、

また芸術家の才能がどのように発達し獲得されたかについて、そして、芸術家が芸術作品を制作するために自分の技術をどのように使うのかということに向けられる。反対に、外在的な問いは、芸術家がもつ観衆や一般社会との関係と、それらに対する義務に関連するものである。

このような問いは、主に画家や彫刻家、詩人や作家に向けられてきたのであるが、ソーシャルワーカーに対しても同じように適用できる。そのことは、ソーシャルワーカーの特定の才能や技術に関わる「内在的な」問題について、また、ソーシャルワーカーの才能がどのように発達し獲得されたかについて、そしてソーシャルワーカーが「芸術的な」成果を生み出すために自らの技術をどのように使うかについての考察を意味する。また、ソーシャルワーカーにとっての観衆（例えばスーパーバイザーや機関なども含む）そして、一般社会との関係とそれらに対する義務に関連する「外在的な」問題にも焦点をあてることを意味する。ソーシャルワーカーは、自分自身の目的のために「芸術作品」を制作することはない。最終的にソーシャルワークの介入は、あくまでもクライエント個々人やグループのメンバーや家族のメンバーや、あるいは社会全般に何らかの利益をもたらすものとして計画される。専門職としてのソーシャルワークは、クライエント個々人や専門家の内在的な自己利益の範囲を超えて、一般の観衆のために役に立つという確立された義務をもっているのである。

次に、我々は芸術の対象それ自体、つまり芸術家が制作するもの、例えば特定の絵や詩、著作、あるいは演劇などについて考察することが必要である。ここでもまた、我々は「内在的な」問いと「外在的な」問いとの両方を行うことができる。内在的な問いは、その対象がもつ独特の芸術的特質、例えばその創造的な内容や構造、あるいは色の使い具合に関するものである。外在的な問いは、芸術作品がもつ観衆や一般社会への影響、例えば、ある絵が一般的な価値観に関して何を伝えるのか、また、政治的なメッセージをもつある詩がその読者に何を吹き込むか、あるいは、ある刺激的な書物が読者に影響を与えて何をするに至らしめるかに関するものである。

そのような内在的そして外在的な問いもまた、ソーシャルワークと明らかな

関係をもっている。熟練したあるいは芸術的なケースワークや援助、機関の運営、そして地域の組織化活動は、どのような内在的な問いをもっているのだろうか。外在的には、熟練したソーシャルワークの技術が第三者や一般社会にどのような影響を与えているのだろうか。明らかに、アルコール依存や窮乏したクライエントに関わる芸術的なケースワークは、クライエントの家族や友人、雇用者、そして一般社会に深い影響を与えていると思われる。公的福祉機関の芸術的な運営は、機関のクライエントやその家族、従業員、そして納税者にとって重要な意義をもっているのかもしれない。

　内在的、外在的な問いはまた、芸術作品を観る人についても向けられ得る。すばらしい芸術を観る人は、内在的にすなわち、情緒的、心理的に何を体験するのだろうか。美しい詩や絵がどのような感情を引き出すのだろうか。外在的には、この反応が、個人のその後の価値観や優先順位、また思考や行動にどのような影響を与えるのだろうか。

　ここでもまた、ソーシャルワークとの関係は明らかである。ソーシャルワークにおいて、観客はクライエントであり、家族であり、機関の従業員であり、地域住民であり、あるいは専門家の熟練した介入を観る位置にいる誰かであるといえる。おそらく、熟練した介入に対する観察は、（肯定的なものであろうと、否定的なものであろうと）さまざまな情緒的反応を引き起こし、また観る人の価値観や優先順位や、思考、行動に重要な影響を与える。例えば、その地域の非行少年グループに対するソーシャルワークの芸術的な介入を観る近隣の住民を想像してみるとよい。その住民は情緒的な満足感や喜びを体験し、その結果、その地域に住むことを決めて、地域活動に熱心に関わるようになるかもしれない。あるいは、不良行為を行う息子へのソーシャルワーカーの芸術的な関わりを観る親は、自分の子どもとのお互いの関係のとり方、また子どもの世話やしつけの方法を改めさせるような強い情緒的な反応を抱くかもしれないのである。

　美学の問題は、その言葉の正式な意味においては、ソーシャルワークの文献に広くは扱われてこなかった。しかし、少なくとも何人かの著者は、その問題

について何らかの言及をしてきている。例えば、ラパポート（1968: 142-42, 155-56）は、ソーシャルワークにおける創造性に関する論文の中で、美学概念それ自体の探求はしていないが、ソーシャルワークの介入がもつ美学的局面について論評している。

　　芸術的過程は、さまざまな美学の慣例や原理によって導かれるような、意識的に統制された目的のある活動を伴う。この過程の最後の結果は、芸術的な成果である。（中略）ソーシャルワークの専門家が美学の慣例によって導かれることはないだろうが、幾つかの美学の原理をソーシャルワーク実践の中の所定の部分に適用することは可能である。我々の誰もが、躊躇することなく美しいとみなすようなある特定のケースについて聞いたり、読んだりすることに深い満足感をもって応じてきたことを私は確信している。どのような性質が、その美しいケースを、あるいはソーシャルワークの活動範囲の中の一定の部分を特徴づけるのだろうか。

　イングランド（1986: 103）もまた、ソーシャルワークの過程に含まれる美学的特徴について論評しており、それは特に、専門家とクライエントとの関係の初期の段階に関してのものである。

　　ソーシャルワークの過程の初期段階は、芸術鑑賞における「美学的」認識に例えられるかもしれない。美学的経験において、「大きな関心は、対象の中に存在する全てを、最も充足した、そして最も鮮明な方法で、それ自体について明らかにすることである」。それは、偏見をもたない関心、つまりソーシャルワーカーがクライエントに対する専門的態度の中で重んじている感情移入に基づく受容に類似している。

　しかしながらイングランド（1986: 99）は、ソーシャルワーク過程の結果や

成果がもつ美学的局面に関する批評において、美学原理の一歩進んだ形の適用をしている。彼の言葉や概念化は、明らかに美学理論の伝統の中にある。

> ワーカーは良い実践を明らかにするために「美学」用語を使う。つまり、ソーシャルワークがもつ一般的な「美意識」に関する言及を位置づける議論の文脈で、ソーシャルワーク実践の批判的な再検討を促す手続きや用語の解説が可能になる。もしソーシャルワークが現実に「美しい」のであり得るのなら、我々は「美」の性質を解明する試みが、同時にソーシャルワークの性質を明らかにするのかどうかを考えることができる。

サイポリン（1988: 177-8）もまた、一つのアートの形としての臨床ソーシャルワークに関する評論の中で、ソーシャルワークの過程がもつ美学的な局面と、芸術的な仕事に対する個々人の反応がもつ美学的な局面との両方について論評している。ソーシャルワークの過程の美学的局面に関して、サイポリンは次のように述べている。

> ソーシャルワークにおけるアートは、独創的で美しい人間行動や人間関係が発展するパターンに関連している。人間の行為は、それらが優雅さや上品さを備えて創造的に遂行される時に、またその状況にふさわしい明瞭で均整のとれた形態をもつ時に、そして個性やきめの細やかさに富んでいる時に美学的なものとしてみなされる。あるアートの形は、アートが生み出され表現される媒体に関連している。ソーシャルワークの実践は、通常のアートの活動と同様に、クライエントが充足した生産的な生活を送ることを援助するために、独創的で創造的な活動を行うアートである。ソーシャルワーク実践がもつ芸術性は、価値や理論に関する知識、実践の知恵、そして熟練した技術を統合するのである。

サイポリンもまた（1988: 182）、クライエントに関わる熟練した臨床の実践

から生まれる洞察を、本質的に美学的なものであるとみなしている。「クライエントの問題に対する突発的な洞察（つまり『分かった』という経験）の瞬間は、しばしば美学的経験と同等のものであると考えられる。（中略）援助における美学的経験は、個人の行動や個人間の関係だけでなく、意識や自己概念、態度、信念、そして認識の内容における大きな変化とも結びつけられるのである」。

　このように、何人かのソーシャルワークの研究者たちは、美学とソーシャルワーク実践との関連を認識してきた。ボエム、ラパポート、レイノルズ、イングランド、ホリス（Hollis）、サイポリン（Siporin）といった研究者たちは、実践の美学的局面を強調し、専門家の重要性を認めるように促してきた。しかしながら、このような美学とソーシャルワークへの言及は、美学理論や概念の綿密な分析を含んではいなかった。ソーシャルワーカーが美学との関連を十分に正しく認識するために、美学的探求の哲学的基盤について、厳密に検討されなければならない。それは特にソーシャルワークについての批評やソーシャルワークの過程や結果に対する評価の質、すなわち、ソーシャルワーカーの芸術家としての属性や、アートとして、また科学としてのソーシャルワークの属性に関する検討である。

第3節　ソーシャルワークにおける批評と評価

　最近、私と家族は、休暇中に大陸のロード・アイランド（Rhode Island）の海岸を離れて、ブロック島（Block Island）へ長距離のハイキングに出かけた。谷間に到着したと同時に、妻と私は、きらめく青空に覆われた息をのむような景色の眺めに目を奪われた。我々は、同じ道を歩いていた別の家族がそうしていたように、足を止めじっとその景色を眺めていた。我々がその景色に夢中になっていた時、我々全員にとって明らかだったことは、何か本質的に美しいものを自分たちが見ているということだった。我々の心に疑いはなかった。実際、私は、その景色に思わず引き込まれる美しさを感じない者がいるとは思え

ないということを言ったのである。

　我々のほとんどが、人生は時折、そのような内在的な美——それはすばらしい日没だったり、ある小説の中の感動的な一節だったり、人を惹きつける彫刻だったりするのだが——そのような美を生み出すことにおそらく同意するだろう。しかしながら、ひとたび我々がこの種の景色や芸術作品から離れると、同意することはより困難になる。例えば、現代芸術や前衛的な映画やわいせつな話を織り交ぜたドラマの多様な形態に対する、相反したそして議論のある反応を考えてみるとよい。今では我々は、ほとんど全ての芸術が、その熱烈な愛好者とそれをけなす者との両方を抱えていることを知っている。

　ソーシャルワークの成果についてはどうなのだろうか。ソーシャルワークにおいて、何かブロック島の谷間に匹敵するもの、すなわち畏敬の念を覚えるその美しさに誰もが心を打たれるようなものはあるのだろうか。ほとんどの観察者に芸術的という印象を与えるような臨床的介入や地域組織化の技術、あるいは運営上の戦略があるのだろうか。あるいはソーシャルワークの現象は、議論のある絵画や映画、ドラマに我々が遭遇すること、また、代表的な観客が肯定、否定の両方ともの多様な反応や印象を生み出すかもしれないことに、より多く似ているものだろうか。真に芸術的であるものとそうでないものとの間の区別をするための何か客観的な基準があるのだろうか。

批評の性質

　そのような評価の基準に関する研究は、それが文学や芸術、音楽、詩、ダンス、演劇、あるいは映画に関わるものであっても、伝統的に批評の領域の中に含まれる。批評という言葉は、判断を意味するギリシャ語に由来し、プラトン（彼の『イオン』『メノン』『パイドロス』『国家』を参照されたい）やアリストテレス（彼の『詩学』『修辞学』を参照されたい）までさかのぼる。批評は、一般に文学、芸術、音楽、演劇の作品についての分析、解釈、弁護、解説、評価や判断に関連する（Harris and Levey 1975; Krieger 1976; Trilling 1970）。批評の文献の多くは、芸術作品の特質やその芸術家の意図を評価するための基準に関する考察を

している（Ellis 1974; Hobsbaum 1970）。例えば、スパーショット（1982: 57）は次のように述べている。「偉業達成のために才能ある人間によって絶え間なく行われる活動の分析や、どの程度まで、そしてどのような方法で偉業が成し遂げられたのかということの議論は、一般的に批評という名前で通っている」。批評という現象は、特に専門家の仕事の質や彼らの努力の結果を評価する必要があるということにおいて、ソーシャルワークと明らかに関連性をもっている。例えば、イングランド（1986: 119, 125）は次のように適切に記している。

> 批評は、（中略）たとえそれが認識されていない要素であっても、ソーシャルワークの実践には絶対に必要なものである。批評の適切な発展は、実践の水準の向上に直接的に寄与するだろう。それはまた、より広い目的にも寄与するだろう。というのは、適切な批評の発展は、ソーシャルワークを「目に見える」ものにし、その結果、より広い理解をもたらすことになるからである。そのことは、ソーシャルワークに関する真の探求や分析の手段となる。（中略）アートと批評に関する議論は、ソーシャルワークに関するより洗練された考察を可能にする。そしてソーシャルワーカーが、自分が学んだ理論を統合する力や、さらに理論と実践とをつなぐ方法を獲得する力を与えるのである。アートと批評に関する議論は、ソーシャルワークのための真の「実践理論」への道筋を提供し、したがって良い実践を明らかにし、評価するための手段を示すのである。

　幾つかの批評の様式が、ソーシャルワークの活動や結果を判断あるいは評価する試みに特に関連している。理論的な批評は、ある特定の芸術作品を評価するための一般原理や基準そして教義を得ようとする試みに関連している。したがって、理論的な批評に関心がある人々は、何らかの芸術作品が美しいかどうか、巧みに制作されたものかどうかなどを決定するために、客観的な基準が明らかにされ得るかどうかを問う傾向がある。もちろん、同様の問いは、例えば

アセスメントの技術や処遇計画、また運営方式といったソーシャルワークの技術や結果についてもなされ得る。

　反対に、実践的な批評は、（理論的な批評の結果として生み出された）一般原理や基準、教義を、個々人の芸術作品へ適用することに言及する。したがって、たとえ誰かが芸術作品を評価するためのある一定の基準を受け入れていたとしても、その基準をある特定の作品の評価に適用することは、さらに別の試みとなるのである（この区別はまた、メタ倫理学、すなわち道徳的に正しいことかそうでないことかを決定するための一般原理や道徳基準と、規範倫理学、すなわち一般原理や道徳基準を特定の倫理的な問題や葛藤に適用することとの間の区別を思い出させることに注目されたい）。ソーシャルワーカーたちは、例えば（理論的なレベルの批評においては）芸術的な臨床技術に必要な条件について合意することはないと思われるが、適切な感情移入の必要性には一致し、合意するだろう。しかしながら（実践的なレベルの批評においては）ある専門家によってなされる何らかの面接について、そこに適切な感情移入がなされるかどうかについての評価はさまざまなのである。

　また、しばしば、アリストテレス的批評といわれるものとプラトン的批評といわれるものとを区別することも有効である。アリストテレス的批評は、一定の芸術作品がもつ内在的な価値を強調する傾向がある。すなわち、アリストテレス的なアプローチは、ある芸術作品が本来的な価値をもっているかどうか、またどのような点でもっているかということを問うのである。これと同じ問いは、心理療法の介入についてもなされると考える。

　一方で、プラトン的批評は、その作品の外在的な価値や社会的影響によって作品を判断する傾向がある。すなわち、プラトン的なアプローチは、特定の本や詩、あるいは演劇が、世論や社会の動向、その地域が示す価値観などの形態で、社会一般に与える影響の範囲に重点をおく。

　そしてこのプラトン的な視点は、特にソーシャルワークと関連する。ソーシャルワークの活動や介入が、何らかの内在的な価値をもっていることを主張する人々がいると思われるが、多くのソーシャルワーカーは、その外在的な価

値、すなわち社会一般に加えて、個人、家族、グループ、コミュニティ、組織
への影響についての議論に関心を寄せるだろう。

美学的評価

　美学の諸理論は、大部分が美学作品の評価、判断、解釈、そして分析の方法
に焦点が当てられている。このような美学的な評価に関連する三つの論点が
ソーシャルワークに関係するが、それは（1）ソーシャルワークの活動や結果
の性質、またそれらの特性を評価するために客観的な基準が確立され得るのか
どうか、（2）そのような評価をするためには、どのような基準が使われるべき
なのか、（3）ソーシャルワークにおいて、どのような過程が美学的評価に含ま
れるべきなのか、ということである。

　比較的少数だと思われるが、一部の学者たちは、芸術作品がそれらを観る
人々の間に客観的にまた一様に、一定の反応を生み出すある属性を含んでいる
ことを主張してきた。例えば、デイヴィッド・ヒュームは、ホメーロス（Homer）
の作品がもつ不変の客観的価値について議論した 18 世紀の評論「趣味（taste）
の基準に関して」で次のように主張している。「内部の枠組みの独自の構成に
よる特定の形態や特性は、そのうちの一部は人が気に入るようにあらかじめ考
慮されており、それ以外は考慮されていない。（中略）対象の中には、そのよ
うな特定の感情を生み出す性質によって調和する一定の特性があることが認め
られなければならない」（Morauski 1974: 126）。シェパード（Sheppard 1987: 61）は、
彼女の『美学』の中で同様の見解を示している。

　　我々が美学的に高く評価するさまざまな対象の全てには、それらへの関
　　心をもたらす何らかの解りにくい特質があるのだろうか。（中略）その
　　ような対象は、全てが何か他のものを表現しているとは限らず、全ての
　　表現が豊かであるとも限らず、また全てがその表面的な特徴で高く評価
　　されるとも限らないといえるだろう。しかし、それらは皆、美学的賞賛
　　を引き出すある重要な特質をもっているのである。英語はこの特質に相

当するにふさわしい用語を欠いているが、我々は、それが風景や女性、馬や花と同様に、男性やワインや牛にさえも見出される特質であること、また絵や建物や歌と同様に演劇や小説やコンサートにも見出される特質であることを覚えている限り、それを「美」と呼ぶのかも知れない。

　しかしながら、さらに共通した見解は、何らかの場面や芸術作品に関する人間の認識や評価が必然的に主観的であり、それぞれの偏見や視点、関心や訓練また経験によって形成されたものであるということである。シェパード（1987: 60）の次の考えはこの見解を代表している。

　　自然を対象とした場合に、我々が見たり、聞いたり、感じる方法を、誰か他の人が教えているわけではなく、見ることについても我々は自分自身による導きを示すことができる。我々は、特定の角度から景色を見ることを選ぶことができ、あるいは山の形が特に印象的に見える地点へと移動することができる。そうすることで我々は、いわばその景色を「枠にはめている」のである。我々は、それがあたかも我々が見るためにデザインされた絵であるかのようにその景色を見ているのである。

　芸術作品が美しいかどうか、快感をもたらすかどうか、また高い特質をもっているかどうかを決定することについては（例えばもう一度、シェイクスピアやモーツアルトやミケランジェロの一定の作品や、あるいは真っ赤に輝く日没の美しさがもつ特質に関して、多くが同意することを考えてみると）客観的な基準が存在すると信じる気持ちにさせられるが、今では比較的にほんの少数の学者しか、真の客観的な基準が存在することを主張していない（Gert 1970: 53-54）。一枚の絵の形をしていようが、家族療法の形をしていようが、我々が何らかの芸術作品を評価する時には、結局は我々自身の主観的な判断や見方を内包していると考えられる。例えばスパーショット（1982: 108）は、「何かを明らかにし、あるいは解釈する唯一の方法があることが暗示される必要はない」と結論づけて

いる。

　この点に関して、哲学者たちは、美学的体験の作為的な対象と感覚的な対象との間の区別、すなわち、中世のスコラ哲学者に由来する区別に言及している。要するに感覚的な対象とは、彫刻作品や小説、あるいはソーシャルワークの場合でいえば、何らかの介入の後のクライエントの行動といった、誰かが見る実際の作品である。反対に作為的な対象とは、誰かの気持ちの働きとしてのその作品に対する認識の内容である（Aesthetics 1988: 17）。もちろん作為的な対象は、人によって多様であり、それは人々が見るものがもつ性質や特性への多様な（そして主観的な）認識に基づく。トリリング（Trilling 1970: 15）は、次のように論じている。

　　客観性それ自体に関する限りで言えば、確かにそれは、批評や評価において我々が求めるある特性であるが、主題が認める以上の厳密さを要求することに対するアリストテレスの警告は、この点に最も関連するものである。我々は、批評家に対して、マシュー・アーノルド（Matthew Arnold）の有名な言葉である「本来それが現実にあるように、その対象を見る」ための、そしてそれに応じて対象を描写するためのあらゆる可能な努力をすることを期待する。しかし、一人の批評家が可能な限り正確に見ようとする何かは、別の批評家が同じような善意によって見る何かとは異なることを我々は知っている。描写がどこかで解釈に転じるのである。もしもそのことが、実際に客観性と呼ばれるべきものであるなら、完全なる客観性に対する手助けは存在しない。対象は、本来それが現実にあるような形では、二つの心に完全に同じには現れないだろうというのが本質である。おそらく当然のことながら、このことは人を喜ばせるための一つの理由となる。トスカニーニ（Toscanini）によって演奏されるモーツアルトは、ミュンシュ（Munch）によって演奏されるモーツアルトと同じではない。しかし、どちらの演奏とも我々に喜びを与え、そして我々の賞賛を得るのである。そして、両方の演奏を別にし

て、たとえモーツアルトとそっくり同じように演奏する人物がいたとしても、我々は決してモーツアルトの演奏を知ることはないだろう。つまり、他の人物の解釈による演奏があるにすぎないのである。

　我々は、この結論をどの程度までソーシャルワークに受け入れるのだろうか。一方で、ほとんどのソーシャルワーカーは、ある実践の形態に対して、少なくとも専門職がもつ一般の基準に照らして、客観的に「悪い」あるいは劣っていると明らかに認めることがある。例えば、何人かのクライエントと性的な接触をもつソーシャルワーカーを想像するとよい。あるいは、少数民族のクライエントを「不精」であるとして厳しく非難したり、またこのクライエントに、彼女の民族集団は「人間以下」であり、信頼できる市民となるための社会化が必要であると言ったりするような公的福祉機関のケースワークの監督者を想像してみるとよい。この種のソーシャルワークの「実践」の質を評価するにあたり、主観的な印象が何らかの場所を占めることは可能だろうか。このことを知った誰が、これが健全で容認できる実践であると結論づけることができるだろうか。そのような決定をするための何らかの客観的な基準は少しもないのだろうか。コミュニティ・オーガナイザーが、ある土地の「白人至上主義者」の集団が、少数民族の人々が近隣にアパートを借りたり家を買ったりするのを妨げるための違法な方法を考え出すことを援助するような場合に、同一の「客観性」が適用され得ないのだろうか。あるいは、機関の資金の使い込みを隠すために記録を偽造する機関の管理者の場合はどうだろうか。あらゆる場合に客観性が成り立つことは困難であるという事実は、いかなる場合にも客観性が成り立ちえないということを意味しない。例えばシェパード（1987: 87）は、『美学』の中で次のように述べている。

　　多くの芸術作品に一つ以上の解釈が可能であるという明白な事実、そして、一つの作品についての異なった解釈は相互に矛盾するかもしれないという認識から、可能な解釈には制限がないというでたらめな主張へと

飛躍することは、非常に容易である。しかし、一つの作品についての唯一正しい解釈がないかもしれないということと同時に、誤った解釈があり得るということ、また、我々は何が正しいのかを確信することができないということ、そして、幾つかの批判的な評価は誤って示され得るということは、経験が示唆している。

　しかし、はなはだしく粗末な（あるいは反対に優れた）実践の例は、どこが共通しているのだろうか。非常に多くの異論があり、また議論の対象となり、解釈の余地がある実践の技術には、より多くの共通性があると思われる。経験を積んだソーシャルワーカーは、彼らの熟練した介入でさえも、ある同僚からは賞賛、評価され、そして、他の人々からは批判されることを知っている。ソーシャルワーカーの訓練や背景、理論的志向、価値の多様性が認められる限り、個人や家族、集団、地域、あるいは組織に関わるソーシャルワークの過程や結果の評価のために、客観的な基準が設定されることはありそうもないのである。

　しかしながら、このような避けられない主観性にもかかわらず、ソーシャルワークにおける批評のための一つの概念的枠組みを明らかにしようとする努力、そして批判的評価のための適切な基準のあり方について適切な合意に到達しようとする努力は、生産的であり得る。それらは、ソーシャルワーカー同士が実践の質について議論や討論をすることに、規律や秩序（そして共通の語彙）を与える。イングランド（1986: 125）は、次のように結論づけている。

　　良いソーシャルワークは、批評の過程、経験や理解の過程、そして分析や比較の過程次第で決まる。批評の能力は、ソーシャルワークの実践に不可欠である。（中略）広範囲で細部にわたる批評を行う対話は、専門的な判断や評価の規範が、共通する専門的な目的や文化を通じて、ソーシャルワークの中に設定されるための唯一の手段なのである。この批評は、芸術または人生のように主観的なものである。しかし、このことが

研究の可能性や理論的な精度さ、そして感情を含まないものを排除すると仮定するのは、ソーシャルワークについての明らかに誤った考えである。

そして、ガート（Gert: 1970: 53）が言うように、実践において与えられた形態や表現が他のものよりも優れていることには必ずしも同意しないとはいえ、ある一定の実践活動や介入の集まりが、他のものよりも優れていることに我々が同意することは可能なのである。

このように、いずれかの方法が最も良いと決定することがいつも可能であるとは限らない。それぞれは、ある特徴においてより優れているかもしれないし、どの組み合わせが最も良いのかを決める方法はない。知的で理性ある人々はみな、A、BとCは良い方法であり、D、EとFは悪い方法であるというかもしれない。さらにAとBはCよりも好まれるかもしれない。それでもなお、AとBのどちらの方が良いかに関する合意はないかもしれない。（中略）しかし、完全な合意がないということは、重要な合意がないという意味ではない。テッド・ウィリアムス（Ted Williams）とスタン・ミュージアル（Stan Musial）とウィリー・メイズ（Willie Mays）のうちの誰が最高の野球選手かということについての合意はない。そしてこのことは、彼ら3人ともが過去のそして現在の全野球選手の 99 パーセントにあたる選手より優れているという合意がないことを意味するものではない。

もしソーシャルワークの活動や結果の質に対する批判的評価に価値があることを受け入れるならば、どのような基準を用いるべきだろうか。すでに述べたように、美学者はしばしば評価に関する内在的な理論と外在的な理論とを区別する。内在的な観点に従えば、芸術作品や美学の対象は、それらがもつ本来の価値によって判断されることになる。外在的な観点に従えば、芸術作品や美学

の対象は、個人や集団あるいは社会一般といった外部の観衆に与える効果や影響によって判断されることになる（Aesthetics 1988: 24）。この区別については、カントが『判断力批判』の中で、ある対象をそれが志向する何らかの目的について考慮することなく、その形だけの美しさに備わる独立の美と、その対象が志向する目的によって決定される従属の美とを区別したことといくらか類似している（Sheppard 1987: 41）（この区別と、ある行為が良心に照らして本質的に正しいあるいは誤っていると考えられる義務論的倫理と、それらの行為の結果がもつ価値によって正しいか誤っているかが判断される目的論的倫理との間の区別との類似性に注目されたい）。

　このことは、ソーシャルワーカーが考えるべき重要な区別である。例えば、低所得の地域で総合的な職業訓練プログラムを開始するソーシャルワーカーが、原家族の問題にとらわれた健康に働く裕福なクライエントに自己洞察を志向する心理療法を行うソーシャルワーカーよりも、外在的な観点に基づいてより価値のある活動に従事しているといえるだろうか。前者の価値に匹敵するような、後者の活動についての内在的な価値はないのだろうか。幾つかのソーシャルワークの活動が、本来、それらに関連する外在的あるいは内在的な価値のゆえに、他の活動以上に価値があるといえるだろうか。このことは専門職にとって、特に個人の福祉と住民全体の福祉の両方を高めるというソーシャルワークの規範的使命にとって、欠くことのできない議論である。そして、そのような使命が与えられるならば、ソーシャルワークにおける評価の尺度は、主として美学的評価がもつ外在的な視座を採用することになるように思われる。

　芸術の世界において、どのような正確な基準が作品を評価するために使われるべきかについて実質的には誰も合意していないことは意外なことではない。何人かの批評家は「形式」や「調和」といった特性を強調し、それに対して他の批評家は、「首尾一貫性」や「完全さ」や「現実性」を強調する（Beardsley 1970; Morawski 1974）。

　しかしながら、美学的な無秩序状態や評価の無規制状態を避けるために、基準の必要性、そして基準についての議論の必要性についてはかなりの意見の一

致が見られる。デイシャス（Daiches: 355）は、文学の質の評価に関して次のように述べている。「もし我々が、文学史や単なる説明や記述とは異なるものとしての文学批評を少しでも信じるのであれば、我々は文学それ自体の性質に由来する文学の美点に関する基準があることを信じなければならない」。さらにスパーショット（1982: 30, 40）は、芸術の質を評価することに関して次のように主張している。

　　芸術があるところに基準があり、基準があるところにはそれらを公式化し、それを当てはめたり取り入れる人々がいるに違いない。（中略）ある芸術の構成は、その芸術特有の仕方での基準の発展や適用において示される。人はその基準によって、完全な状態にどれだけ密接に近づいているかを測るのである。しかし、何らかの知識や技能は、それらが実践の体系へと発展し認められたならば、どのような目的からでも抽象的に役に立つと判断され得るのである。

　シェパード（1987）は、『美学』の中で、標準的な基準によって評価・判断する批評家の能力に関する考察のための有用な枠組みを提供している。シェパードの焦点は芸術における「美」に当てられているとはいえ、彼女の問題へのアプローチは、ソーシャルワークに非常に有効に適用され得るものである。

　シェパードは「美とは何か」という問いに対して、幾つか考えられる答えを示している（もちろん、ソーシャルワーカーは、単純に「美」の代わりに「良い実践」という言葉を用いることができる）。一つ目の答えは、美とは後に続く定義や分析に影響されない「純粋な特性」であるということである。それゆえにソーシャルワーカーにとって、良い実践とはある純粋な特性であり、つまり実践活動を観察する時にそれを理解するかしないかということなのである（このことは、正しい行為やあるいは誤った行為は、何か我々がより複雑な認識に基づいた分析を通じてではなく、単に直感を通じて理解するものであるということを信じる人々によって支持されるという、道徳哲学の中のいわゆる直観主義とおおよそ比

較できる）。この観点に従えば、より一層の野心的な定義や分析を試みること
は無駄である（この点で、現代美学の指導的人物の一人であるベネデット・クロー
チェ〔Benedetto Croce〕は、美学的判断における表現や直感的洞察の活用〔対象を
ある特定の種類の対象として分類することなく、対象がもつ独自性を把握すること〕
と、想像力や概念的思考の活用〔美学の対象について説明的に分類し概括するため
の概念を使用すること〕とを区別している〔Aesthetics 1988; Sheppard 1987〕）。

　二つ目に可能な答えは、美は、例えば優雅や上品、優美といったより特定の
美学的特性によって定義できるということである。ソーシャルワーカーは、こ
の見解から、他の美学的な言葉で良い臨床実践を定義できる。一つの例がサイ
ポリン（1988: 179）に見られるが、彼は、良い臨床実践において「ソーシャル
ワーカーは本質的に芸術家と同じやり方をする。ワーカーは、援助計画を作成
するにあたり、明解で調和のとれた筋の通った構造にしようと試みる」と述べ
ている。もちろん、シェパード（1987: 63）が言及しているように、どれを他
の美学的特質と考えるのかに関して、どこで線を引くべきかを決めなければな
らない。「『美』という一つの言葉を同じ性質の言葉と交換する時に、我々は一
つの問題を同じ性質の連動した相互関係のある問題と交換する」。

　三つ目の答えは、例えば文化一般への影響といった他の非美学的な特質に
よって美を定義することである。ソーシャルワークにおいて、このことはある
介入の美学的特質を、その「効果」すなわち、メンタルヘルスを高める、また、
貧困やあるいは非行の割合を減らすなどの程度によって判断するという形をと
るかもしれない。

　ここでの主要な問題は、美学の概念（例えば美やあるいは芸術の実践）と非美
学的な概念（例えば効力や有効性）との論理的なつながりを設けることである。
ヒュームが18世紀に述べたように、同様の困難が、道徳哲学において有名な
「である」と「べきである」の関係をめぐる問題（「is-ought」問題）に関して発
生する。ある行為についての事実の説明的な言明は、論理的に、その行為の道
徳的な正しさや誤りについての規範的な結論を導かない。すなわち、論理的な
つながりは、説明的な言明と規範的な言明との間に存在しないということであ

る（Searle 1969）。そして、シェパード（1987: 63）は芸術作品における美の判断について、次のように結論づけている。

> 特定の非美学的な特質によって美を定義する試みは、常に反対の側面を帯びている。すなわち、示された諸定義が非常に狭いと、美の実例を含むことに失敗する。また、それが非常に広いと、今度は非美学的特質をもつ実例や美しくない実例の除外に失敗する。美を定義する試みは、常にその両方のうちにある。

　最後に、「美とは何か」という問いに対する四つ目の答えは、美（あるいは優れた実践）を決定するための正確な標準や基準を考え出す努力をやめることである。そして、代わりに、そのような判断をする過程についての検討（主たる批評に対する上位の批評）へと焦点を移すことである。ここでは、何らかの判断や判断を行う認識過程の心理学が強調される。

美学的過程

　ソーシャルワーカーが、自分の活動の過程と結果をどのように評価するかは重要なことである。我々全員が、参加者が共通して経験する出来事——おそらく、特別なクライエント、あるいは支援機関からの現場訪問者との接触など——に対する反応について議論するスタッフミーティングに出席した経験をもっている。まさに同じ出来事、聴覚的・視覚的刺激を体験している多様な人々が、何が起こり、誰が何を言ったか、そして、出来事が意味することについて異なる印象をもつことに気づくのは少しも珍しいことではない。一人の観察者にとっては、明確な境界の見えない、網がかかったような家族の中にある、融和しがたい葛藤の現れと見えるかもしれないことが、別の観察者にとっては、長引く緊張を健全な解決に導くべく、自発的に溜め込まれていた怒りの実用的な解放と見えるかもしれない。よく似たケースとして、ある観察者にとっては、現場を訪れた人によるその機関の管理実践への敵意ある批判と思

えることが、別の観察者にとっては、組織の再編を促す有益で適切に言語化されたフィードバックと思えるかもしれない。これは研究においては、評価者間あるいは観察者間の信頼性の問題として言及される（Rubin & Babbie 1989: 144）。主体の行動である観察と解釈は人によって異なるということである。

　もちろん、以上のことは、個々人がそれぞれの背景、訓練、経験などによって独特に世界を知覚するという、一般的な傾向である。これは特に新しい洞察ではない。「美は見るものの目の中にある」という使い古された言葉が、正しく響いているのである。

　もちろん、これが提起するのは、ソーシャルワーカーが観察の際に活用する基準が合理的な一貫性を保持できるかどうか、そして、このような一貫性がまさに望ましいのかどうか、という問いである。ソーシャルワーカーは自分たちがすること、見ることを解釈する方法を客観化し、より均質なものを設定しようとしているだろうか。あるいは、感覚的に「参加自由な討論」は、完全に受け入れ可能なものであるだろうか。研究領域において、ソーシャルワーカーは一貫性のある美徳を賞賛し、逆に偏りをもち込み、客観性を脅かすようなデータ収集においては、いわゆる「ノイズ」（無意味な情報）を最小限にしようとしてきた。しかしながら、倫理領域では、ソーシャルワーカーは事実上全てのケースにおいて、何が倫理的に正しいか誤っているかを決定する客観的基準を作り出す希望を放棄している（例えば、ソーシャルワーカーが性的にクライエントに巻き込まれる時のように、その状況で倫理を論じることができる道理をわきまえた人間はいないといった、それほど複雑ではない場合は別として）。

　美学的判断においてもっとも期待されることは、観察における相当な程度の中立であると論じられることがある。つまり、可能な限り、観察者は自分たちの判断に影響を与える先入観を排除し、概念的に白紙の状態で芸術作品に接近すべきなのである。これは、道徳についての判断に関して、アダム・スミスによって紹介された「理想的観察者」の概念に通じる。アダム・スミスにとって、理想的観察者は、有識、公明正大、公正、公平無私、平静で、普遍化しようとする意志があり、全ての人の幸福を考慮できる人である（Baier 1965; Donagan

1977; Frankena 1973)。モラウスキー（Morawski 1974: 177）は、次のように述べている。

　　事実、美学は長年、理想的観察者の観念と戦っている。そして、理想的
　　観察者は公衆の好みと判断によって決定されるのか、あるいは他の諸価
　　値がまず芸術的であると認知され、そしてそれらを説明する人は誰でも
　　決定的な権威として認められるのか、という悪循環から抜け出すすべを
　　まだ見出せていない。こうして、美学は価値と判断の基準にまつわる継
　　続的な困難を抱えている。そして、衝突する見解は、数世紀の間、議論
　　が戦わされてきた分野を今なお残しているのである。

　理想的な観察者という概念は、美学的態度が「実践的な関心から分離して
いる、いわば、普通のかかわり合いから遠ざかっていたり、手を引いている」
（Aesthetics 1988: 17）ものであるというカントの見解と異なるわけではない。カ
ントは芸術作品の観察者を「離れている人ではなく、関心のない人」と述べ
ている。このことは、その受け手は、楽しみの対象を好奇心の道具としても、
究極の目的への手段としても扱わないことを意味している。彼は、対象をそ
れ自体が本質的であり、全ての関心とは分離していると考えている（Aesthetics
1988: 18）。
　しかしながら、たとえこのような観念が望ましいとしても、それがソーシャ
ルワークにおいて、これまでに達成されているかどうかは疑わしい。人が今ま
で見たことのない絵画に近寄ったり、初めて詩を聞いたり、その質に関する美
学的判断を示したりすることはそれにあたる。批評はいつもこのような活動に
従事する。事実、メディアの批評は、これまで触れられてなかった作品につい
て何らかの判断をすることに向けられている。
　対照的に、ソーシャルワーカーはこのような自然のままの位置にいるのはま
れである。外部から来たコンサルタントや訪問者が、しばしばソーシャルワー
ク実践のある側面について、実質上、美学的判断と等しいことをするが、とり

わけ共通していることは、観察者が、必然的に、参加者をも巻き込んで、関連する歴史、あるいは組織的、政治的環境を含む、関連する文脈に精通している（しばしば考慮すべきものであるが）状況である。かかわった臨床のスーパーバイザーが、臨床家のスタイル、理論的志向、クライエントの診断、処遇史に精通していないことはほとんどありえない。そして、部下の活動の年間評価の作成を求められる機関の管理者が、その部下についてのインフォーマルで、これまでの活動経験が載り、機関内で回覧されているコメントに影響を受けないとは、全く思われない。文脈が無視されることはありえないのである。

　さらに、通常「理想的観察者」に付与された基準が、文字通り中立であると提示するものは何もない。これらの基準でさえ、明白な客観性にもかかわらず、価値に基づいており、価値中立ではない。事実、いかなる美学的判断も状況の要素に影響されるはずであり、また、これらの背景にある要素は、有意義で有益な評価に縦糸と横糸を与えると論じられている。代わりに、究極の挑戦——そして責務——は、専門家が影響を及ぼす文脈の要素を確認し、この影響の密接な関係について推測することである。

　何人かの美学者は（例えば、マシュー・アーノルド〔Matthew Arnold〕）、このような文脈——特に比較できる作品を取りまく文脈に関係して——は本質的であり、真空状態におかれた個人の作品についての詳細な分析では、その作品の真の質を伝えることはできないと論じている。この見解から、「適正な比較の文脈」という考え方は、似た作品の中にある有意義な比較を描くことを可能にするために必要である。「批判的な推論は互いに関連させて芸術作品を配置する試みである。その結果、一つの作品に認められた素晴らしさが他の作品についての測定の基準となる」（Aesthetics 1988: 25-26）。これは、個々の演劇、詩、さらに拡大させて、ソーシャルワークの過程（例えば、治療的介入、あるいは組織変革の戦略）が、それら自身の長所のみで判断され得ないことを示唆し、代わりに、観察者は有意義な判断をするために、その専門領域の他の作品の存在によって作られた相対的文脈において、その作品を位置づけなければならないことを暗示している。所与の作品に付与される価値は、少なくとも部分的には、

この種の適正な比較によっている。この所感は、イングランド（England 1986:
124）によって、特に、ソーシャルワークにおける評価の一貫性の発展を促す
ことに関して繰り返されている。

　　　ソーシャルワークにおける適切な批評の実践からの最大の成果、そして
　　専門職の文化のための妥当な基盤は、専門職の実践で活用される、より
　　はっきりした基準、実行可能な測定の達成だろう。事実、このような基
　　準は、現実のコミュニティを創造する過程から生まれる。共有される意
　　義は、かなり相対的で、価値に基づく。実際、社会的現実は価値に基づ
　　いているために、きっちりとした、このような絶えまない容認と確証が
　　求められる。

　美学的判断は、対象の内容と同様に形式に対する注意を含むべきであるとい
う議論がある。芸術界では、内容は典型的に主体の問題、あるいはもたらされ
る特殊なメッセージ（例えば、絵画における具象化された表現の意味、詩の中に組
み込まれたトピック、あるいは演劇に取り入れられた社会問題）に言及する。対照
的に、表現形式は作品が表現され、構成される様式に言及する。
　もちろん、これは、ソーシャルワーカーにとってなじみのある、有益な特徴
である。例えば、臨床ソーシャルワーカーは、適正な非言語的なメッセージを
含む、クライエントのコミュニケーションの内容、コミュニケーションの形
式、特有のコミュニケーションのタイミング、用語、感情を理解するためにト
レーニングを受ける。コミュニケーションの形式は、しばしば適正な内容に加
えて、考慮されるべき臨床的に意味のある情報を得ることにつながる。
　もちろん、同様のことはソーシャルワーカーの活動の美学的判断に適用され
る。ソーシャルワーカーの活動内容を評価するスーパーバイザーは、その内容
（例えば、1 年間で開始または終了したケースの数、機関で新しく開始されたプロジェ
クトの内容、処遇グループで取り組まれた問題）と同様に、ワーカーの職務遂行
の形式（例えば、療法上のスタイルとコミュニケーションのスタイル、対等な相互

作用、感情）に注意を払わなければならない。

　どのような作品の美学的判断にも、必然的に知的要素と感覚的要素が同居することには、一定の同意が得られている。ソーシャルワーカーは、自分たちの活動についての評価を、認知的に引き出された印象、あるいは純粋に知的な印象と、より主観的で感覚的な印象に分離できないことを承知している。もし、ソーシャルワーカーが治療セッションの記録テープを見るなら、「よい実践の要素」（例えば、ソーシャルワーカーのアイコンタクト、姿勢、共感的コミュニケーション、沈黙の活用）の客観的基準の碁盤目のようなチェックリストを使って美学的判断をすることはできない。純粋に知的な評価はいかなる形式にも伴うが、そのテープの観察者が、自分の見ているものに対して感覚に基づいた反応をしてしまうことは避けられない。イングランド（1986: 108）は、認知的志向の評価基準に、一定程度の感覚的、直観的、美学的評価を補う必要性について述べている。

> 首尾一貫性と複雑性という概念は、ソーシャルワーカーにはなじみがないかもしれない。しかし、ソーシャルワーカーが芸術家（artist）と同様の理解を熱望するなら、それらは的を射たものである。評価において活用するなら、それらはまた妥当である。というのは、ソーシャルワークは、「首尾一貫性と複雑性」以上に、明白な正確さをもつ評価基準を求めているにもかかわらず、それは無駄だからである。もし、ソーシャルワークがアート（技能）として見られるなら、このような概念は、ソーシャルワークが実践の批評と評価への真正な実行可能なアプローチを構成する助けとなる。（傍点は原著者による）

　感覚あるいは直観に主導された反応は、厳密さと正確さが特徴であるというのは困難であるが、これが意味することを全員が理解しているというには疑問がある。感覚的な印象に基づいて、治療セッション、近隣住民のミーティング、あるいはスタッフミーティングはうまくいったり、あるいはいかなかった

りする。うまくいく、あるいはいかないことは、漠然と定義されている。しかし、芸術においてはよく受け入れられている本質的特徴である。

　　このような（美学的）理論が、美学的経験において観察される、知的な
　　ものと感覚的なものとの間の神秘的な調和に光を投げかけるかどうかと
　　いうことについては疑問が残されている。たった一つの過程が、全ての
　　認知、イメージ、そして記憶の中に巻き込まれるという想像に関する
　　言説についての議論は、これらの精神的過程においては、思考と経験が
　　しばしば分割できないという前提（疑いなく正しい）においてのみ存在
　　するのではないだろうか。しかし、それゆえ、それらの結びつきを築
　　き上げることに関わる何らかの「能力」（faculty）があると想定すること
　　は、それらが分割できないという事実を軽視することになる。（Aesthetics
　　1988: 19）

第4節　芸術家としてのソーシャルワーカー

　確かに、ソーシャルワーカーがソーシャルワークの過程と結果についての理解を深めるために美学の概念を認識して、さらにそれらの活用可能な方法について思索するのは有益である。例えば、独立した美と従属した美、言葉の言いまわしと描写、形式と内容、知的反応と感覚的反応といった概念間の区別は、ソーシャルワーク実践の本質をつかもうとする努力に、一定の奥深さ、実質、明解さを付け加える。

　しかしながら、この視点はソーシャルワーカーが実践を理解し、評価し、解釈する努力——つまり、いかにソーシャルワーカーが実践とその結果について考えるか——にもっとも力点をおいている。それは、ソーシャルワークと美学の間の関係性という、ソーシャルワーク固有の決定的に重要な側面——芸術家としてのソーシャルワーカーを無視している。ここでの焦点は、ワーカーが現実に行う実践の中に含まれている芸術的な技術に関してである。その区別は芸

術の認識と制作の間にある区別に大まかには似ている。前者は芸術について考え、芸術を理解する方法を必要とし、他方、後者は芸術の実際の創造を必要とする。

　前述のように、ソーシャルワーカーは時折、芸術家として語られる。つまり、新しい介入を紹介したり、機関のスタッフを再構成したり、ローカルコミュニティのリーダーシップを発展させる方法と時機を知っている、もっとも熟練した人としてである。これらの技術は、芸術的な才能として説明される。そのような才能をもっているソーシャルワーカーもいれば、もっていないソーシャルワーカーもいると、一般的には信じられている。そして、画家と彫刻家については、このような才能は生来のものであるか、あるいは、育成されたり、学んだりするものかどうかについてはかなり論議されている。

　才能ある芸術家（「才能ある」ということがどのように理解されていようとも）、作家、画家、脚本家、詩人、音楽家などは、一般に定義しづらい無形の資質をもつと信じている美学者もいる。審美的な作品の中に、しばしば才能ある芸術家を普通の芸術家、あるいは芸術家ではない人と区別する、独特のスタイル、創造性、感受性、感情、知性、想像の属性があることが見出せる。アッシェンブレンナー（Aschenbrenner 1974: 70）は、上級の技術をもつ芸術家特有の才能は、芸術的な対象がもつ、明らかにしづらい質を創造的に発揮させ、効果的に複合する能力に関係すると述べている。アッシェンブレンナーのコメントは、特に伝統的な芸術に焦点を当てているが、それらは個人、家族、グループ、コミュニティ、組織に介入するソーシャルワーカーの努力にも適用される。

　　私は、この能力が本当に創造的な感受性であると主張しよう。視覚的な
　　芸術家は際限のないやり方で自分の素材を複合したり、切ったり、燃や
　　したり、彫ったり、溶かしたり、壊したり、接合したり、再整理でき
　　る（そして、全ての芸術にはこれらの物理的な操作に似ているところがある）。
　　しかし、その芸術家ができないこと、神あるいは自然以外の誰もでき
　　ないことは、一つの質を創造することである。芸術家は一つの質を暴く

ために壊したり、接合したり、複合したりすることができる。事物の質は、それら自身のものである。芸術家の独創的な才能とは、その質を暴くパワーにある。

　アートとソーシャルワークの主題に関するソーシャルワークの数少ないエッセイの中にこれとよく似たレトリックを見出すことができる。ラパポート（Rapoport 1968）とサイポリン（Siporin 1988）は、ソーシャルワークにおける芸術的な創造性の本質的な役割について述べている。ラパポート（1968: 12）は、「ソーシャルワークにおいては創造的、芸術的、そして職人のような（あるいは熟練した）、といった用語を明確に活用するはずである。創造的という言葉は、思考と行為は革新的であることを意味しており、それは何か新しいものの創造に導く。これは一つの理論の発展に、あるいは新しい治療的アプローチや技術の発展に、あるいは新しい組織化とサービスの供給に、適用されるかもしれない」。よく似た領域で、サイポリン（1988: 180）は、彼が述べることはソーシャルワークにおける創造性と創造的なプロセスに必要なことであると強調している。

　　創造性は、アートとしてのソーシャルワーク実践のもっとも有力な特徴である。クライエントは、ストレスのある、人を打ちのめす状況の中で挫折したり、追い込まれたりした感情をもってソーシャルワーカーのところにやってくる。クライエントが自分の問題を処理することを援助するためには、問題の新しい解釈と創造的な解決が求められる。よい臨床ソーシャルワークは、創造的なアセスメント、プランニング、介入、事後評価を含んでいる。ソーシャルワークは創造的に適用されるのなら、クライエントが自分の問題に新しい洞察を深めることを援助し、こうした問題にもう一つの解決を生み出し、クライエントの内なる資源と社会資源を活用して、対人的な関係の新しいパターンを創造する。

多くの美学者はまた、芸術家の個人的な背景とパーソナリティは彼らの創造的な能力の重大な決定要因であると信じている。画家、作家、詩人が、どのようにして、そして、なぜ、自分たちの主題となる問題、媒体、表現のスタイルを選択するのかは、その世界における個人的な経験に大いに関係がある。スパーショット（Sparshott 1982: 261）は、「結局のところ、全ての芸術家は、それぞれの仲間や一般大衆とは異なる個人的な歴史をもち、訓練を受けた人である。その人の作品がその芸術家本人にとって意味をもつのと同じように、他の人たちにとっても意味をもつことはできないし、重要性をもつこともできない」という。特に、ソーシャルワークに関してサイポリン（1988: 180）は、あるパーソナリティ特性が、真に創造的な実践者を作り出すために本質的なことであると論じている。

　　臨床ソーシャルワークにおいてアートを作り出すことができる、効果的で創造的なスタイルは、実践者があるパーソナリティ特性、才能、能力をもつことを要求する。（中略）創造的な人間は、冒険的で、遊び心があって、ユーモアがあって、好奇心があって、洞察力がある。そういう人は、生活の特別な領域において公正な行動をとることにかかわる道徳的な感受性と同様に、オープンマインドで豊かな想像力をもっている。しかし、こういう人は生活のある領域においては、一般社会の規範に従わない人であり、情緒不安定であり、逸脱している人でもある。創造的な人間は、拡散思考と収束思考の双方ができる必要がある。そして、結合しやすい流暢さと柔軟性を保有し、見方を変えることができ、かつ、オリジナルな考えと解決を発展させるための異なる準拠枠を活用する必要がある。創造的な人は、左右の脳を活用し、さらに、不合理で、平行的で、側面的で、類推的で、直観的な論法と同様に、論理的な論法もこなせる。

　個人的なトラウマ、対人関係、地理的条件、政治的条件などの現象が芸術

家に影響を与え、芸術家を形作る様子について書かれた書物はかなり多い（Da-iches 1981）。例えば、アッシェンブレンナー（1974: 74）は次のように強調している。「芸術において、我々がいつも興味をもっているのは人間であって作品ではない。我々は、シェフとウェイターがどのように我々に食事を提供してくれるかということだけではなく、彼らそのものにも関心をもつ。ちょうど批評の議論が、無効にできないほどに人身攻撃になってしまうように、我々の芸術作品への注意を芸術家そのものに引き寄せることになる」。

　個人の伝記とパーソナリティの影響についての推論は、文学の世界では特に普遍的である。例えば、トリリング（Trilling 1970）は、『文学評論』のまえがきにおいて、個人的背景と芸術的スタイルの間の歴史的結びつきを記している。

　　高度に発達した文化において、賞賛される文学作品は、それを書いた人（man：原文ママ）と、その人の気質によって説明される、その作品の質に必ず結びつけらる。ビュフォン（Buffon）による 1753 年の「スタイルはその人自身である」という著名な主張は、その言葉通り、おそらくロマンティシズムが著者のパーソナリティに基づくものであるという強調の兆しだった。しかし、それはそう言わなくても、読み手が必ず感じることを表現している。しかしながら、初期の読み手にとっては、人とスタイルとの同一視は、得心のいくトートロジー（同語反復）だった。最近の読み手にとって、それは何の意味ももたない。逆に、それは疑問への道を開いた。もしスタイルがその人自身であるなら、その人はスタイルによって象徴される人であって、それ以外の人ではない、「その人自身」にいかにしてなったのだろうか。そして、スタイルは表現を求める人間の感情に左右されたり、コントロールされたりするのであるから、作者の現実の経験における、その場が知られているなら、感情はかえって理解されないのだろうか。

デイシャス（Daiches 1981: 334）は『文学への批判的アプローチ』において、作家に関してよく似た観察をしている。

　　おそらく、芸術の起源に対しては、一般的な心理学理論、精神分析理論よりも、個々のケースへの固有の適用が有益である。固有の作品を分析し、その分析からその作者の心理について推論を引き出すこともできる。作品の全体像を捉え、それから作品を解明するのに適用できる作者の精神の状態について、一般的な結論を引き出すことができる。作家の伝記を、作家の人生の表面的出来事と手紙や他の告白の文書などによって描かれたものであると捉え、そして、作家のパーソナリティ——葛藤、欲求不満、トラウマとなった経験、神経症、あるいは偶然起こり得るものは何でも——についての理論を、これらから構成し、さらに作家の作品を解明するためにこの理論を活用することができる。あるいは、人生と作品の間を、一方によって他方を明らかにしたり、作品に反映された特定の危機にその伝記から注目したり、それら伝記の真実の意味が何であるかを、その作品に反映されている様式から捉えながら、反復できるのである。

　もちろん、ソーシャルワーカーにとって、これはなじみのある、よく知っている推論である。ソーシャルワークの歴史からみると、実践者は、実践者の個人的経歴とパーソナリティと選択した実践の領域、実践のフィールド、人口層、理論的偏り、介入の技法の間に親密な結びつきがあることを他の専門職より認識しているだろう。実例としては、実践者の実践へのその人の精神力動の影響、機関の管理者の管理スタイルに及ぼす、その人の生い立ちの影響、そして、コミュニティ・オーガナイザーの介入アプローチへのその人の政治的経歴の影響についての推測が挙げられる。
　芸術家としての実践者に関する思考について、比較的に最近の特徴は、熟練した専門職が仕事を遂行する際の固有のリフレクション（省察）に焦点を当

てることである。この推論の多くは、ショーン（Schön 1983, 1987）の「行為の中の知」と「行為の中の省察」の概念に関する先駆的な書物に含まれている。ショーン（1987: 6）にとって、専門職の活動は、不確実性、固有性と価値葛藤——「技術的合理性の規準を免れる」問題——によって特徴づけられる実践の不確定な領域に関わる、複雑な問題解決を必然的に伴うものである。ショーン（1987: 3-4）は、現代の研究界の基礎に組み込まれている、実証主義哲学から引き出される実践の認識論として、技術的合理性を以下のように述べている。

　　実証主義哲学から派生した実践の認識論は、近代的な研究大学の基盤を組み込んだ。技術的合理性は、実践者が実践的な目的にもっとも合致した技術的手段を選定するのに役に立つ、問題を解決する人であることを支持している。厳格な専門職である実践者は、体系的でより科学的な知識から引き出される理論と技術を適用することによって的確に体裁よく問題を解決する。（中略）
　　しかし、我々は過去 20 年以上にわたって、重要視されてきた「明確さ」で問題を捉えるようになるにつれて、現実世界の実践の問題は、容易な形として実践者の前に現れなくなっている。実際、それらは問題としてではなく、厄介で不確定な状況として現れる傾向にある。

　ショーンの「行為の中の知」と「行為の中の省察」に関する議論は、専門職における実践の叡知についてのソーシャルワーカーの長年の推論を暗示している（DeRoos 1990; Scott 1990）。ショーン（1987: 22）は次のように言う。「行為の中の知」は、専門職の芸術的手腕において継続する構成要素の一つであり、実践の機能について考えずとも、そのやり方を知っていることを必然的に伴う。また、それは、本質的に、直観的に、我々がどのようにすべきか知っていることを説明できること、あるいは、我々の行為が明らかにする知識を意識的に考えられることに左右されるのではない。つまり、人は行為に先立って、あるいはその真っただ中では、その行為と判断について考えてはならない。人は、こ

れらのことをするように学んだことに気づかないかもしれず、ただ自分自身が
それらを遂行していることに気づくだけである。また、人の行為が示す考えも
描写できないかもしれない（DeRoos 90: 282; Schön 1983: 54）。

　対照的に、「行為の中の省察」は、その行為の遂行中に、行為について意識
して考え、評価することを含んでいる。その過程は、人が何をしているか、人
がいかにそれをしているか、そして、それがいかにうまくいっているかに関す
る積極的な省察を含んでいる。──それは、ソーシャルワークにおけるなじみ
のある活動であり、重要なことである。ショーン（1983: 50）は、「行為の中の
省察という全過程は、実践者が時には不確実性、不安定性、価値葛藤といった
状況をうまく処理するための『技能』（art）の中核にある」という。

　ショーン（1987: 16）は、「行為の中の知」および「行為の中の省察」の活用
と育成を、特に、不確実性、不確定性の状況に直面した時の芸術的な専門職の
実践の表現として、そして専門職の混乱と呼ぶものとして、明確に捉えてい
る。

> 画家、彫刻家、音楽家、ダンサー、デザイナーの芸術的手腕は、法律
> 家、医師、管理者、教師のそれに並外れて酷似している。専門職が、し
> ばしば教えるという「芸術」、あるいはマネジメントという「芸術」に
> 言及し、不確実性、固有性、葛藤の状況を処理することに驚くほど熟達
> した実践者に言及するために「芸術家」という用語を使用することは偶
> 然ではない。

　ソーシャルワーク教育にとって、ショーンの「行為の中の知」および「行
為の中の省察」についての観察は、特に重要な意味がある。第一に、我々が
価値をおく特性の範囲では、ソーシャルワーク教育におけるその位置づけを考
慮することが重要である。理想的なことに、ソーシャルワークを学ぶ学生は、
ショーンの概念によって提示された実践の叡知に向けて、注目に値する傾向を
もつ教育を受け始めている。ソーシャルワーク教育の課題は、これらの質を高

め、それらを磨き、洗練することである。教育者は、多くの場合、全てではないだろうが大抵の場合は、実践の叡知——ソーシャルワークの創造的、芸術的行為——を教え、学習できるという根強い信念をもっているとはいえ、そのコースの課題は簡単ではない。

　例えば、サイポリン（1988: 180）は、臨床ソーシャルワークのスキルを駆け出しの実践者に教えることはかなり厄介なことだが、「臨床ソーシャルワークにおいてアートを作り出すことができる効果的で創造的なスタイルは、実践者がある種のパーソナリティ特性、才能、能力をもつことを必要とする」と論じている。サイポリンはわずかのリアリズムと謙虚さでもって、「これらのパーソナリティの特徴のほとんどは教えることができ、学習することができると記すことは重要である」と明確に付け加えている。ショーン（1983: 18）は、必ずしも教育者がスキルを同じように伝授できず、学生全員がそれらを学習できるわけではないことを認識しながらも、専門職一般に関するこの信念を強調している。

　　もし、専門職の実践に芸術という法則化しえない要素があることが真実なら、才能あるエンジニア、教師、科学者、建築家、マネージャーが、自分たちの日々の実践における芸術性を披露することもまた真実である。もし芸術が不変ではなく、知識として伝授することができず、教えることができないものだとしても、なお学習できるものである。

　ショーンの主要で明確な関心は、専門職である教育者が、集団として、専門職教育へのより科学に基づいた実証的なアプローチに沿って、専門職の芸術的手腕の教授に焦点をあてる必要性を十分には確信していないことである。ショーン（1987: 15）は、実践を科学として見る人と芸術として見る人との間にある緊張は、専門職教育を覆し、芸術的実践が専門職養成学校において教授され得るという仮定に異議申し立てをしていると記している。

専門職教育の核となるカリキュラムが、相対的に散漫で不安定で不確かなところでは、ネイサン・グレイザー（Nathan Glazer）の「下級専門職」のように、芸術的手腕のための教育の問題は、異なった形をとる傾向にある。例えば、ソーシャルワーク、都市計画、神学、教育行政においては、教育者は次のように考える傾向がある。どのような才能が、どのような方法で、どのような実践領域において獲得されるべきであるかについてより際限なく尋ね、さらには、最も学習の必要のあることは専門職養成学校で学習するのが望ましいのかどうかについて、教育者は大声で問いかける傾向がある。ここで、芸術的手腕についての教育は、専門職教育の妥当性という、より大きな疑問に巻き込まれることになる。

　一連の専門職——建築、精神医学、エンジニアリング、街づくり、マネジメントを含めて——における学習のスタイルとパターンに関する広範囲の参与観察に基づいて、ショーンはソーシャルワーカーが「実践の叡知」と呼ぶもの、そしてショーンの「行為の中の知」や「行為の中の省察」に類似するものは、教師と学生の間で発達する特有の関係において、特にスタジオ、あるいは芸術学校のような環境で、コーチングによって教授するのが望ましいと結論づけている。ショーン（1987: 17）は、望ましい学習環境の例としてソーシャルワークの現場環境に明確に言及していないが、その意図ははっきりしている。

　おそらく、専門職の芸術性についてのあらゆる形式の学習は、少なくとも部分的にはスタジオと芸術学校で作られたものによく似た条件に頼っている。それは、「しかるべく話すこと」によって、「天職の伝統」を学生に伝授し学生を助ける指導者とともに、学生が自分自身のために、そして自分自身の方法で、自分たちがもっとも知る必要があるものを理解するという、比較的リスクの低い状態で学ぶ自由である。そこから、「行動から学ぶ」経験と、よいコーチングの芸術的手腕を学習すべきである。双方の過程が知的で、そして——それとわかる範囲内では——理解し得

るものであるという作業仮説に基づいて、学習を位置づけるべきである。そして、二重の学科カリキュラム、つまり、徒弟制度のようなカリキュラムと、向上心ある実践者が自分自身で発見し創造する実習科目、そしてスタジオと芸術学校という世間から離れた伝統など、あらゆるところでの実例を探すべきである。

第5節　アートと科学としてのソーシャルワーク

　私は、ソーシャルワークのさまざまな認識論的問題に関する議論において、実証主義者の仮説の適用と科学的方法には限界があるという認識が実践者の間で高まっていることを記述した。経験主義に基づいた幅広い探求はソーシャルワークにおいてかなりの価値があるが——個人、家族、グループ、コミュニティ、組織など種々のクライエントについての経験的、記述的、探索的研究を含めて——、今日、経験主義の限界がより認知されてきている。複雑で抽象的なソーシャルワークの概念を操作し、多数の無関係な要素を適切にコントロールする研究計画を作成し、そして、客観的な測定を妨害する偏りと誤りの元を取り除くことは難しい。この困難は、経験主義的な研究方法が、我々が人々の問題を知り、そして、それらへのもっとも効果的な対処法を知ることにこれまで貢献してきたこと、また貢献できることを抑制している。ソーシャルワークの芸術的側面における適正な基準を工夫することは難しい。

　ショーン（1983: 48）が、「科学哲学者の中には、もはや実証主義者と呼ばれたいと思う人はいない。そして、工芸、芸術的手腕、神話といった時代がかった話題——それらは実証主義がかつて封印されるべきだと主張してきた運命の話題である——への関心の回帰がある」と主張する時、彼はそのケースをいくぶん誇張してはいるが、それは多くの現代のソーシャルワーカーの雰囲気をうまく捉えている。後年の著作で、ショーン（1987: 13）は自分の議論をもう一歩進めている。つまり、実践についての科学的あるいは経験主義的な理解への試みは、実践の芸術的本質についての最初の探求にとっては二次的なものであ

るべきだと主張したのである。

　　実践の能力と専門職の知識との間の関係性についての疑問は、逆さまに
　　する必要がある。我々は、研究に基づく知識のよりよい活用法を求める
　　のではなく、芸術的手腕、つまり、実践者が現実に実践の不確定な領域
　　を操作する能力——たとえその能力が技術的合理性に関係しているとし
　　ても——による注意深い検証から学ぶものを探求することによって出発
　　すべきである。

　しかしながら、結局これは、ソーシャルワークにおける科学とアートとの間
の関係性を作り上げたり、あるいは関係性の本質を明確にするのにあまり建設
的な方法ではない。科学の限界に関するこのような批評はそれだけで、ソー
シャルワーク実践の多くが一つの芸術形式に帰するという主張をするために、
特に強い基盤を作るわけではない。実践の芸術的側面における幾つかの、ある
いは多くの本質は、最も熟練したソーシャルワークの研究者の目からさえも逃
れ続けるかもしれない。その一方で、科学的調査とデータ収集は疑いなく、専
門職の中にその位置を保ち（少なくとも、穏当なやり方で）、専門職のサービス
の質を高め続けるだろう。ソーシャルワークにおける科学とアートの間の関係
性のこの種の皮肉な特徴づけの代わりに、我々はより建設的な見解を必要とす
る。それは、それぞれの支配領域のそれぞれの価値と貢献を認識し、それらの
相互依存を理解するものである。
　特にソーシャルワークにおいて、科学とアートの間の永続的な論争があると
いうこと、また、科学には知識と熟練の専門職の集積に付け加えるものがほ
とんど、あるいは何もないという時折みられる提言に対して抵抗する必要があ
る。その一つは、科学的方法では、確信をもって良いソーシャルワーク実践の
全てを適切に捉えることはできないということである。しかしながら、その一
方で、科学は付け加えるべき価値を何ももっていないと結論づけることである。
例えば、サイポリン（1988: 178）が「一つの芸術形式としての臨床ソーシャ

ルワーク」という刺激的な小論でこのような敵対する関係性について提言している。

　　　ソーシャルワーク実践の科学的な側面に関する今日の強調点は非現実的
　　　であり、専門職が避けるべき否定的な結論をもっている。さらに、ソー
　　　シャルワークの科学的側面に関するこうした過度の強調は、有効性、例
　　　えば、処遇結果の統計的差異テストのための誤った基準を用いてしまう
　　　ことになる。

　科学的レンズを通してのみソーシャルワークを捉える人々は、実践の本質に
ついて、ある意味で短絡的ではあるが、経験主義は確かに有益な位置を占めて
いる。ソーシャルワークにおける科学とアートの間の関係性は、対立してお
り、相互に排他的である、あるいは、本質的には差し引きゼロになるものであ
ると捉えられるべきではない。そうではなくて、補足的で補完的であると捉え
られるべきである。
　そして、専門職において特に必要とされるのは、より明確な科学とアートの
境界、両者の正当な場所のより深くより豊かな把握である。ラパポート（1968:
139）が数年前に洞察しているように、「ソーシャルワークは、伝統的に科学と
アート双方として定義されている。この二重の本質は全ての援助専門職の属性
である」。
　どのような方法で、科学とアートはソーシャルワークにおいて互いに補足的
だったり、補完的だったりできるのだろうか。まず、どちらもソーシャルワー
ク実践の正当な理解に関して唯一絶対のものをもっていないことは明らかで
ある。詳しく論じてきたように、実証主義と経験主義は常に、ソーシャルワー
クの幾つかの側面について測定しデータを収集することに失敗しがちである。
ソーシャルワークの芸術的な側面の幾つかは、仮に測定可能だとしても雑な測
定でしかなく、審美的な現象に帰着する。もっとも野心的な経験主義的な努力
でさえ、クライエントが慢性的な抑うつから脱し、病識がはっきりする時、ク

ライエントが何を経験するかを理解できるかどうかは疑わしい。確かに、研究者はこれらの経験の口述、あるいは記述を引き出す質問をすることができる。しかし、これらの出来事のクライエントのはっきりした表現、あるいは研究者のそれらの詳細な記録が、現実に起こっていることの表現に肉薄することはまずない。同様のことは、ソーシャルワークにおいて、他の美学的な瞬間にも適用できる。例えば、一つには、機関のスタッフメンバーが多くの管理的介入やグループプロセスの後にようやく融和した時、あるいはオーガナイザーの努力の結果として、近隣住民がエンパワーメントの魔法にかかったような瞬間に達した時である。ベルサ・レイノルズ（Bertha Reynolds 1942: 51）は、半世紀前に、彼女の名著『ソーシャルワーク実践における学習と教育』で記している。

> しかしながら、ソーシャルワークは、人間の問題に適用される科学的知識の分野として正確には語られていない。ソーシャルワークはそれ以上のものである。なぜなら、人間存在の社会的関係性に対する知識の適用には、芸術家の知覚と感受性が求められるからである。ソーシャルワークというアートは、理論武装された経験によって学習されるが、それは、ワーカー自らが説明できる以上に見たり、聞いたり、感じたりして学習する経験なのである。

しかし、ソーシャルワークの美学的理解への試みには限界もある。美学的記述と解釈は漠然としており、高度に主観的である。良い実践に対するソーシャルワーカーの理解を豊かにするために、美学は豊富な語彙と概念の収集を提供するが、正確さ、一貫性、一般化の可能性は見つけられないかもしれない。この意味で、科学とアートのそれぞれの力は、ソーシャルワーカーが互いに補足し合う必要がある。科学の精密さは、実践の無定形で雲に似てぼんやりした美学的記述とは別のやり方で規律ときめ細かな詳細を加える。しかしながら、美学的枠組みは、多面的見地をもつ概念的、情動的、文脈的深さを、機械的事実に満ちた不毛で表面的で文脈を取り除いた、経験主義に基づいた基準に付加で

きる。ヴィヴァスとクリーガー（Vivas & Krieger 1962: 5）は、『美学の問題』の
導入部分でこの複雑な関係性を特徴づけている。

> 美学者は明晰さを求めている。そして、その最高の能力を使って、事実
> に目を向け続けようとする。しかし、美学における事実は、明瞭に披瀝
> されないし、高度に特殊化された訓練や感受性を欠いた人々が発見で
> きるものでもない。美学者の目的は、不変の関係を発見することではな
> い。それは予言の観点から検証する時に、開かれた方法で形式化される
> ものではない。そうではなくて、美学者は、他の何かを求めている。そ
> れは、満足のいく定義には程遠い、しかも、最善の努力をしてもなお、
> 根深く漠然としたままである何かである。幾つかの問題に対して、複雑
> な相互関係の中で、種々の解決の知的な把握、理解、そしてそのほと
> んど文字通りの意味で、一枚の絵に一緒にまとまったものを求めるので
> ある。もし、その成果が実証主義の科学者によって達成されたものの質
> に劣るなら、アリストテレスが言ったことを思い出して自分自身を慰め
> る。アリストテレスは、「意見の多様性と動揺を認める主体がある」と
> いう。そして、それらの中で、「我々は、大抵は正しいというだけの、
> そして、よい方向ではない結果になる前提にある物事について話してい
> る」のであるから、「我々は、大まかに概要だけで、真実を指し示すこ
> とに満足しなければならない」という。

　残念なことに、そして驚くべきことに、ソーシャルワークの歴史を通して、
美学的理解と科学的理解との間に、このような建設的でリアリズムに基づいた
関係性を求める声はほとんどなかった。1958年にイートン（Eaton）は、彼の
「ソーシャルワークにおける科学、『アート』、不確実性」という小論において、
どちらかというと目立たない申し立てをした。そこで彼は、ソーシャルワーク
への芸術的アプローチと科学的アプローチを並列させている。1970年にホリ
ス（Hollis 1970: 38）もまた「このアプローチの基礎となる前提は、ケースワー

クはアートと科学の双方であるということである。直観的な洞察と自発性は、人間とその人の社会的表現、関係性、組織に関する客観的な真実についての知識と理解を発展させ、体系づける継続的な努力と結びついている」と述べた時、実践における科学とアートの積極的な統合を求めていた。そして、イングランド（1986: 115）は、彼の 1986 年の著作の中で、「ソーシャルワークの本質についての評価は、科学としてのソーシャルワークと同様に、アートとしてのソーシャルワークの検証を必ず包含していなければならない。双方は明らかに全体の中で必ず必要で本質的な部分である。この二重性なくして、分析の適切な枠組みをもつソーシャルワークの探究はありえず、完璧な分析もありえない」というよく似た所感を繰り返していた。

　明らかに、ソーシャルワーカーは集団として、実践の科学的側面と芸術的側面との間の複雑な関係性について、理解を深める必要がある。昨今の関係性を特徴づける緊張は、これらの対照的な実践についての見解が、実のところ、どのように互いに補足しあうことができるのかを認識しようとする、円熟した、偏見のない意志を、少なくとも多くの実践者のマインドに生み出さなければならない。ベーム（Boehm）は、止むにやまれぬ方法で、この必要性を表現している数少ないソーシャルワークの研究者の一人である（1960: 5; Boehm 1961: 147 から引用）。

　　画家の筆使いが、画家の全体像に関する知識と、描く対象についての美学的概念を同時に反映しているように、ソーシャルワーカーの技術は、科学的知識とそこに横たわる価値を反映している。画家のそれと全く同じ意味で、ソーシャルワーカーが芸術家として自身を捉えるなら、その天職はアートであり、ソーシャルワーカーのそうしたアイデンティティは高まるかもしれない。

　　自分たちが科学と価値を融合するだけでなく、ソーシャルワーカーだけが技術というかたちでこの融合という表現に到達したということによっても、ソーシャルワーカーは芸術家である。なぜなら、我々の技術

の遂行は我々の創造性の表現であり、芸術家の創造性だからである。

　確かに、ソーシャルワークの主要な美徳の一つは、知的、科学的に基礎づけられた厳密さと、究極的に人間の苦しみを軽減することを志向する人権と正義への価値に基づいた責務とに、同時に関心をもつことである。これらの関心事の効果的な統合と、熟練した実践を通したそれらの表現は、ソーシャルワークのもっとも特有の芸術形式を構成しているのである。

※　監訳者注：ソーシャルワークの実践に関する用語としては、方法・技術・技法・技能・療法（セラピー）などと多くの表現がある。その中で既に 70 年にもなる伝統的な用語が本章に関連する「アート art」である。我が国の社会福祉では「技能」と訳されることが多い（他の領域では一般的には「芸術」）。ソーシャルワークにおいて、この「アート」を最初に用いたのは、カナダ・ソーシャルワーカー協会のスイザン・バワース（Swithun Bowers）である。彼は神父であり、カナダの聖パトリック社会福祉学校の創始者だった。そして 1949 年 12 月に「ソーシャル・ケースワークはアートである」と述べたのだった（The Nature and Definition of Social Casework *Journal of Social Casework*, December 1949, pp. 412-417）。
　「アート」は単なる技術ではなく、そこには実践者の内なる「価値判断」が秘められているのである。つまり、アート＝技術＋価値判断である（art = skill + value judgment）。

終章　ソーシャルワークにおける哲学の位置

　20世紀の初頭に、ソーシャルワークは本当に専門職かという疑問が生じた。アブラハム・フレックスナーのよく引用される、1915年の全米慈善矯正会議での主張は、ソーシャルワークは未だ、十分に成熟した専門職ではないというものだった。フレックスナーは、ソーシャルワークがその時に専門職としての地位に必要な幾つかの基準——実際に学習される気質、自分たちの組織を創ろうとする傾向、利他的な動機など——は認めたが、少なくとも必要な一つの本質的な要素、個人的な責任が欠如していると結論づけた。

　もし、我々がソーシャルワークにおける個人的な責任の概念を真剣に取り上げるなら、そのことは、実践の背景における単なる自律性以上のものをずいぶんと課すことになる。その基礎において、個人の責任はソーシャルワーク専門職に特有の哲学的な枠組みに頼っていたからである。そうした枠組みは、実践者に自律的な実践を教え、励ますのに必要な知的な根（基盤）を与えなければならない。それが、私が定義しようと試みてきたこの哲学的な枠組みの輪郭である。

　その基盤において、ソーシャルワークは、根強い哲学的な課題の集合の周囲に位置づけられる。福祉権、国家の役割、割り当てられた正義について、ソーシャルワーカーが第一にすべき課題は、何世紀もの間、政治哲学者の注目を集めてきた永続的な論争におかれていた。ソーシャルワーカーが実践において直面している、どこにでもある倫理的課題は、少なくともソクラテスの時代以来、道徳哲学者によって呼ばれてきたテーマの変形である。ソーシャルワーク実践の性質と効果に関してソーシャルワーカーが行った討論と主張は、論理の厳格な基準に反して、根本的に評価されなければならない。ソーシャルワークにおける科学の役割に関する同時期の論点は、我々が何をどのように知るか

についての信念に挑戦する永続的な認識論の論争を反映している。実践の芸術的側面と実践を批判する方法に関するソーシャルワーカーの広範にわたる仮説は、美学の伝統的な疑問の拡大版である。

　私の希望は、ソーシャルワークにおける、この哲学的論点の研究と分析によって、専門職のメンバーが我々の直面する多くの基本的な疑問に気がつくかもしれないということでなく、気がつくことを助けることである。このことは、我々が弱い人々のニーズに焦点を当てるという粘り強い主張である。しかしながら、ソーシャルワーカーには、我々が出会うかも知れない複雑で哲学的な関心についての徹底的な探究を忘れる、または延期するという理解不可能な傾向がある。その関心は、せいぜい、専門職の実践の心臓部分にわずかだけ関わるためだけのものである。結局のところ、虐待された女性を鍵のかけられた精神科の一角に、またはシェルターにサービスを提供するソーシャルワーカーは、その抽象的で、時には難解な、私がここに示してきたようなアイデアを熟考するために、働いている間に多くの時間を割くことは難しい。自殺を防ぐこと、またはクライエントに提供できる住宅を探し出すことのような差し迫った事柄が手元にあるのは、その典型的なことである。

　にもかかわらず、我々専門職の生活のある点においては、さらに大きい事柄を熟考するために、喜んで余裕をもたなければならない。これらのことは、ソーシャルワークを開始し、それをまとまったものにし、意味づけることを援助するという考えである。ソーシャルワーカーの主要な運動力は、いつも個人、家族、集団、コミュニティなどに（誰かが、働く小売人といったようにいろいろなものに）、サービスを配ることに常に焦点が当てられていなければならない一方で、我々は、長く続いている哲学的な懸念、つまり、専門職を最初の位置に送り帰そうとするような懸念と、そして、まるでコンパスのように奉仕してきたことへの懸念を、無視することは許されない。例えば、国家機関における使命と役割——公的福祉、児童福祉、精神衛生、司法的な正義など——は、無批判的に、当然のように思われたり、実施されたりしてはいけないのである。我々が福祉の概念、援助への義務、公的・私的セクターの福祉への責任、

分配される正義などに複雑な疑問を呈したことへの回答に照らして、それらは継続的に定義され、検証され、修正されるべきである。さらに、政治的文脈や今日の出来事を移行させる機能として、我々は、我々が提出する疑問と我々が出す解答の双方が時間とともに変化するかもしれないことを認識しなければならない。

　同様に、何が「善い」実践を構成するかというソーシャルワーカー判断は、無批判に作られたり、伝えられたりしてはならない。たとえ、それらの議論が、受け入れられている論理の基準に一致していたとしても——このこと自身が相当な挑戦であるが——ソーシャルワーカーは、それらの実践の質に対して、情報を集め、効果を決定し、意見を表すために彼らが使用する概念的な、方法論的な道具を喜んで批評しなければならないだろう。

　この意味において、本書で概観した話題は、ソーシャルワーカーが永続的な重要性への疑問に周期的に戻ることを可能にする有効な型版を提供するかもしれない。専門職の経歴が発展するように、優先順位の変化や彼らの注目を惹きつける話題は後退したり出現したりする。このような避けられない変化が起こるので、ソーシャルワーカーが中心的な目的、使命、方法についての基本的な質問に再度、立ち返ることは本質的なことである。他方で、我々は、究極的にはソーシャルワークを本質的な意義で満たす標準的な態度を失う危険にある。

　二つの事項において、私がここで述べてきたことは単なる序の口である。第一は、なお質疑されるべき多数の追加の問題に由来する。政治哲学に関しては、公的および私的セクターの間の福祉、とりわけ、福祉年金と社会サービス計画に責任を負うべき政府に関連する、責任の最も適切な配分について、さらに明確にすることをソーシャルワーカーは必要としている。さらに多くの考察が、市民の福祉を増強するための、また、社会的、心理的、経済的に弱い立場を守るための市場の条件に干渉する政府の予算計上に対して向けられるべきである。

　道徳哲学に関しては、専門職は倫理学の理論の把握とそのソーシャルワーク実践との関連について、単なる初めの段階に立ったばかりである。ソーシャル

ワークは今や、実践に現れる多様な倫理上のディレンマをかなりうまく理解しているにもかかわらず、有能な実践者が、倫理的なニュアンスを認識し、実践に横たわる倫理上の問題点を分析し、倫理学の理論を適応するという多くの仕事が残されている。道徳哲学と倫理学の基本を修得することに加えて、ソーシャルワーカーは倫理的な概念を確認し分析し、特に道徳的な義務が混乱している時に、彼らの見解を支援するために、説得力のある議論を組み立てる能力を鍛える必要がある。

　ソーシャルワーカーはまた、論理学の一般的な規則とそれらの実践への適用をもっと正しく評価する必要がある。形式論理学のやり方が典型的なソーシャルワーカーの日常の業務に結びつけられる必要はないが、論理学や社会一般の誤謬についての体系的な導入は、深みのある、力強い、説得力のある議論を提供し、他の者によって引き起こされる欠陥のある主張を見つけ、異議を唱えるためのソーシャルワーカーの能力を強化することができる。

　認識論的な領域において、今日のソーシャルワーカーは実践における科学の役割に関する論争を改革することについて、より一層理解する必要がある。これは、特に近年において、多くのソーシャルワーカーが実践について考え評価する方法を変化させてきた、刺激的な議論である。ソーシャルワークにおける経験論の位置づけや他の形の知識について我々が達する結論は、ソーシャルワーカーが訓練され、彼らの介入のプロセスと結果を示そうとするやり方に重要な意味をもつだろう。

　ついに、ソーシャルワーカーもまた、実践に対する美学の関連性を理解するための始まりの段階にいるということである。我々は、実践における美学的な要素や、実践に関する美学的および科学的な側面の間にある関係、また、美学的な概念に用いる我々の実践を評価し、批評するやり方について、完全に確信してはいない。

　そして、このような点において、本書で私が必要に応じて提起した枠組みは単なる始まり、しかし、建設的で疑問と討論の絶え間ない循環の始まりなのである。私が望むことは、少なくともソーシャルワーカーが将来において、これ

らの課題を追究できる、また、これらの考えを育成できる有益な語彙と概念的な地図を、私が紹介できたということである。

　しかし、本書の内容が、また別の重要な点で、一つの始まりをつくっているのである。冒頭で言及したように、私は、この本が、ソーシャルワークに密接に関係する全ての想像力豊かな哲学の話題を提案するとは言っていない。そのような発言は傲慢であるし、幼稚でもある。代わりに、私が言いたいことは、「ソーシャルワークの哲学的基盤」は、専門職に対して、何が中心的で、注目せずにはいられない、継続している哲学的な話題であるかという一連の幅広い概観と最初の分析を提供することだった。

　それゆえ、本書はその話題を余すところなく扱っているわけではない。五つの主要なそれぞれの項目のもとで、さらに追加で含まれうる話題を議論することもできたかもしれない。私はこのことには疑いをもたない。先に指摘したように、哲学の追加的な領域が含まれることをまた論じることもできただろう。

　私は、何人かのソーシャルワーカーが、これらのコメントの中に、哲学的な探究と問いのメリット（またはデメリット）についての疑念に対するさらなる確証を見つけ出すかもしれないことを認識している。結局、私は、重要な疑問には決して答えを得られず、その限界は永遠に不鮮明のままかも知れないと言っているように思われる。

　しかしながら、私は、このことがどうにも決定的な欠陥であるとは思わない。私は、この種の固有の不確実さが哲学的な冒険の価値を減ずるとは思わない。人生において、本当に大切なものの研究分野が、複雑な疑問に対して、非常に明瞭な答えに貢献することはほとんどないだろう。それはまさに、中絶、生命の終わり、神の存在などの問題の論争に関する事例のことである。こうしたことについての現実的な合意は決して達成されないかもしれないが、この話題に注目せざるをえない何かが、我々の関心をなんとか引きつけるのである。

　私にとって、これは、私が本書で切り出した種類の話題に当てはまるものでなければならない。これらのページに挙げられた哲学的な話題は、ささいな問題とは程遠いものである。それらは、我々の関心をソーシャルワークの知的で

標準的な基盤に集める。ソーシャルワークとは、生活の質（QOL）、特に最も弱い立場にある人々のQOLを向上させるべきという、人をひるませるような使命をもつ専門職である。こうした永続的な哲学的話題に対して継続して向けられるソーシャルワーカーの関心は、専門職の主要な使命が維持されることを保証することに、大いに役立つだろう。

監訳者解説

本書、フレデリック・G・リーマー著『ソーシャルワークの哲学的基盤』の原書は、Frederic G. Reamer, *The Philosophical Foudations of Social Work*, Columbia University Press, 1993（全199ページ）である。原著者はまず本書の課題を論ずる前提の理論として、主として三冊の本を提示している。それは次のようなものである。

① 『ソーシャルサービスにおける倫理的ディレンマ：ソーシャルワーカーのためのガイド』1990（2nd.）
② 『ソーシャルワークの哲学的基盤』1993、本書
③ 『ソーシャルワークの価値と倫理』1999（2nd.）（秋山智久監訳、中央法規出版、2001）

著者の紹介

著者は、米国州立・ロードアイランド大学社会福祉大学院教授であり、シカゴ大学社会福祉学博士である。また、全米ソーシャルワーカー協会（NASW）価値・倫理委員会・元委員長だった。リーマー氏は世界的に有名で米国以外でもヨーロッパ、アジア、沖縄などで講演を行っている。

略歴は、1974年5月にメリーランド大学刑事司法犯罪研究所、1975年5月にシカゴ大学社会科学部MA、1978年5月～1981年にシカゴ大学社会サービス管理学部（School of Social Service Administration）教授、そして現職の教授には1983年以来、就任している。

専門分野は、ソーシャルワーク倫理、法医学ソーシャルワーク、刑事司法、などである。

　さらに関心のある分野としては、社会福祉政策、ソーシャルワークの研究と評価、人間行動、職業倫理および社会倫理などである。

　その代表的な出版物は次の通りである。

　書籍としては、最初は司法福祉関係のものが多く、犯罪、罰、司法、凶悪犯罪：犯罪訓練、事例研究と犯罪と司法解説、などだったが、やがてソーシャルワークの価値に関する著書が増えてくる。それらの原著のタイトルは、本書の巻末の参考文献に収録されている。

　それらの主なものは、前記のもの以外に、『ソーシャルワークにおける倫理基準』『ソーシャルワークにおける倫理教育』などである。

　リーマー教授の研究範囲は広く、次のような領域にも及んでいる。

　ソーシャルワークの研究と評価スキル、エイズと倫理（編集者）、ソーシャルワーク知識の基礎（編集者）、必携ヒューマンサービスへのポケットガイド、職業倫理、社会倫理と価値、リスク管理、精神保健政策などのテーマであり、これらに関するさまざまなジャーナルの記事や多くの本の章を執筆している。

　現在の活動は、大学での教育以外に、現任訓練としてソーシャルワークの研究と評価、高度な専門能力開発セミナー、フィールドセミナー研究、プログラム評価などで全米を駆け回っている。さらに、NASWのロードアイランド州支部の倫理委員会委員長、『ソーシャルワークジャーナル』の編集委員を務めている。

　過去の実務経験も素晴らしく、さまざまな矯正関係のソーシャルワーカー、米国司法省（National Juvenile Justice Assessment Center）のディレクター、ロードアイランド州知事の上級政策アドバイザー、『ソーシャルワーク教育のジャーナル』誌の編集長、そして本書に関わる重要なものは、NASW倫理改訂委員会委員長だった。

出版の目的と意義

　今日、「社会福祉士及び介護福祉士法」の全面的実施以来、30 年の年月が経過した時期にあって、ソーシャルワーカーの質が改めて問われている。現在、実施されている同法におけるソーシャルワーカーは「社会福祉の法律・通知と制度の遂行」を目指して実務を行っている技術者という立場に留まっているという批判の声が高い。

　社会福祉利用者が主体となる福祉ニーズがさらに追求されていく過程において、そこでは必ず福祉利用者と実践の側（ソーシャルワーカーやケアワーカー）と法律・制度や施設・機関または介護サービス指定業者との間に、葛藤やディレンマの問題がさらに生じてくることとなる。

　すでにこうした経験を重ねてきたアメリカでは、「全米ソーシャルワーカー協会」（NASW）を中心に実践上の重要課題として、このディレンマが検討されてきたが、その理論的指導者が本書の著者フレデリック・G・リーマー氏である。

　従来そして現在も、我が国の社会福祉研究では、価値・倫理・思想・哲学などの問題はあまり論議されていない。しかし、世界的にはすでに多数の社会福祉哲学の著作が出版されており、我が国の社会福祉研究の偏りが多くの識者によって指摘されていた。なぜならば、社会福祉は「構造・機能・価値」（嶋田啓一郎）の三点セットであり、また社会福祉の三大要素は「価値・理論・実践」であるからである。竹内愛二は、「社会福祉は価値の実践である」といい、岡田藤太郎は「社会福祉は価値である」と言い切った。

　国際的にも、2000 年の国際ソーシャルワーカー連盟世界大会（カナダ：モントリオール）では、ソーシャルワークの三大要素が 10 数年ぶりに改定され、Knowledge, Skill, Value が Value, Theory, Practice と言い換えられ、ここでは「価値」が第一に挙げられている。

　我が国では、2004 年 6 月にソーシャルワーク専門職連絡会（日本医療社会事業協会、日本ソーシャルワーカー協会、日本精神保健福祉士協会、日本社会福祉士

会）によって、「ソーシャルワーカーの共通倫理綱領」という最終試案が作成されている。

　また例えば、障害者総合支援法では、地域社会における共生の実現が基本理念とされ、何をすることが社会福祉利用者のためになることなのかが、社会福祉の根底から改めて問われている。

　こうした社会福祉の動向にあって、本書の翻訳を試みたが、出版社の諸事情があって、出版元が次々と代わらざるをえなかった。その間にかなりの年月が経過している。既に以前に元となる翻訳を済ませて下さった共同翻訳者の方々には、大変なご迷惑をおかけしたと思っている。と同時に、深い感謝の念を抱いている。監訳するに当たって、当然のことではあるが、一語一句、見たつもりではある。しかし、なお、誤訳や意味不明の箇所があるとするならば、社会福祉とは異なった領域（例えば論理学）の定訳にかならずしも詳しくない監訳者の力不足と不注意である。

　また、本解説には、本書の内容自体の解説が余り含まれていない。それは、著者リーマー教授による「日本語版への序」と「後書き＝終章：ソーシャルワークにおける哲学の位置」と重複しないためである。

　本書中に著者によって引用されている文献は年代的には古い感もあるが、今日の我が国の社会福祉の状況には全く適合していると考えられる。

　本書の共同翻訳者は、今や、このようなテーマに関心のある我が国の大学の、正に著名なまたは中堅の研究者である（巻末の「訳者紹介」参照）。

　ところで、かつてリーマー教授に直接、尋ねたことがある。「本書の『基盤』の中になぜ、宗教が入っていないのですか？」。すると、教授は即座に答えた、「宗教は哲学ではありません」。我が国が誇る西田哲学の西田幾多郎は、昭和20年の戦争末期にその最後の論文のむすびで「浄土真宗的に国家というものを考え得ると思う」と述べている。そしてその晩年には、精力的に宗教を哲学の大きなテーマと考えたという（廣澤隆之「仏教と哲学者」『図解雑学 仏教』ナツ

メ社)。この大きなテーマ、「哲学と宗教との関係」については、今後、我々社会福祉関係者が考えていかなければならない重要な宿題である。

「福祉哲学研究所」の活動

　秋山は、「福祉哲学研究所」を開設し、「人生・福祉問題講座」を島根県の松江市・出雲市で、地域住民の方や専門職の人とともに、それぞれ月一回の学習会を開いている。地域貢献として、「福祉の心」をもった住民の方々が少しでも増えれば、社会福祉の増進に役立つのではないかと思い、ささやかな実践を行っている。

　阿部志郎先生にはその活動に賛同され、顧問になって頂いている。有難いことである。

　この「講座」は両市合わせて既に58回に及ぶ。

　そこでのテーマは、次のように、五つの領域の多岐にわたる課題である。これらのテーマは、本書『ソーシャルワークの哲学的基盤』の抽象的な思索を、現実の人間の具体的な課題に照らし合わせたものとして考えることができるだろう。

1. 社会福祉の思想・価値・倫理、愛と慈悲、幸福とは何か、人間の不幸と苦悩、社会福祉と宗教、三大宗教の愛、宗教多元主義、ソーシャルワーカーのあるべき姿、我々は「寄り添う」ことができるのか。
2. 現代の社会福祉問題である、貧困と生活保護、格差問題、孤独死、児童・高齢者虐待、DV、障害者差別。
3. 現地主義によるダークツーリズム(人間の暗い歴史を辿る旅)に基づく、アウシュビッツ・テレジン・ダッハウなどの強制収容所、ベルリンの壁、ヴェトナム戦争の跡地、原爆・戦争の傷、ハンセン病への差別、沖縄問題、戦争と平和。
4. 人生の意味、運命と宿命、生と死、人生で一番「必要」なもの、永遠とは何か。

5. 福祉・社会福祉の概念、社会福祉の資格問題、統合ソーシャルワーク、ジェネラリスト・ソーシャルワーク、ソーシャルワークにおけるナラティブ、ポストモダンのソーシャルワーク。

　秋山は、1999年11月に、原著者リーマー教授のいるロードアイランド大学院に短期滞在し、翻訳内容の点検を行った。さらに2000年7月、2008年9月など、4、5回にわたって大学や氏の家庭を訪問した。そのうえで著者の全著書の翻訳権を頂いている。

　先述したように、我が国の三ワーカー協会（国際ソーシャルワーカー連盟加盟の調整団体）は、国際ソーシャルワーカー会議（カナダ）の折、それらの正副会長によって、リーマー教授を国際社会福祉講演会の講師として招待することを決定し、実現させた。その時の実行責任者は秋山であり、リーマー教授とその家族、4人と日本各地を講演旅行したことは、実に豊かで楽しい経験だった（このことは、リーマー教授の「日本語版への序」にも記してあるとおりである）。その後も、この旅行で感じていただいた日本の美しい風景を想い出して頂くために、毎年かならず、日本のカレンダーをお送りして20年にもなろうか。

　今回の翻訳に関しても、氏と繰り返し連絡して、翻訳の相談をしてきた。

＊　　＊　　＊

　今回、明石書店の取締役・編集部長の安田伸氏の深いご理解とご尽力があって、出版にこぎつけることができたのは、本当に大きな喜びである。また、出版の実務について下さった、編集部の武居満彦氏の編集手段には驚くべき緻密さがあった。氏には多くのご苦労をおかけしてしまった。これもまた、感謝である。

　我が国の社会福祉が、表面的な、すぐ変わる制度の説明に留まらず、また、

日々繰り返される習慣的な実践技術を乗り越えて、その研究と実践の根幹をなす社会福祉の哲学、思想、価値、倫理に関して、本書が大きな道標を与えてくれることを、心より願うものである。

2020 年 5 月 3 日　憲法記念日

「われらは、全世界の国民が、ひとしく恐怖と欠乏から免かれ、平和のうちに生存する権利を有することを確認する。」　**日本国憲法前文**より。

参考文献

Abrarnovitz, M. 1986. The Privatization of the Welfare State: A Review. *Social Work* 31(4): 261-62.

Abramovitz, M. 1988. *Regulating the Lives of Women*. Boston: South End Press.

Aesthetics. 1988. *The New Encyclopaedia Britannica*, 15th ed. Chicago: Encyclopaedia Britannica.

Allen-Meares, P. and B. A. Lane. 1990. Social Work Practice: Integrating Qualitative and Quantitative Data Collection Techniques. *Social Work* 35(5): 452-58.

Aschenbrenner, K. 1974. *The Concepts of Criticism*. Dordrecht, Holland/Boston: D. Reidel.

Atherton, C. R. 1989. The Welfare State: Still on Solid Ground. *Social Service Review* 63(2): 167-79.

Austin, D. M. 1976. Research and Social Work: Educational Paradoxes and Possibilities. *Journal of Social Service Research* 2(4): 172.

Baier, A. 1988. Theory and Reflective Practices. In D. M. Rosenthal and F. Shehadi, eds., *Applied Ethics and Ethical Theory*, pp. 25-49. Salt Lake City: University of Utah Press.

Baier, K. 1965. *The Moral Point of View*. New York: Random House.

Barry, B. 1973. *The Liberal Theory of Justice*. New York: Oxford University Press.

Beardsley, M. C. 1970. Aesthetic Theory and Educational Theory. In R. A. Smith, ed., *Aesthetic Concepts and Education*, pp. 3-20. Urbana, IL: University of Illinois Press.

Beckennan, A. 1978. Differentiating Between Social Research and Social Work Research: Implications for Teaching. *Journal of Education for Social Work* 14(2): 9-15.

Beckennan, A. 1990. Thoughts on Epistemological Issues in Social Work. In L. Videka-Shennan and W. J. Reid, eds., *Advances in Clinical Social Work Research*, pp. 400-404. Silver Spring, MD: National Association of Social Workers.

Bentham, J. [1789] 1948. *An Introduction to the Principles of Morals and Legislation*. New York: Hafner. (『道徳の原理 —— 法と功利主義的道徳に就いて』ベンサム著、堀秀彦訳、銀座出版社、1948 年)

Berlin, Sir I. 1969. *Four Essays on Liberty*. Oxford: Oxford University Press. (『自由論（新装版)』アイザィア・バーリン著、小川晃一 [ほか] 訳、みすず書房、2018 年)

Berlin, Sir I. 1975. Two Concepts of Liberty. In F. E. McDermott, ed., *Self-Determination in Social Work*, p. 149. London: Routledge and Kegan Paul.

Berlin, S. 1990. Dichotomous and Complex Thinking. *Social Service Review* 64(1): 6-59.

Berofsky, B., ed. 1966. *Free Will and Determinism*. New York: Harper and Row.

Beveridge, Sir W. 1942. *Social Insurance and Allied Services*. New York: Macmillan.（『ベヴァリッ ジ報告 —— 社会保険および関連サービス』ウィリアム・ベヴァリッジ著、森田慎二郎 ［ほか］訳、法律文化社、2014 年）

Biestek, F. 1975. Client Self-Determination. In F. E. McDermott, ed., *Self-Determination in Social Work*, p. 19. London: Routledge and Kegan Paul.

Black, P. N., E. K. Hartley, J. Whelley, and C. Kirk-Sharp. 1989. Ethics Curricula: A National Survey of Graduate Schools of Social Work. *Social Thought* 15(3/4): 141-48.

Blau, J. 1989. Theories of the Welfare State. *Social Service Review* 63(1): 26-38.

Block, F., R. Cloward, B. Ehrenreich, and F. F. Piven. 1987. *The Mean Season*. New York: Pantheon.

Bloom, M. and J. Fischer. 1982. *Evaluating Practice: Guidelines for the Accountable Professional*. Englewood Cliffs, NJ: Prentice-Hall.

Boehm, W. W. 1960. The Need for Courage. *Revue de l'Université d'Ottawa* 30 (January-April): 5.

Boehm, W. W. 1961. Social Work: Science and Art. *Social Service Review* 35(2): 144-52.

Bohm, D. 1980. *Wholeness and the Implicate Order*. London: Routledge and Kegan Paul.（『全体性 と内蔵秩序（新装版）』D・ボーム著、井上忠、伊藤笏康、佐野正博訳、青土社、1996 年）

Bohm, D. 1981. Insight, Knowledge, Science and Human Values. *Teachers College Record* 82(3): 380-402.

Bowers, S. 1949. The Nature and Definition of Social Casework. *Social Casework* 30: 311-17, 369-75, 412-17.

Brekke, J. S. 1986. Scientific Imperatives in Social Work Research: Pluralism is not Skepticism. *Social Service Review* 60(4): 538-54.

Brennan, W. C. 1973. The Practitioner as Theoretician. *Journal of Education for Social Work* 9 (Spring): 7.

Briar, S. 1979. Incorporating Research into Education for Clinical Practice in Social Work: Toward a Clinical Science in Social Work. In A. Rubin and A. Rosenblatt, eds., *Sourcebook on Resource Utilization*, pp. 132-140. New York: Council on Social Work Education.

Briar, S. 1980. Toward the Integration of Practice and Research. In D. Fanshel, ed., *Future of Social Work Research*, pp. 3-37. Washington D.C.: National Association of Social Workers.

Brodbeck, M. 1968. Explanation, Prediction, and Imperfect Knowledge. In M. Brodbeck, ed., *Readings in the Philosophy of the Social Sciences*, p. 368. New York: Macmillan.

Bronowski, J. 1973. *The Ascent of Man*. Boston: Little, Brown.（『人間の進歩』J・ブロノフスキー 著、道家達将、岡喜一訳、法政大学出版局、1987 年）

Bruce, M. 1965. *The Coming of the Welfare State*. London: B. T. Botsford.（『福祉国家への歩み

―― イギリスの辿った途』モーリス・ブルース著、秋田成就訳、法政大学出版局、
1984 年)

Buchanan, A. 1978. Medical Paternalism. *Philosophy and Public Affairs* 7: 370-90.

Buchanan, A. 1982. *Marx and Rawls: The Radical Critique of Justice*. Totowa, NJ: Rowan and Allan-
held.

Burrell, G. and G. Morgan. 1979. *Sociological Paradigms and Organizational Analysis*. London:
Heineman.

Callahan, D. and S. Bok, eds. 1980. *Ethics Teaching in Higher Education*. New York: Plenum Press.

Carter, R. 1977. Justifying Paternalism. *Canadian Journal of Philosophy* 7: 133-45.

Cohen, M. R. and E. Nagel. 1934. *An Introduction to Logic and Scientific Method*. New York: Har-
court, Brace and World.

Copi, I. M. 1986. *Introduction to Logic*, 7th ed. New York: Macmillan.

Covey, H. C. 1982. Basic Problems of Applying Experiments to Social Programs. *Social Service Re-
view* 56(3): 424-37.

Daiches, D. 1981. *Critical Approaches to Literature*, 2d ed. New York: Longman.

Daniels, N., ed. 1975. *Reading Rawls*. New York: Basic Books.

Denzin, N. K. 1971. The Logic of Naturalistic Inquiry, *Social Forces* 50: 166-82.

Denzin, N. K. 1978. *Research Act: A Theoretical Introduction to Sociological Methods*. New York:
McGraw-Hill.

DeRoos, Y. S. 1990. The Development of Practice Wisdom through Human Problem-Solving Process-
es. *Social Service Review* 64(2): 276-87.

DeSchweinitz, K. 1924. *The Art of Helping People Out of Trouble*. Boston: Houghton Mifflin.

Donagan, A. 1977. *The Theory of Morality*. Chicago: University of Chicago Press.

Dostoevsky, F. 1914. *Crime and Punishment*. London: William Heinemann. (『罪と罰』ドストエス
フキー著)

Dunn, W. and I. Mitroff. 1981. The Obsolescence of Evaluation Research. *Evaluation and Program
Planning* 4: 207-18.

Dworkin, G., ed. 1970. *Determinism, Free Will and Moral Responsibility*. Englewood Cliffs, NJ: Pren-
tice-Hall.

Dworkin, G. 1971. Paternalism. In Richard A. Wasserstrom, ed., *Morality and the Law*, pp. 107-26.
Belmont, CA: Wadsworth.

Dworkin, R. 1981. What is Equality? Part 2: Equality of Resources. *Philosophy and Public Affairs* 10:
283-345.

Eaton, J. 1958. Science, "Art," and Uncertainty in Social Work. *Social Work* 3(3): 3-10.

Elliott, M., comp. 1984. *Ethical Issues in Social Work: An Annotated Bibliography*. New York: Council on Social Work Education.

Ellis, J. M. 1974. *The Theory of Literary Criticism*. Berkeley: University of California Press.

Elster, J. 1988. Is There (or Should There Be) a Right to Work? In A. Guttman, ed., *Democracy and the Welfare State*, pp. 53-78. Princeton, NJ: Princeton University Press.

Emmet, D. 1962. Ethics and the Social Worker. *British Journal of Psychiatric Social Work* 6: 165-72.

England, H. 1986. *Social Work As Art*. London: Allen and Unwin.

Epstein, W. E. 1986. Science and Social Work. *Social Service Review* 60(1): 145-60.

Fanshel, D., ed. 1980. *Future of Social Work Research*. Washington D.C.: National Association of Social Workers.

Feinberg, J. 1970. *Doing and Deserving: Essays on the Theory of Responsibility*. Princeton, NJ: Princeton University Press.

Feinstein, A. R. 1967. *Clinical Judgment*. New York: Krueger.

Feyerabend, P. 1975. *Against Method*. London: New Left Books.（『方法への挑戦 —— 科学的創造と知のアナーキズム』P. K. ファイヤアーベント著、村上陽一郎、渡辺博訳、新曜社、1981 年）

Fischer, D. H. 1970. *Historian's Fallacies*. New York: Harper and Row.

Fischer, J. 1981. The Social Work Revolution. *Social Work* 26(3): 199-207.

Fischer, J. 1984. Revolution, Schmevolution: Is Social Work Changing or Not? *Social Work* 29(1): 71-74.

Fottler, M., H. Smith, and W. James. 1981. Profits and Patient Care Quality in Nursing Homes: Are They Compatible? *The Gerontologist* 21 (5): 532-38.

Frankena, W. 1973. *Ethics*, 2d ed. Englewood Cliffs, N.J.: Prentice Hall.（『倫理学（改訂版）』W. K. フランケナ著、杖下隆英訳、培風館、1975 年）

Frankfurt, H. 1973. Coercion and Moral Responsibility. In Ted Honderich, ed., *Essays on Freedom of Action*, p. 79. London: Routledge and Kegan Paul.

Fried, C. 1978. *Right and Wrong*. Cambridge: Harvard University Press.

Friedman, M. 1962. *Capitalism and Freedom*. Chicago: University of Chicago Press.（『資本主義と自由』ミルトン・フリードマン著、村井章子訳、日経 BP 社、2008 年）

Fumiss, N. and T. Tilton. 1977. *The Case for the Welfare State*. Bloomington, IN: Indiana University Press.

Gambrill, E. 1990. *Critical Thinking in Clinical Practice: Improving the Accuracy of Judgments and*

Decisions about Clients. San Francisco: Jossey-Bass.

Geismar, L. L. 1982. Debate with Authors: Comments on "The Obsolete Scientific Imperative in Social Work Research." *Social Service Review* 56(2): 311-12.

Geismar, L. L. and K. M. Wood. 1982. Evaluating Practice: Science or Faith? *Social Casework* 63(5): 266-72.

George, V. and P. Wilding. 1976. *Ideology and Social Welfare.* London: Routledge and Kegan Paul.（『イデオロギーと社会福祉』ビク・ジョージ、ポール・ワイルディング著、美馬孝人, 白沢久一訳、勁草書房、1989 年）

Gert, B. 1970. *The Moral Rules.* New York: Harper and Row.

Gewirth, A. 1978a. *Reason and Morality.* Chicago: University of Chicago Press.（『理性と道徳』アラン・ゲワース著、式部信訳、溪水社、2019 年）

Gewirth, A. 1978b. Ethics. In *Encyclopedia Britannica*, 15th ed. Chicago: University of Chicago Press.

Gibbs, L. E. 1991. *Scientific Reasoning for Social Workers.* New York: Macmillan.

Gilbert, N. 1983. *Capitalism and the Welfare State.* New Haven: Yale University Press.（『福祉国家の限界 —— 普遍主義のディレンマ』ニール・ギルバート著、関谷登監訳、阿部重樹、阿部裕二訳、中央法規出版、1995 年）

Gilbert, N. and B. Gilbert 1989. *The Enabling State: Modern Welfare Capitalism in America.* New York: Oxford University Press.（『福祉政策の未来 —— アメリカ福祉資本主義の現状と課題』ニール・ギルバート、バーバラ・ギルバート著、中央法規出版、1999 年）

Gilder, G. 1981. *Wealth and Poverty.* New York: Basic Books.（『富と貧困 —— 供給重視（サプライ・サイド）の経済学』ジョージ・ギルダー著、斎藤精一郎訳、日本放送出版協会、1981 年）

Ginet, C. 1962. Can the Will Be Caused? *Philosophical Review* 71(1962): 49-55.

Goldsteein, H. 1986. Toward the Integration of Theory and Practice: A Humanistic Approach. *Social Work* 31(5): 352-57.

Goodin, R. E. 1988. *Reasons for Welfare.* Princeton: Princeton University Press.

Gordon, W. 1965. Knowledge and Value: Their Distinction and Relationship in Clarifying Social Work Practice. *Social Work* 10(3): 32-39.

Gordon, W. E. 1983. Social Work Revolution or Evolution? *Social Work* 28(3): 181-85.

Gordon, W. E. 1984. Gordon Replies: Making Social Work a Science-Based Profession. *Social Work* 29(1): 74-75.

Gough, I. 1979. *The Political Economy of the Welfare State.* New York: Macmillan.（『福祉国家の経済学』イアン・ゴフ著、小谷義次［ほか］訳、大月書店、1992 年）

Grinnell, R., ed. 1981. *Social Work Research and Evaluation.* Itasca, Il.: F. E. Peacock Press.

Gutmann, A., ed. 1988. *Democracy and the Welfare State*. Princeton, NJ: Princeton University Press.

Guzzetta, C. 1980. Untitled paper presented at meeting of the Group for the Advancement of Doctoral Education, Hunter College, p. 8.

Gyarfas, M. 1969. Social Science, Technology, and Social Work: A Case worker's View. *Social Service Review* 43(3): 259-73.

Gyarfas, M. G. 1983. Debate with Authors: The Scientific Imperative Again. *Social Service Review* 57(1): 149-50.

Habermas, J. 1971. *Knowledge and Human Interests*. Boston: Beacon Press.（『認識と関心』ユルゲン・ハーバーマス著、奥山次良ほか訳、未來社、1981 年）

Harre, R. 1970. *Principles of Scientific Thinking*. Chicago: University of Chicago Press.

Harris, W. H. and J. S. Levey, eds. 1975. *New Columbia Encyclopedia*. New York: Columbia University Press.

Hartman, A. 1990. Editorial: Many Ways of Knowing. *Social Work* 35(1): 3-4.

Hawkes, T. A. 1982. Cost Control in Government Supported Social Service Programs. Prepared remarks of the Director of the Office of Program Coordination and Review, U.S. Department of Health and Human Services, delivered at a Conference, "Paying for Maryland's Social Services," University of Maryland at Baltimore, May 14.

Hawkesworth, M. 1985. Workfare: The Imposition of Discipline. *Social Theory and Practice* 2: 163-82.

Haworth, G. O. 1984. Social Work Research, Practice, and Paradigms. *Social Service Review* 58(3): 343-57.

Hayek, F. A. 1944. *The Road to Serfdom*. Chicago: University of Chicago Press.（『隷従への道』フリードリヒ・ハイエク著、村井章子訳、日経 BP 社、2016 年）

Hayek, F. A. 1976. *Law, Legislation, and Liberty*, Vol. 2: The Mirage of Social Justice. London: Routledge and Kegan Paul.（『社会正義の幻想 —— 法と立法と自由（新版）』フリードリヒ・ハイエク著、篠塚慎吾訳、春秋社、2008 年）

Heineman, M. 1981. The Obsolete Scientific Imperative in Social Work Research. *Social Service Review* 55(3): 371-96.

Heineman, M. B. 1982. Debate with Authors: Author's Reply. *Social Service Review* 56(1): 146-48.

Heisenberg, W. 1958. *Physics and Philosophy*. New York: Harper.（『現代物理学の思想（新装版）』W. ハイゼンベルク著、河野伊三郎、富山小太郎訳、みすず書房、2008 年）

Higgins, J. 1981. *States of Welfare: A Comparative Analysis of Social Welfare*. New York: St. Martin's Press.

The History of Western Philosophy. 1989. In *Encyclopedia Britannica*, 15th ed., p. 742. Chicago: University of Chicago Press.

Hobsbaum, P. 1970. *Theory of Criticism*. Bloomington: Indiana University Press.

Holland, T. 1983. Debate with Authors: Comments on "Scientific Imperatives in Social Work Research and Practice." *Social Service Review* 57(2): 337-39.

Hollis, F. 1970. The Psychosocial Approach to the Practice of Casework. In R. W. Roberts and R. H. Nee, eds., *Theories of Social Casework*, pp. 33-75. Chicago: University of Chicago Press.(『ソーシャル・ケースワークの理論 ―― 7 つのアプローチとその比較』ロバート・W. ロバーツ、ロバート・H. ニー編、久保紘章訳、川島書店、1985 年)

Hollis, F. 1975. Principles and Assumptions Underlying Casework Practice. Lecture delivered at United Nations seminar for the advanced study of social work; cited in R. F. Stalley, Determinism and the Principle of Client Self-Determination, in F. E. McDermott, ed., Self-Determination in *Social Work*, p. 93, 106-7. London: Routledge and Kegan Paul.

Hospers. J. 1966. What MeansThis-Freedom? In B. Berofsky, ed., *Free Will and Determinism*, pp. 6, 40. New York: Harper and Row.

Hudson, W. H. 1982. Scientific Imperatives in Social Work Research and Practice. *Social Service Review* 56(2): 246-58.

Hudson, W. H. 1983. Debate with Authors: Author's Reply. *Social Service Review* 57(2): 339-41.

Hume, D. 1739. *A Treatise of Human Nature*, bk. 2, pt. 3, sec. 2.(『人間本性論』デイヴィッド・ヒューム：『人性論』全 4 巻、大槻春彦訳、岩波文庫、1952 年など)

Hunt, L. 1978. Social Work and Ideology. In N. Timms and D. Watson, eds., *Philosophy in Social Work*, pp. 7-25. London: Routledge and Kegan Paul.(『社会福祉の哲学 ―― ソーシャル・ケースワークを中心に』ノエル・ティムズ、デイヴィッド・ワトソン編、関家新助、高橋進、水谷利美訳、雄山閣、1988 年)

Imre, R. W. 1982. *Knowing and Caring*. Lanham, MD.: University Press of America.

Imre, R. W. 1984. The Nature of Knowledge in Social Work. *Social Work* 29(1): 41-45.

Ingle, D. 1976. *Is It Really So? A Guide to Clear Thinking*. Philadelphia: Westminster Press.

Jansson, B. S. 1988. *The Reluctant Welfare State*. Belmont, C A: Wadsworth. (『アメリカ社会福祉政策史』ブルース・S. ジャンソン著、島崎義孝訳、相川書房、1997 年)

Jayaratne, S. and R. Levy. 1979. *Empirical Clinical Practice*. New York: Columbia University Press.

Jennings, B., D. Callahan, and S. M. Wolf. 1987. The Professions: Public Interest and Common Good. *Hastings Center Report* 17(1)(Supplement): 3-10.

Jonsen, A. R. 1984. A Guide to Guidelines. *American Society of Law and Medicine: Ethics Committee*

Newsletter 2: 4.

Judge, K. and M. Knapp. 1985. Efficiency in the Production of Welfare: The Public and Private Sectors Compared. In R. Klein and M. O'Higgins, eds., *The Future of Welfare*, pp. 130-49. Oxford: Basil Blackwell.

Kaelin, E. F. 1989. *An Aesthetics for Art Educators*. New York: Teachers College Press.

Kahane, H. 1990. *Logic and Philosophy: A Modern Introduction*, 6th ed. Belmont, CA: Wadsworth.

Karminsky, M. 1985. Daily Bread: Or, the Marriage of Art and Social Work. *Social Work with Groups* 8(1): 17-23.

Kant, I. [1790] 1928. *Critique of Aesthetic Judgment*, tr. J. C. Meredith. Oxford: Clarendon. (『判断力批判』イマヌエル・カント著、篠田英雄訳、岩波文庫、1964 年)

Kant, I. [1797] 1959. *Foundations of the Metaphysics of Morals*, tr. L. W. Beck. New York: Liberal Arts Press. (『道徳形而上学の基礎づけ』イマヌエル・カント著、中山元訳、光文社古典新訳文庫、2012 年)

Karger, H. J. 1983. Science, Research, and Social Work: Who Controls the Profession? *Social Work* 28(3): 200-205.

Kass, L. R. 1990. Practicing Ethics: Where's the Action? *Hastings Center Report* 20(1): 5-12.

Keynes, J. M. 1960. *The General Theory of Employment, Interest, and Money*. London: Macmillan. (『雇用、利子および貨幣の一般理論（上・下）』ケインズ著、間宮陽介訳、岩波文庫、2008 年)

Kirk, S., M. Osmalov, and J. Fisher. 1976. Social Workers' Involvement in Research. *Social Work* 21: 121-24.

Krieger, M. 1976. *Theory of Criticism*. Baltimore: Johns Hopkins University Press.

Krouse, R. and M. McPherson. 1988. Capitalism, "Property-Owning Democracy," and the Welfare State. In A. Gutmann, ed., *Democracy and the Welfare State*, pp. 79-105. Princeton, NJ: Princeton University Press.

Kuhn, T. S. 1962. *The Structure of Scientific Revolutions*. Chicago: University of Chicago Press. (『科学革命の構造』トーマス・クーン著、中山茂訳、みすず書房、1971 年)

Lakatos, I. 1980. Falsification and the Methodology of Scientific Research Programmes. In J. Worral and G. Currie, eds., *Philosophical Papers: The Methodology of Scientific Research Programmes*, vol. 1, pp. 8-10. New York: Cambridge University Press.

Levins, R. 1966. The Strategy of Model Building in Population Biology. *American Scientist* 54: 421-31.

Lewis, C. S. 1947. *The Abolition of Man*. New York: Macmillan.

Lincoln, Y. S. and E. G. Guba. 1985. *Naturalistic Inquiry*. Beverly Hills, CA: Sage.

Lofland, J. 1976. *Doing Social Life: The Qualitative Study of Human Interaction in Natural Settings*. New York: Wiley.

Maas, H. S. 1968. Social Work Knowledge and Social Responsibility. *Journal of Education for Social Work* 4(Spring): 45.

Maas, H. S. 1977. Research in Social Work. In *Encyclopedia of Social Work*, 17th ed. Washington, D.C.: National Association of Social Workers.

MacDonagh, O. 1961. *A Pattern of Government Growth, 1800-1860*. London: MacGibbon and Kee.

Macklin, R. 1988. Theoretical and Applied Ethics: A Reply to the Skeptics. In D. M. Rosenthal and F. Shehadi, eds., *Applied Ethics and Ethical Theory*, pp. 50-70. Salt Lake City: University of Utah Press.

Marshall, T. H. 1981. *The Right to Welfare and Other Essays*. London: Heinemann. (『福祉国家・福祉社会の基礎理論 ── 「福祉に対する権利」他論集』 T. H. マーシャル著、岡田藤太郎訳、相川書房、1989 年)

Martin, G. R., Jr. 1990. *Social Policy in the Welfare State*. Englewood Cliffs, NJ: Prentice-Hall.

Marx, K. and F. Engels. 1955. *The Communist Manifesto*. New York: Appleton-Century-Crofts. (『共産党宣言』 カール・マルクス、フリードリヒ・エンゲルス著)

Mendelsohn, M. 1974. *Tender Loving Greed*. New York: Knopf.

Merton, R. K. 1949. Social Theory and Social Structure. In R. K. Merton, ed., *Social Structure and Anomie*, pp. 125-49. Glencoe, IL: Free Press.

Meyer, C. H. 1990. The Forest or the Trees? In L. Videka-Sherman and W. J. Reid, eds., *Advances in Clinical Social Work Research*, pp. 395-99. Silver Spring, MD: National Association of Social Workers.

Mill, J. S. [1863] 1957. *Utilitarianism*. Indianapolis: Bobbs-Merrill. (「功利主義論」 J・S・ミル著、伊原吉之助訳、『世界の名著』 中央公論社、1967 年)

Mishler, E. 1979. Meaning Context. *Harvard Education Review* 49: 1.

Moon, J. D. 1988. The Moral Basis of the Democratic Welfare State. In A. Gutmann, ed., *Democracy and the Welfare State*, pp. 27-52. Princeton, NJ: Princeton University Press.

Morawski, S. 1974. *Inquiries into Fundamentals of Aesthetics*. Cambridge, MA: MIT Press.

Morgan, G. 1983. *Beyond Method*. Beverly Hills, CA: Sage.

Mullen E. J. 1985. Methodological Dilemmas in Social Work Research. *Social Work Research & Abstracts* 21(4): 12-19.

Murray, C. 1985. *Losing Ground: American Social Policy, 1950-1980*. New York: Basic Books.

Nagel, E. 1970. Determinism in History. In G. Dworkin, ed., *Determinism, Free Will and Moral Re-*

sponsibility, p. 55. Englewood Cliffs, NJ: Prentice-Hall.

Narveson, J. 1988. Is There a Problem About " Applied" Ethics? In D. M. Rosenthal and F. Shehadi, eds., *Applied Ethics and Ethical Theory*, pp. 100-115. Salt Lake City: University of Utah Press.

Nickel, J. W. 1978-1979. Is There a Human Right to Employment? *Philosophical Forum* 10: 149-70.

Nickel, J. W. 1988. Philosophy and Policy. In D. M. Rosenthal and F. Shehadi, eds., *Applied Ethics and Ethical Theory*, pp. 139-48. Salt Lake City: University of Utah Press.

Noble, C. N. 1982. *Ethics and Experts*. Hastings Center Report 12(3): 5-9.

Nozick, R. 1974. *Anarchy, State, and Utopia*. New York: Basic Books.（『アナーキー・国家・ユートピア —— 国家の正当性とその限界』ロバート・ノージック著、嶋津格訳、木鐸社、1992 年）

Nozick, R. 1989. *The Examined Life: Philosophical Meditations*. New York: Simon and Schuster.（『生のなかの螺旋 : 自己と人生のダイアローグ』ロバート・ノージック著、井上章子訳、青土社、1993 年）

Orcutt, B. A. 1990. *Science and Inquiry in Social Work Practice*. New York: Columbia University Press.

Orne, M. 1969. Demand Characteristics and The Concept of Quasi-Controls. In R. Rosenthal and R. Rosnow, eds., *Artifact in Behavioral Research*, pp. 143-79. New York: Academic Press.

Palmer, R. E. 1969. *Hermeneutics*. Evanston, IL: Northwestern University Press.

Peile, C. 1988. Research Paradigms in Social Work: From Stalemate to Creative Synthesis. *Social Service Review* 62(1): 1-19.

Perlman, H. H. 1965. Self-Determination: Reality or Illusion? *Social Service Review* 39: 410-21.

Pieper, M. H. 1982. Debate with Authors: Author's Reply. *Social Service Review* 56(2): 312.

Pieper, M. H. 1985. The Future of Social Work Research. *Social Work Research & Abstracts* 21(4): 3-11.

Pinker, R. 1979. *The Idea of Welfare*. London: Heinemann.（『社会福祉三つのモデル —— 福祉原理論の探究』ロバート・ピンカー著、星野政明、牛津信忠訳、黎明書房、2003 年）

Piven, F. F. and R. Cloward. 1971. *Regulating the Poor*. New York: Vintage.

Piven, F. F. and R. Cloward. 1982. *The New Class War*. New York: Pantheon.

Plant, R. 1985. Welfare and the Value of Liberty. *Government and Opposition* 20: 297-314.

Plant, R., H. Lesser, and P. Taylor-Gooby. 1980. *Political Philosophy and Social Welfare*. London: Routledge and Kegan Paul.

Polansky, N. A., ed. 1960. *Social Work Research*. Chicago: University of Chicago Press.

Polansky, N. A. 1971. Research in Social Work. In *Encyclopedia of Social Work*, 16th ed. New York:

National Association of Social Workers.

Political Philosophy. 1988. In *Encyclopedia Britannica*, 15th ed., pp. 972-84. Chicago: University of Chicago Press.

Popper, K. 1950. Indeterminism in Quantum Physics and in Classical Physics, Part 1. *British Journal for the Philosophy of Science* 1: 117-33.

Popper, K. R. 1965. *Of Clouds and Clocks: An Approach to the Problem of Rationality and the Freedom of Man*, annual Holly Compton Memorial Lecture. St. Louis: Washington University.

Popper, K. 1966. *The Open Society and Its Enemies*, 5th ed. London: Routledge and Kegan Paul. (『自由社会の哲学とその論敵』カール・ライマンド・ポッパー著、武田弘道訳、世界思想社、1973 年)

Prigogine, I. and I. Stengers. 1984. *Order out of Chaos*. Boston: Shambhala. (『混沌からの秩序』I. プリゴジン、I. スタンジェール著、伏見康治、伏見譲、松枝秀明訳、みすず書房、1987 年)

Primus, W. 1989. Background Material and Data on Programs Within the Jurisdiction of the Committee on Ways and Means. Washington, D.C.: U.S. Government Printing Office.

Rae, D. 1981. *Equalities*. Cambridge, M A: Harvard University Press.

Rapoport, L. 1968. Creativity in Social Work. *Smith College Studies in Social Work* 38(3): 139-61.

Ratcliffe, J. W. 1983. Notions of Validity in Qualitative Research Methodology. *Knowledge: Creation, Diffusion, Utilization*, 5(2): 161-62.

Rawls, J. 1971. *A Theory of Justice*. Cambridge, MA: Harvard University Press. (『正義論 (改訂版)』ジョン・ロールズ著、川本隆史、福間聡、神島裕子訳、紀伊國屋書店、2010 年)

Reamer, F. G. 1979. Protecting Research Subjects and Unintended Consequences: The Effects of Guarantees of Confidentiality. *Public Opinion Quarterly* 43: 497-506.

Reamer, F. G. 1983a. Social Services in a Conservative Era. *Social Casework* 64(8): 451-58.

Reamer, F. G. 1983b. The Concept of Paternalism in Social Work. *Social Service Review* 57(2): 254-71.

Reamer, F. G. 1983c. The Free Will-Determinism Debate in Social Work. *Social Service Review* 57(4): 626-44.

Reamer, F. G. 1987. Values and Ethics. In A. Minahan et al., eds., *Encyclopedia of Social Work*, 18th ed., pp. 801-809. Silver Spring, MD: National Association of Social Workers.

Reamer, F. G. 1989. Toward Ethical Practice: The Relevance of Ethical Theory. *Social Thought* 15(3/4): 67-78.

Reamer, F. G. 1990. *Ethical Dilemmas in Social Service*, 2d ed. New York: Columbia University Press.

Reamer, F. G., ed. 1991. *AIDS and Ethics*. New York: Columbia University Press.

Reamer, F. G. 1992. Social Work and the Public Good: Calling or Career? In P. Reid and P. R. Popple, eds., *The Moral Purposes of Social Work*, pp. 11-33. Chicago: Nelson-Hall.

Reamer, F. G. and M. Abramson. 1982. *The Teaching of Social Work Ethics*. Hastings-on-Hudson, NY: The Hastings Center.

Reason, P. and J. Rowan. 1981. On Making Sense. In *Human Inquiry: A Sourcebook for New Paradigm Research*, p. 130. New York: Wiley.

Reich, R. 1983. *The Next American Frontier*. New York: Penguin.（『ネクストフロンティア』ロバート・B. ライシュ著、竹村健一訳、三笠書房、1983 年）

Reid, W. J. 1987. Social Work Research. In A. Minahan et al., eds., *Encyclopedia of Social Work*, 18th ed., pp. 474-87. Silver Spring, MD: National Association of Social Workers.

Reid, W. J. and A. Smith. 1981. *Research in Social Work*. New York: Columbia University Press.

Rein, M. and S. H. White. 1981. Knowledge in Practice. *Social Service Review* 55(1): 1-41.

Reisman, D. 1977. *Richard Titmuss: Welfare and Society*. London: Heinemann.

Reynolds, B. C. 1942. *Learning and Teaching in the Practice of Social Work*. New York: Russell and Russell.

Richan, W. and A. Mendelsohn. 1973. *Social Work: The Unloved Profession*. New York: New Viewpoints.

Richmond, M. 1917. *Social Diagnosis*. New York: Russell Sage Foundation.（『社会診断』メアリー・E・リッチモンド著、佐藤哲三監訳、杉本一義監修、あいり出版、2012 年）

Riecken, H. W. 1962. A Program for Research on Experiments in Social Psychology. In N. F. Washburne, ed., *Decisions, Values and Groups*, vol. 2, pp. 25-41. New York: Pergamon Press.

Rimlinger, G. 1971. *Welfare Policy and Industrialization in Europe, America, and Russia*. New York: Wiley.

Rodwell, M. K. 1987. Naturalistic Inquiry: An Alternative Model for Social Work Assessment. *Social Service Review* 61(2): 231-46.

Rosenberg, M. J. 1969. Conditions and Consequences of Evaluation Apprehension. In R. Rosenthal and R. Rosnow, eds., *Artifact in Behavioral Research*, pp. 279-349. New York: Academic Press.

Rosenthal, R. and R. Rosnow, eds. 1969. *Artifact in Behavioral Research*. New York: Academic Press.

Ross, W. D. 1930. *The Right and the Good*. Oxford: Clarendon Press.

Rubin, A. and E. Babbie. 1989. *Research Methods for Social Work*. Belmont, CA: Wadsworth.

Ruckdeschel, R. A. 1985. Qualitative Research as a Perspective. *Social Work Research & Abstracts* 21(2): 17-21.

Ruckdeschel, R. A. and B. E. Farris. 1981. Assessing Practice: A Critical Look at the Single-Case Design. *Social Casework* 62(7): 413-19.

Ruckdeschel, R. A. and B. E. Farris. 1982. Science: Critical Faith or Dogmatic Ritual? *Social Casework* 63(5): 272-75.

Saleeby, D. 1979. The Tension Between Research and Practice: Assumptions for the Experimental Paradigm. *Clinical Social Work Journal* 7(Winter): 267-69.

Salmon, W. C. 1963. *Logic*. Englewood Cliffs, NJ: Prentice-Hall.（『論理学（3 訂版）』W.C. サモン著、山下正男訳、培風館、1987 年）

Sapolsky, H. M. and S. Finkelstein. 1977. Blood Policy Revisited - A New look at "The Gift Relationship." *Public Interest* 46(Winter): 15-27.

Saw, R. and H. Osborne. 1968. Aesthetics as a Branch of Philosophy. In H. Osborne, ed., *Aesthetics in the Modern World*, pp. 15-32. London: Thames and Hudson.

Schon, D. A. 1983. *The Reflective Practitioner*. New York: Basic Books.（『省察的実践とは何か ── プロフェッショナルの行為と思考』ドナルド・A・ショーン著、柳沢昌一、三輪建二訳、鳳書房、2007 年）

Schon, D. A. 1987. *Educating the Reflective Practitioner*. San Francisco: Jossey-Bass.（『省察的実践者の教育 ── プロフェッショナル・スクールの実践と理論』ドナルド・A・ショーン著、柳沢昌一、村田晶子訳、鳳書房、2017 年）

Schuerman, J. 1982. Debate with Authors: The Obsolete Scientific Imperative in Social Work. *Social Service Review* 56(1): 144-46.

Schuermnan, J. 1987. Passion, Analysis, and Technology: The Social Service Review Lecture. *Social Service Review* 61(1): 3-18.

Schumpeter, J. A. [1942] 1950. *Capitalism, Socialism, and Democracy*, 3d ed. New York: Harper and Row.（『資本主義、社会主義、民主主義（Ⅰ／Ⅱ）』ヨーゼフ・シュンペーター著、大野一訳、日経 BP 社、2016 年）

Schumpeter, J. A. 1963. *History of Economic Analysis*. London: Allen and Unwin.（『経済分析の歴史（上／中／下）』J.A. シュンペーター著、東畑精一、福岡正夫訳、岩波書店、2005-2006 年）

Scott, D. 1990. Practice Wisdom: The Neglected Source of Practice Research. *Social Work* 35(6): 564-68.

Searle, J. R. 1969. How to Derive "Ought" from "Is." In W. D. Hudson, ed., *The Is/Ought Question*. New York: St. Martin's Press.

Sheldrake, R. 1985. *A New Science of Life*. London: Paladin.（『生命のニューサイエンス ── 形態形成場と行動の進化（新装版）』ルパート・シェルドレイク著、幾島幸子、竹居光太郎訳、

工作舎、2000 年）

Sheppard, A. 1987. *Aesthetics*. Oxford: Oxford University Press.

Shireman, C. H. and F. G. Reamer. 1986. *Rehabilitating Juvenile Justice*. New York: Columbia University Press.

Siegel, D. H. 1984. Defining Empirically Based Practice. *Social Work* 29: 325-31.

Siegel, D. H. and F. G. Reamer. 1988. Integrating Research Findings, Concepts, and Logic into Practice. In R. M. Grinnell, Jr., ed., *Social Work Research and Evaluation*, 3d ed., pp. 483-502. Itasca, IL: F. E. Peacock.

Simon, H. A. 1957. *Models of Man: Social and Rational*. New York: Wiley.（『人間行動のモデル』ハーバート A. サイモン著、宮沢光一訳、同文舘出版、1970 年）

Simon, H. A. 1966. Scientific Discovery and the Psychology of Problem Solving. In R. Colodney, ed., Mind and Cosmos: Essays in *Contemporary Science and Philosophy*, pp. 22-40. Pittsburgh: University of Pittsburgh Press.

Singer, P. 1988. Ethical Experts in a Democracy. In D. M. Rosenthal and F. Shehadi, eds., *Applied Ethics and Ethical Theory*, pp. 149-61. Salt Lake City: University of Utah Press.

Siporin, M. 1988. Clinical Social Work as an Art Form. *Social Casework* 69(3): 177-83.

Smart, J. J. C. 1970. Free Will, Praise and Blame. In G. Dworkin, ed., *Determinism, Free Will and Moral Responsibility*, p. 197. Englewood Cliffs, NJ : Prentice-Hall.

Smart, J. J. C. 1971. Extreme and Restricted Utilitarianism. In Samuel Gorovitz, ed., *Mill: Utilitarianism*. Indianapolis: Bobbs-Merrill.

Smart, J. J. C. and B. Williams. 1973. *Utilitarianism: For and Against*. Cambridge: Cambridge University Press.

Smith, J. D. 1986. *The Concentration of Wealth in the United States: Trends in the Distribution of Wealth Among American Families*. Washington, DC: Joint Economic Committee, U.S. Congress.

Smullyan, A. 1962. *Fundamentals of Logic*. Englewood Cliffs, NJ: Prentice-Hall.

Soyer, D. 1963. The Right to Fail. *Social Work* 8: 72-78.

Sparshott, F. 1982. *The Theory of the Arts*. Princeton, NJ: Princeton University Press.

Spicker, P. 1988. *Principles of Social Welfare*. London: Routledge.

Stroll, A. and R. H. Popkin. 1979. *Introduction to Philosophy*, 3d ed. New York: Holt, Rinehart and Winston.

Sudman, S. and N. M. Bradbum. 1974. *Response Effects in Surveys*. Chicago: Aldine.

Suppes, P. 1957. *Introduction to Logic*. Princeton, NJ: D. Van Nostrand.

Tawney, R. H. 1964. *Equality*. New York: Barnes and Noble.（『平等論』 R. H. トーニー著、岡田藤

太郎、木下建司訳、相川書房、1994 年）

Taylor, R. 1963. *Metaphysics*. Englewood Cliffs, NJ: Prentice-Hall. （『哲学入門』R・テイラー著、吉田夏彦訳、培風館、1968 年）

Titmuss, R. 1958. *Essays on the "Welfare State."* London: Unwin University Books. （『福祉国家の理想と現実（複製版復刊）』R. M. ティトマス著、谷昌恒訳、東京大学出版会、1979 年）

Titmuss, R. 1972. *The Gift Relationship*. New York: Vintage Books.

Trattner, W. I. 1979. *From Poor Law to Welfare State*, 2d ed. New York: The Free Press. （『アメリカ社会福祉の歴史 —— 救貧法から福祉国家へ』ウォルター・I. トラットナー著、古川孝順訳、川島書店、1978 年）

Trilling, L., ed. 1970. *Literary Criticism*. New York: Holt, Rinehart and Winston.

Tropp, E. 1976. The Challenge of Quality for Practice Theory. In B. Ross and S. K. Khinduka, eds., *Social Work in Practice: Fourth NASW Symposium*. New York: National Association of Social Workers.

Tyler, R. 1952. Distinctive Attributes of Education for the Profession. *Social Work Journal* 33 (April): 56.

Videka-Sherman, L., W. J. Reid, and R. W. Toseland. 1990. "Themes, Issues, and Prospects." In L. Videka-Sherman and W. J. Reid, eds., *Advances in Clinical Social Work Research*, pp. 409-21. Silver Spring, MD: National Association of Social Workers.

Vigilante, J. L. 1974. Between Values and Science: Education for the Profession During a Moral Crisis or Is Proof Truth? *Journal of Education for Social Work* 10: 107-15.

Vivas, E. and M. Krieger, eds. 1962. *The Problems of Aesthetics*. New York: Holt, Rinehart and Winston.

Weick, A. 1987. Reconceptualizing the Philosophical Perspective of Social Work. *Social Service Review* 61(2): 218-30.

Weisbrod, B. 1988. *The Nonprofit Economy*. Cambridge, MA: Harvard University Press.

Wiegand, C. 1979. Using a Social Competence Framework for Both Client and Practitioner. In F. W. Clark, M. L. Arkava, and Associates, eds., *The Pursuit of Competence in Social Work*. San Francisco: Jossey-Bass.

Wilensky, H. 1975. *The Welfare State and Equality*. Berkeley: University of California Press. （『福祉国家と平等 —— 公共支出の構造的・イデオロギー的起源』ハロルド・L. ウィレンスキー著、下平好博訳、木鐸社、1984 年）

Willems, E. P. and H. L. Raush, eds. 1969. *Naturalistic Viewpoints in Psychological Research*. New York: Holt, Rinehart and Winston.

Williams, J. A., Jr. 1964. Interviewer-Respondent Interaction: A Study of Bias in the Information Interview. *Sociometry* 27: 338-52.

Wimsatt, W. G. 1981. Robustness, Reliability, and Overdetermination. In M. B. Brewer and B. E. Collins, eds., *Scientific Inquiry and the Social Sciences*, pp. 151-53. San Francisco: Jossey-Bass.

Witkin, S. L. 1991. Empirical Clinical Practice: A Critical Analysis. *Social Work*, 36(2): 158-63.

Wolff, R. P. 1977. Understanding Rawls: A Reconstruction and Critique of "A Theory of Justice." Princeton, NJ: Princeton University Press.

Wood, K. M. 1990. Epistemological Issues in the Development of Social Work Practice Knowledge. In L. Videka-Sherman and W. J. Reid, eds., *Advances in Clinical Social Work Research*, pp. 373-90. Silver Spring, MD: National Association of Social Workers.

Wooden, K. 1976. *Weeping in the Playtime of Others*. New York: McGraw-Hill.

Zimbalist, S. E. 1977. *Historic Themes and Landmarks in Social Welfare Research*. New York: Harper and Row.

Zimmerman, J. H. 1989. Determinism, Science, and Social Work. *Social Service Review* 63(1): 52-62.

◆訳者紹介（担当章順）

秋山智久　日本語版への序、序章、第1章第4～7節、終章、監訳者解説
福祉哲学研究所所長（博士〔社会福祉学〕）（日本社会福祉学会名誉会員）

所道彦　第1章第1～3節
大阪市立大学教授（Ph.D.）

高山直樹　第2章第1～4節
東洋大学教授

高山由美子　第2章第5～7節
ルーテル学院大学教授

岡田進一　第3章
大阪市立大学大学院教授（D.S.W.）

岡田まり　第3章
立命館大学教授（Ed.D.）

今堀美樹　第4章第1～4節
大阪体育大学教授

狭間香代子　第4章第5、6節
関西大学教授（博士〔学術〕）

空閑浩人　第5章第1～3節
同志社大学教授（博士〔社会福祉学〕）

久保美紀　第5章第3節〔美学的過程〕～5節
明治学院大学教授

◆著者紹介

フレデリック・G・リーマー

・（米国州立）ロードアイランド大学　社会福祉大学院 教授　Ph.D.（シカゴ大学）
・元全米ソーシャルワーカー協会（NASW）倫理綱領改訂委員会 委員長
・元『ソーシャルワーク教育ジャーナル』誌 編集長
・主著『ソーシャルワークの価値と倫理』1993（秋山智久監訳、中央法規出版、2001）
　『ソーシャルサービスにおける倫理的ディレンマ —— ソーシャルワーカーのためのガイド』1990 (2nd.) など、10 数冊。詳しくは、「監訳者解説」参照
・2016 年、全米ソーシャルワーカー協会（NASW）より「ソーシャルワークのパイオニア」の称号授与

◆監訳者紹介

秋山智久

・福祉哲学研究所 所長（博士［社会福祉学］）、社会福祉士
・日本社会福祉学会 名誉会員（54 人会員中、16 人）
　同学会「社会福祉研究と倫理」委員会元委員長（「研究倫理指針」作成）
・元明治学院大学大学院、大阪市立大学大学院、昭和女子大学大学院 等 教授
・元同志社大学大学院、放送大学大学院 講師、元（米国州立）メリーランド大学大学院 客員教授、ミネソタ大学大学院留学
・日本社会福祉士会 初代副会長（元児童養護施設職員）
・主著『社会福祉の思想と人間観』（嶋田啓一郎監修、秋山他編著）ミネルヴァ書房、1999
　『人間福祉の哲学』（共著）ミネルヴァ書房、2004
　『社会福祉実践論 —— 方法原理・専門職・価値観』（改訂版）ミネルヴァ書房、2005
　『社会福祉の思想入門 —— なぜ「人」を助けるのか』ミネルヴァ書房、2016
　など、編著書 40 冊

ソーシャルワークの哲学的基盤 —— 理論・思想・価値・倫理

2020 年 7 月 30 日　初版第 1 刷発行

著者　　フレデリック・G・リーマー
監訳者　　　　　　　　秋山智久
協力　　　　　　福祉哲学研究所
発行者　　　　　　　　大江道雅
発行所　　　株式会社 明石書店
〒 101-0021 東京都千代田区外神田 6-9-5
電話 03（5818）1171
FAX 03（5818）1174
振替　00100-7-24505
http://www.akashi.co.jp/
カバーデザイン　　　　　　　　　秋山智久
装丁　　　　　　　明石書店デザイン室
印刷／製本　　　モリモト印刷株式会社

（定価はカバーに表示してあります）　　　　ISBN978-4-7503-5043-1

〈価格は本体価格です〉